Hans Otto

GRÜNDERZEIT

Hans Otto

GRÜNDERZEIT

Aufbruch einer Nation

Keil Verlag

Bildnachweis

Archiv für Kunst und Geschichte, Berlin: Titelbild, I – XI, 1 – 7, 9 – 16, 18 – 24, 27
Festspiele Bayreuth: 26 (Foto: Siegfried Lauterwasser, Überlingen/Bodensee)
Siemens Museum, München: 17
Städtisches Verkehrsamt Rüdesheim am Rhein: 25
Theatermuseum Wahn: 8 (Foto: Günter Voss, Köln)

1. Auflage

Gesamtherstellung: Paulinus-Druckerei GmbH, Trier
Printed in Federal Republic of Germany
ISBN 3-921591-24-4

INHALT

VORWORT

„Der deutsche Außenminister vermittelt im Konflikt zwischen der Sowjetunion und Japan um die Kurilen und fordert gleichzeitig im Auftrag der in Berlin stattfindenden Gipfelkonferenz europäischer Regierungschefs die USA zur Einhaltung strikter Neutralität im südostasiatischen Raum auf." – So oder ähnlich könnte es in den Abendnachrichten der „Tagesschau" heißen, wenn Deutschland noch ein geschlossenes Reich in der Mitte Europas wäre. Wohl jeder Deutsche hat diese Möglichkeit schon einmal in Gedanken durchgespielt.

Mehr als eine bloße Vision war Deutschland als einiger Nationalstaat in der Vorstellung des märkischen Gutsbesitzers Otto von Bismarck. Er hat das „Deutsche Reich" 1871 gegründet. Auf eine sehr außergewöhnliche Weise: zugleich revolutionär und konservativ. Wortwörtlich mit „Blut und Eisen" hat der Mann, der bereits von seiner Mitwelt den Titel „der eiserne Kanzler" erhielt, uralte Gegensätze im deutschen Wesen zusammengeschweißt, bis sie ihm tauglich erschienen als Grundgerüst für einen Nationalstaat auf kleindeutscher Basis.

Um die Deutschen zwischen Nordsee und Alpen, Memel und Rhein darin ansässig zu machen, führte er sie in drei Kriege: 1864 gegen Dänemark, um die Vorherrschaft Preußens in Norddeutschland zu festigen; 1866 gegen Österreich, um die einstige Vormacht im 1803 erloschenen „Heiligen Römischen Reich Deutscher Nation" aus seiner preußisch orientierten Reichsgründung auszuschließen, und dann

1870/71 gegen Frankreich, den „Erbfeind“, der in Wirklichkeit der ältere Bruder der Deutschen ist.

Bismarck hat seiner eigenen Reichsgründung schon mißtraut, als die Deutschen wieder zu Hause waren und im Rausch der „Gründerzeit“ einen dauerhaften Ausbau ihres neuen Hauses versäumten. Sie putzten lediglich die Fassaden auf und täuschten eine innere Stabilität vor, die es nicht gab. 1918 ist die Monarchie, 1945 das ganze Reich untergegangen.

Wird es als einiger Nationalstaat je wiederkommen?

Der Historiker muß sich Spekulationen versagen. Aber er kann den Prozeß noch einmal aufrollen, kann Fakten sammeln, Zusammenhänge ergründen und schließlich eine vorläufige Bilanz ziehen. Der Leser, der sich bei der Betrachtung der Reichsgründungszeit gerade auch aus heutiger Sicht mehr als bei vielen anderen Themen zur eigenen Urteilsfindung herausgefordert sieht, wird diese vorläufige Bilanz am Ende des Buches finden. Sie stützt sich auf viele hervorragende Arbeiten, die in den letzten Jahrzehnten erschienen sind. So die von Ernst Deuerlein, Erich Eyck, Walter Görlitz, Lothar Gall, Franz Herre, Golo Mann, Werner Richter, Pierre-Paul Sagave, Theodor Schieder und Michael Stürmer, um nur einige zu nennen.

Sie stützt sich auch auf eine reichlich vorhandene Quellenliteratur und auf erstaunlich präzise Bücher von damals, die zu Unrecht unter den Bergen zeitgenössischer Reichs- und Kaiser-Apologetik verlorengegangen sind. So zum Beispiel Hans Blums zweibändiges Werk „Das Deutsche Reich zur Zeit Bismarcks“. Drei Jahre nach dem Sturz des Kanzlers wartet es bereits mit geradezu hellsichtigen Analysen und Wertungen auf. Und wer würde auf die klaren Maßstäbe des Schweizer Historikers Jacob Burckhardt verzichten können, wenn er das „Abenteuer Gründerzeit“ auch nur annähernd in die richtigen weltgeschichtlichen Dimensionen rücken wollte?

Braunschweig, im September 1984 Hans Otto

I. Teil

ZWISCHEN REVOLUTION UND ANPASSUNG

„Nicht auf Preußens Liberalismus sieht Deutschland, sondern auf seine Macht."

(Otto von Bismarck)

1. Kapitel

EIN „MISSVERSTÄNDNIS" AM ANFANG

Alles ist nur ein „Mißverständnis". So steht es am Morgen des 19. März 1848 auf einem Bettlaken. Es hängt im Regen vom Balkon des Berliner Stadtschlosses herab. Aber niemand liest es.

Es ist Revolution in Berlin. Die einzige wirkliche, die jemals dort stattfinden wird. Der Funken der Pariser Februarrevolution, die dem „Bürgerkönig" Louis Philippe den Thron kostet und Frankreich die Republik zurückbringt, hat das aus dem wurmstichigen Holz der alten Dynastien zusammengezimmerte Gebäude „Kongreß-Europas" an allen Ecken in Brand gesteckt. In Palermo, Neapel und Venedig ebenso wie in Wien, Budapest und Heidelberg, wo in jenen Tagen der Ruf nach dem Ende der Kleinstaaterei in Deutschland am lautesten zu hören ist.

In Preußen regiert der 52jährige König Friedrich Wilhelm IV., der Sohn der durch ihr mutiges Auftreten gegen Napoleon zu einer Art nationalem Symbol gewordenen Königin Luise und ihres Mannes Friedrich Wilhelm III., der während seiner 43jährigen Regierungszeit die aus dem Kampf gegen die französische Herausforderung erwachsenen nationalen Impulse wieder versanden ließ. Sein Sohn und Nachfolger Friedrich Wilhelm IV. war nicht der Mann, die deutsche Wirklichkeit anders als durch die Folie von Bauplänen für den gerade erst fertiggestellten Kölner Dom oder die gleichfalls auf seine Veranlassung hin restaurierte Burg Stolzeneck am Rhein zur Kenntnis zu nehmen. Treffend hatte ihn schon der alte Generalfeldmarschall Gneisenau, der Kampfgefährte Blüchers, charakterisiert: „Er möchte lieber die Gewässer wieder gegen ihre Quellen leiten, als ihren Lauf in die Ebene zu regeln." Golo Mann nennt seine Ideen von der Wiederherstellung des mittelalterlichen Ständestaates die „eines Romantikers, der mit seinem Zeitalter zerfallen ist". Theodor Fontane, dem wir eine aufmerksame Schilderung der Berliner Märztage verdanken, schreibt: „Alles berührte, wie wenn der Hof und die Personen, die ihn umstanden, mindestens ein halbes Jahrhundert verschlafen hätten."

Als ihn die ost- und westpreußischen Provinzialstände kurz nach seiner Krönung im Jahre 1840 an das von seinem Vater mehrfach gegebene Verfassungsversprechen erinnern und ihn um die Einlösung des „Erbes" bitten, weicht er aus mit den Worten: „Ich werde es niemals dulden, daß sich zwischen unseren Herrgott im Himmel und unser Land ein geschriebenes Blatt wie eine zweite Vorsehung einschleicht, um uns an Stelle der alten Treue mit Paragraphen zu regieren."

Doch sieben Jahre später hilft dem preußischen König seine inzwischen zu einer gewissen Meisterschaft gediehene Fähigkeit im Gebrauch der „nichtssagenden und hohltönenden Phrase", wie der englische Historiker David Taylor belustigt anmerkt, nicht recht weiter. Die Forderungen nach Verfassung und bescheidener parlamentarischer Mitbestimmung sind begleitet vom Donnergrollen dessen, was ein Kollege Taylors, der junge Baseler Historiker Jacob Burckhard, bereits als den „sozialen jüngsten Tag" heraufziehen sieht: Hungersnöte und Teuerung nach weltweiten Mißernten, Kartoffelseuche in Amerika, die auf den Kontinent überspringt, Unruhen in Posen, Galizien und Schlesien, schließlich gar die Berliner „Kartoffelrevolution" vom Herbst 1847. Berlin hat damals schon 400 000 Einwohner, größtenteils eingepfercht in die grauen „Mietskasernen" der schnell wachsenden Vorstädte. Viele, die der Armut des Landes in den Fabriken der Stadt entgehen wollten, bleiben arbeitslos. Aber auch die Löhne der Arbeiter liegen unter dem Existenzminimum.

Der König muß einen „Vereinigten Landtag" einberufen, gebildet aus den Vertretern aller Provinzial-Landtage. Es geht um eine Anleihe zum Bau der Eisenbahn von Berlin nach Königsberg. Als der Landtag daraus eine Prinzipienfrage macht und ablehnt, wird er wieder entlassen. Es gärt und brodelt am Vorabend der 48er Revolution, nicht nur in der Laborküche des Gießener Professors Justus von Liebig, der gerade den Fleischextrakt erfunden hat. In der Schweiz setzt der kuriose „Sonderbundskrieg" die Folge der verkappten Religionskriege fort, mit denen das Jahrhundert endgültig von den Zwängen des Mittelalters Abschied nimmt. In England löst die Aufhebung der Kornzölle eine erste deflatorische Finanzkrise und in deren Gefolge im nächsten Frühjahr den „Chartistenaufstand" aus, bei dem es um eine gründliche Parlamentsreform geht. Nur für den Bischof von Metz, vor dessen Palais in genau dreiundzwanzig Jahren die Preußen erscheinen werden, ist die Welt noch in Ordnung: „Die Überschwemmungen an der Loire sind die Folgen der Ausschreitungen der Presse und der Übertretung des Sonntagsgebotes."

Der preußische König verlegt sich aufs Taktieren, gesteht ein paar Verwaltungsreformen zu und verspricht schließlich einer aus dem Rheinland angereisten Delegation, den Landtag wieder einzuberufen, obwohl er insgeheim lieber seine fürstlichen Bundeskollegen in Potsdam versammeln möchte. Das Ganze hat nicht wenig Ähnlichkeit mit dem Beginn der ersten französischen Revolution vor 59 Jahren.

Doch die fürstlichen Häupter des „Deutschen Bundes", der von dem österreichischen Staatskanzler Clemens Metternich 1815 ins Leben gerufenen Versicherungsanstalt gegen republikanische Umtriebe, haben inzwischen selber Mühe, ihre Position zu halten. Metternich, einst der agile, fast jeder Situation gewachsene Gegenspieler Napoleons, befindet sich mit falschen Pässen auf dem Weg ins Exil nach London. Der

Frankfurter Bundestag erklärt die verhaßte Studentenfahne Schwarzrotgold zur „Bundesflagge“ und stellt es seinen Mitgliedern frei, die Pressezensur aufzuheben.

In der Mehrzahl der deutschen Blätter macht sich liberale Begeisterung breit. Nur in der Berliner Spenerschen Zeitung liest man, offenbar mit resignierendem Unterton geschrieben: „Der Bundestag ist also unter die Demokraten gegangen.“

„Gegen Demokraten helfen nur Soldaten!“ meint das Haupt der „Militärpartei“ am preußischen Hof, der Königsbruder Wilhelm, Prinz von Preußen, und, weil Friedrich Wilhelm IV. kinderlos bleibt, Erbe und siebenter Inhaber des Throns. Er ähnelt seinem Vater, dem wortkargen Friedrich Wilhelm III., ist bereits mit zehn Jahren in die Armee eingetreten und hat die „Feuertaufe“ im Frankreichfeldzug 1814 noch vor der Konfirmation empfangen.

Die Jahre zwischen 1814 und seinem eigenen Regierungsantritt 1858 hat er vor allem im Sattel verbracht. Unterbrochen wurde dieses Leben lediglich von einer Romanze mit der schönen und temperamentvollen Elisa von Radziwill, die er aber aus Gründen mangelnder Ebenbürtigkeit nicht heiraten konnte. Statt dessen vermählte er sich 1829 mit der weimarischen Prinzessin Augusta, einer ausgesprochenen „Liberalen“. In politischer Hinsicht nicht ohne Ehrgeiz, richtete sie sich bald einen entsprechenden Hofstaat nach ihrem Geschmack im renovierten Kronprinzenpalais Unter den Linden ein.

Somit spaltet sich der Hof an jenem dramatischen Wochenende im März, an dem die Krise ihrem Höhepunkt zutreibt, in drei Richtungen auf: die der auf Reformen drängenden „Partei“ der Prinzessin Augusta, die der stockkonservativen „Russen“ um den Prinzen Wilhelm und die des Königs, der zwischen den Parteien und seinen eigenen, einander höchst widerstrebenden Gefühlen hin- und hergerissen wird. Soll er, der gänzlich unmilitärische Mann, Soldaten in der Hauptstadt zusammenziehen? Oder soll er sich an die Spitze dieser halb nationalen, halb revolutionären Bewegung stellen, damit Preußen hinfort „aufgehe in ‚Teutschland'"?

Der zaudernde Monarch tut schließlich beides. Er läßt Soldaten mit klingendem Spiel einrücken, und zugleich „bewilligt" er alles: ein liberales Ministerium unter Leitung der beiden rheinischen Geschäftsleute Ludolf Camphausen und David Hansemann, eine ständige Volksvertretung und die Freiheit der Druckerpresse.

Die Berliner, ohnehin nur mit mäßigem revolutionärem Elan ausgestattet, sind nach einigen Drohgebärden vor dem Palais Wilhelms, des „Russen", bereit, ihrem König dankbar zuzujubeln. Zweifellos hätte der 18. März mit Hochrufen auf den oben auf seinem Balkon ein Papier schwenkenden, sichtlich erschöpften Friedrich Wilhelm IV. einen befriedigenden Abschluß gefunden, wenn nicht zwei Schüsse gefallen wären. Sie sollten sich so untrennbar an Namen und Schicksal des Königsbruders heften wie die Erinnyen im antiken Griechenland an die Sohlen eines Missetäters.

Ob der sogleich als „Kartätschenprinz" bezeichnete Wilhelm tatsächlich die Verantwortung für diesen unglücklichen Schießbefehl trägt, der die Berliner das einzige Mal in ihrer Geschichte veranlaßte, Barrikaden aufzurichten, wird nicht mehr zu klären sein. Möglich, daß nur der Kommandeur der unter dem Schloßportal aufgestellten Garde-Infanterie auf den zehntausendfachen Ruf „Das Militär muß fort!" die Nerven verlor oder daß der Oberst der Garde-Dragoner an der Stechbahn irgendein Zeichen mißverstanden hat, als er seine Leute mit gezogenem Säbel gegen die Menge reiten läßt. Das „Mißverständnis" zeitigt jedenfalls eine sehr gewalttätige Wendung.

Nicht ohne „Amusement" über den völlig unbeabsichtigten revolutionären Elan der im Grunde ihrer Obrigkeit treu ergebenen Berliner schildert Fontane, damals Verkäufer in der Jungschen Apotheke, Ecke Neue König- und Georgenkirchstraße, die Ereignisse in seinen Lebenserinnerungen: „Schweißtriefend kam ich . . . in die Neue Königstraße zurück, auf der eben vom Tor her ein Arbeiterhaufen heranrückte, lauter ordentliche Leute, nur um sie herum etliche verdächtige Gestalten. Es war halb wie eine militärische Kolonne, und ohne zu wissen, was sie vorhatte, rangierte ich mich ein und ließ mich mit fortreißen. Es ging über den Alexanderplatz weg auf das Königstädter Theater zu, das alsbald wie im Sturm genommen wurde. Man brach aber nicht von der Front, sondern von der Seite herein und besetzte hier, während einige, die Bescheid wußten, bis in die Garderoben und Requisitenkammern vordrangen, einen Vorraum, wahrscheinlich eine Pförtnerstube, darin ein Bett stand. Über dem Bett hing eine altmodische silberne Uhr . . . mit dicken Berlocques und großen römischen Zahlen. Einer griff danach. ‚Nicht anrühren!' donnerte von hinten her eine Stimme, und ich konnte leicht wahrnehmen, daß es ein Führer war, der von seinem Platz aus nach dem Rechten sah und dafür sorgte, daß das sich mehr und mehr einmischende Gesindel nicht aufkomme. Mittlerweile hatten die weiter in den Innenraum Eingedrungenen das gefunden, wonach sie suchten, und in derselben Weise, wie sich beim Hausbau die Steinträger die Steine zuwerfen, wurde nun, von hinten her, alles zu uns herübergereicht: Degen, Speere, Partisanen und vor allem kleine Gewehre, wohl mehrere Dutzend. Wahrscheinlich . . . waren es Karabiner, die man fünfzehn Jahre früher in dem beliebten Lustspiel ‚Sieben Mädchen in Uniform' verwandt hatte, hübsche kleine Gewehre mit Bajonett und Lederriemen, die nachdem sie den theaterfreundlichen, guten alten König Friedrich Wilhelm III. manch liebes Mal erheitert hatten, jetzt . . . bei vollem Tageslicht in der Welt erschienen, um nun ein gegen total unmodisch gewordenes . . . Regiment ins Feld geführt zu werden."

Trotz solch operettenhaften Gebarens, trotz einer Revolution gänzlich ohne Führung zieht der entnervte König die Truppen aus Berlin zurück und gestattet die Aufstellung einer

Bürgerwehr. Am Dienstag nach jenem turbulenten Wochenende reitet er sogar neben der verhaßten schwarzrotgoldenen Bürgerfahne durch die notdürftig wieder hergerichteten Straßen, „umringt von einer hut- und mützeschwenkenden Kavalkade . . . dicht vor der Neuen Wache waren große, metallene Teller aufgestellt, in die man für die Verwundeten eine Geldmünze hereintat“ (Fontane).

Noch einmal hat der König „bewilligt“, was er bereits vor der Revolte versprochen, aber vermutlich nicht gehalten hätte: Pressefreiheit, liberale Verfassung, gesamtdeutsche Volksvertretung. Er wird auch in Zukunft nichts davon einlösen. Doch das Volk hält es für einen Sieg, daß die Truppen fort sind – und mit ihnen ihr Exponent, der Königsbruder Wilhelm.

2. Kapitel

DAS GANZE „RETOUR“

Sieben Wochen später sind die Truppen wieder da – und kurz darauf auch Wilhelm, der „Kartätschenprinz“. „Exil“ kann man die Wochen an der Londoner Carlton Terrace im Hause des preußischen Botschafters Josias Freiherr von Bunsen und seiner geistvollen Frau nicht nennen. Von der Königin Victoria, seiner Cousine mütterlicherseits, und dem Prinzgemahl Albert ist er freundlich und mit Neugier auf seine Erlebnisse mit der peußischen Spielart einer fast schon gesamteuropäischen Revolution aufgenommen worden, die auf der britischen Insel indes durch rechtzeitig eingeleitete Parlamentsreformen abgefangen werden konnte.

Auch Prinz Wilhelm scheint sich seinerseits über die Vorzüge einer konstitutionellen Monarchie informiert und sich mit ihr sogar ein wenig angefreundet zu haben. Denn nach seiner Rückkehr am 8. Juni spielt er für einige Zeit in dem „Vereinigten Landtag“, der als Ergebnis der Revolution ein merkwürdiges Zwitterwesen zwischen indirektem Parlamentarismus und antiquierter Ständeversammlung darstellt, den Abgeordneten von Wirsitz im Bezirk Posen.

Erst jetzt erfährt er, daß dies neben einer allerdings großzügig bemessenen Apanage um ein Haar sein weiteres Schicksal hätte werden können. Denn in den aufregenden Märztagen hatte sein jüngerer Bruder Karl Friedrich ernsthaft geglaubt, der gefährdete Thron könne nur gerettet werden, indem man den König zur Abdankung und Prinz Wilhelm zum Thronverzicht veranlasse. An Wilhelms Stelle hätte sein gerade erst siebzehnjähriger Sohn Friedrich Wilhelm treten sollen. Noch tiefer berührt ihn, daß seine eigene Frau, Prinzessin Augusta, die in Potsdam geblieben war, an diesem Plan, der für sie selbst die Regentschaft vorsah, nicht uninteressiert gewesen war. Von Haus aus liberal, hegte die ehrgeizige „Weimarerin“ Sympathien für die Forderungen der Achtundvierziger, so lange diese gemäßigt blieben.

Daß aus dem ehrgeizigen Plan nichts wurde, ist – paradoxerweise – einem damals noch etwas exaltiert wirkenden Landjunker aus der Mark namens Otto von Bismarck-Schönhausen zu „verdanken“. Er erschien in jenen Tagen mit genau demselben Ansinnen bei ihr: Thronverzicht ihres Mannes und Regentschaft anstelle ihres minderjährigen Sohnes. Um die Monarchie überhaupt zu retten, wie Herr von Bismarck behauptete. Doch die Prinzessin erkannte, daß sie zu weit gegangen war. Der noch unbekannte Landjunker, der zudem noch aus einer ganz anderen, ultrakonservativen Ecke heraus argumentierte, bekam ein entrüstetes, schroffes Nein zu hören. Eine lebenslange Feindschaft begann.

Dieser Otto von Bismarck-Schönhausen war nach verschiedenen Startversuchen beinahe zufällig als Ersatz-Abgeordneter des Vereinigten Landtages in die Politik geraten. Mit dem vezweifelten Mut des Hochbegabten, der sich schon in der Langeweile eines eintönigen Gutsbesitzerlebens versinken sah, setzte der Zweiunddreißigjährige zunächst auf die schon nicht mehr von vielen prolongierte Karte des monarchischen Absolutismus. Dabei wird er als Parteigänger ultrakonservativer Hofkreise, die den König mit Hilfe altbewährter Kabinettspolitik wieder in seine Träume von Gottesgnadentum und absoluter Monarchie einspinnen, grell von rechtsaußen beleuchtet.

Im Vereinigten Landtag wie auch im neuen Abgeordnetenhaus, das 1850 nach der vom König „oktroyierten“ Verfassung erstmals nach dem Dreiklassenrecht gebildet wurde, zieht er scharf gegen die noch im Revolutionsjahr in Frankfurt zusammengetretene „Deutsche Nationalversammlung“ zu Felde. Bismarck bezeichnet das erste frei gewählte und gesamtdeutsche Parlament als „konstituierte Anarchie“ und amüsiert sich über dessen Machtlosigkeit, obwohl die knapp 600, überwiegend liberalen Paulskirchen-Abgeordneten, trotz ihrer schlechten Erfahrungen mit den Preußen, gerade diesem Land weit entgegenkommen.

Nicht Österreich, das allerdings durch die brutale Niederschlagung des dritten Wiener Aufstandes im Herbst 1848 und die Erschießung des Paulskirchen-Abgeordneten Robert Blum ein noch über das Metternich-Image hinausgehendes reaktionäres Gesicht aufweist, sondern das auch nicht viel fortschrittlichere Preußen ist es, dessen König die Mehrheit der Nationalversammlung schließlich die deutsche Erbkaiserwürde anbietet. Das geschieht nicht nur aus einer realistischen Einschätzung der inzwischen von Preußen erreichten wirtschaftlichen Stärke heraus. Immerhin erkennen die Frankfurter Abgeordneten trotz der tiefen Kluft, die sie geistig vom Preußentum trennt, daß die nationale Einigung Deutschlands ohne Preußen nicht zu bewerkstelligen ist. Aber bei der Frage, wie denn nun eigentlich die kommende deutsche Nationalstaatlichkeit beschaffen sein könnte, manövrieren sich die Väter des ersten „Grundgesetzes" der Deutschen in eine schwer aufzulösende Zwangslage hinein, als sie den Verfassungsgrundsatz aufstellen: „Kein Teil des Deutschen Reiches darf mit nichtdeutschen Ländern zu einem Staat vereinigt sein."

Das trifft schon im Falle Österreichs nicht zu. Bereits bei vorangegangenen, ergebnislos gebliebenen Verhandlungen über eine Zollvereinigung aller deutschen Länder war ein für die Epoche neuer Dualismus aufgetreten: „großdeutsch" oder „kleindeutsch"? – Aber auch Preußen verfügt über „polnische" Gebiete. Völkerrechtlich gesehen könnte man die Beute aus den drei Teilungen Polens im 17. und 18. Jahrhundert natürlich als rein preußisch bezeichnen. Schließlich gibt es keinen polnischen Staat mehr.

Schwieriger wird es aber mit dem Problem Schleswig-Holstein. Wie eine tückische Probe auf das in vielen Reden aufgestellte Exempel der nationalen Einigung stellt sich schon im Sommer 1848 eine Krise ein, vor der der Verfassungsgrundsatz der Frankfurter Nationalversammlung zu versagen scheint. Auf den „Dardarnellen des Nordens“ regiert der König von Dänemark über zwei Herzogtümer, die aufgrund uralter Verträge „up ewig ungedeelt“ bleiben sollen. Holstein gehört zum Deutschen Bund, Schleswig zu Dänemark. In beiden Herzogtümern ist männliche Erbfolge vorgesehen. In Dänemark ist eine weibliche zu erwarten, weil der am 20. Januar 1848 an die Macht gekommene dänische König Friedrich VII. keine Söhne hat.

Auch die Dänen, seit Jahrhunderten Spielball unterschiedlicher Mächte und Interessen, haben den Wunsch, ihr „nationales“ Staatsgebiet im Süden zu arrondieren. Sie werden darin zumindest von der benachbarten Großmacht England unterstützt.

Dem Einmarsch dänischer Truppen widersetzen sich die deutschen Schleswiger auf das Heftigste. Sie bilden eine provisorische Regierung in Rendsburg und können sich auch der Unterstützung der Frankfurter Nationalversammlung und des „gemeinsamen deutschen Vaterlandes“ sicher sein. Selbst Friedrich Wilhelm IV. von Preußen stellt sich „an die Spitze“ dieser Bewegung und läßt preußische Truppen zusammen mit Frankfurter Freiwilligen ausziehen. Aber nur so weit, bis England und Rußland Einspruch erheben.

Der Waffenstillstand von Malmö am 26. August 1848 verrät die Nationalbewegung der deutschen Schleswiger, die sich gleichwohl noch zwei Jahre gegen die Einverleibung in den dänischen Staat sträuben und erst nach der verlorenen Schlacht von Idstedt am 24. und 25. Juli 1850 dazu gezwungen werden. Ihre Niederlage ist zugleich die der Deutschen Nationalversammlung, deren schmachvollste Stunde am 3. April 1849 im Berliner Schloß schlägt, als König Friedrich Wilhelm IV. die ihm angebotene „Krone von Bäckers und Metzgers Gnaden“ höhnisch zurückweist. Wenn überhaupt, könne er sie nur von „seinesgleichen“ annehmen. Vom „Hundeshalsband“ ist die Rede und einem „imaginären Reif aus Dreck und Letten gebacken . . .“.

Kein Maß kennt der Mann, der eben noch gezittert hat. Es scheint, als hätten die Revolutionäre von 1848 nur den Fehler gemacht, auf halbem Wege stehenzubleiben, sich in endlosen Debatten zu erschöpfen. Dabei wäre eine deutsche Spielart innerhalb einer ganzen Folge von europäischen Revolutionen an der Schwelle zum industriellen Massenzeitalter durchaus geeignet gewesen, die längst fällige Überwindung des in der Reformationsepoche entstandenen Partikularismus mit einer Hinwendung zum modernen Rechtsstaat zu verbinden und somit den Vorsprung Englands und Frankreichs wettzumachen. Dieser großartigen Möglichkeit gegenüber hätte die Frage der Staatsform – ob Monarchie oder Republik – zurücktreten können.

Statt dessen beschäftigte sich das Professoren-Parlament bis an sein unrühmliches Ende in Stuttgart mit der Erörterung geradezu grotesker Einzelheiten – wie etwa der Aufstellung einer „Reichsflotte" unter schwarzrotgoldenem Banner – und dem bloßen Fortschreiben des preußisch-österreichischen Dualismus. Der Historiker Erich Eyck schreibt: „Mit der Ablehnung der Kaiserkrone durch Friedrich Wilhelm IV. war die Revolution gescheitert. Aber sie ist trotzdem nicht umsonst gewesen . . . Zum ersten Mal hat das Frankfurter Parlament klar und deutlich die Frage gestellt, von deren Lösung die Zukunft Deutschlands abhing: Preußen oder Österreich, kleindeutsch oder großdeutsch?"

Er hat recht, doch ist das aus gesamtdeutschem Blickwinkel kein Fortschritt, der eine Revolution gerechtfertigt hätte. Die deutsche Frage ist damals umgebogen worden. Man hat sie zurückverwiesen. Zwar nicht mehr an das Gottesgnadentum herkömmlicher Prägung. Dies sollte fortan, ohne wenigstens den Anschein von Verfassungsmäßigkeit zu erwecken, nur noch in Mecklenburg regieren können, wo der Grundsatz galt: „Es bleibt alles beim alten!" Aber auf einem Sektor, auf dem es jenseits von staatspolitisch klar durchdachten Entscheidungen wieder nur um machtpolitisches Kalkül gehen würde.

3. Kapitel

DOCH NOCH DEN TIGER REITEN?

Allmählich faßt die preußische Monarchie wieder Tritt. Preußische Truppen helfen dem Großherzog Friedrich von Baden, auch in seinem Land die letzten Reste des gefährlichen Flächenbrandes, genannt „revolutionärer Liberalismus", auszutreten. Fortan hat die preußische Monarchie im badischen Ursprungsland des Liberalismus nicht nur einen verläßlichen Verbündeten, sondern auch einen Schwiegersohn: Der Großherzog heiratet Luise, die einzige Tochter des „Kartätschenprinzen". – „Germania, das große Kind, erfreut sich wieder seiner Weihnachtsbäume", spottet aus seiner Pariser „Matratzengruft" der Dichter Heinrich Heine. Immer mehr Emigranten aus Deutschland finden sich am Krankenbett des an unheilbarer Rückenmarksschwindsucht Leidenden ein.

In der Tat gedenkt Friedrich Wilhelm IV., die unverhoffte Gunst der Stunde auf seine Weise und mit „seinesgleichen" zu nutzen und dabei gleich ein Ende zu machen mit dem, was seit 1815 als Pfahl im Fleische Preußens steckt. Damals hatte der Wiener Kongreß den Mitsieger über Napoleon im Westen so wohldosiert vergrößert, daß er zu gewichtig wurde, um auf eine bestimmende Rolle zu verzichten, aber auch wiederum zu klein, um diese ganz ohne Rücksicht auf den Seniorpartner Österreich spielen zu können.

Der zähe Wirtschaftskrieg um Zollvereinigung und Zollunion, um Freihandel, Schutzzölle und die rechte Gewichtung des „dritten" Deutschlands in Gestalt der mittel- und süddeutschen Kleinstaaten, während Preußen mittels des Zollvereins im Norden bereits ein einheitliches Wirtschaftsgebiet geschaffen hat, ist von der Revolution nur überlagert worden. Nationale Einigung – mit oder ohne Österreich, großdeutsch oder kleindeutsch – das sind schon die wirtschaftspolitischen Probleme der dreißiger und vierziger Jahre gewesen. Sie haben sich mit dem Verlangen des liberalen Bürgertums nach nationaler Einigung und Verfassungsstaatlichkeit vermischt.

Als treibende Kraft standen hinter Preußens „erster Gründerzeit" eine bisher nicht gekannte Bevölkerungsexplosion (zwischen 1816 und 1850 nimmt die deutsche Bevölkerung um 50 Prozent zu) und ein durch den Eisenbahnbau in Gang gebrachter Wirtschaftsboom, der inzwischen bereits durch eine erste, weltweite Rezessionsphase unterbrochen wurde.

Daß man jetzt, nach der gescheiterten Revolution von 1848, die Dinge nicht einfach auf sich beruhen lassen kann, formuliert am prägnantesten der gerade dreißigjährige Doktor der Philosophie und Autor des zu Anfang des Revolutionsjahres erschienenen „Kommunistischen Manifestes", Karl Marx, wenn er schreibt: „Diejenigen, die die Revolution niederwarfen, sind gezwungen, ihre Testamentsvollstrecker zu werden."

Fällt diese Rolle nun der preußischen Monarchie zu?

Friedrich Wilhelm IV. versucht, beraten von dem konservativen Paulskirchen-Abgeordneten und General Joseph Maria von Radowitz und vom überscharfen Instinkt seines bald schon in Umnachtung versinkenden Geistes geleitet, „den Tiger zu reiten", wie Bismarck das später nennen wird. Eine Union der Könige von Preußen, Sachsen, Hannover, Bayern und Württemberg sowie des Großherzogs von Baden und Souveränen einiger anderer Mittelstaaten soll ein Kleindeutschland auf Zollvereinsbasis ohne Österreich bilden. Aber gerade die süddeutschen Staaten versagen sich, so daß schließlich im März 1850 nur der „Reichstag" einer „Norddeutschen Union“ in Erfurt zustandekommt. In ihm sieht der gleichfalls dorthin gereiste Abgeordnete von Bismarck „ein zwitterhaftes Produkt furchtsamer Herrschsucht und zahmer Revolution“.

Bismarck ahnt, daß die draußen vor der Tür gelassene Ex-Präsidialmacht des „Deutschen Bundes“ – Österreich – zu dem Versuch des preußischen Königs, die mißglückte Revolution von 1848 auf seine Weise auszuschlachten und die Ereignisse einfach rechts überholen zu wollen, kaum Ja und Amen sagen wird. Trotz aller häufig beschworener „Solidarität der Monarchen“. Auch Österreich hat zu Hause Ordnung geschaffen, was im Vielvölkerstaat nicht nur die Pazifizierung liberaler Schwarmgeister bedeutet, sondern auch den Sieg über nationalstaatliche Bestrebungen in Böhmen und Ungarn. Dabei hat auf österreichische Bitte hin sogar der russische Zar Nikolaus I. geholfen, jenes Urbild eines Despoten, der allen Ernstes nebst sämtlichen Literaten seines eigenen Landes sogar die längst verstorbenen deutschen Dichter Schiller und Goethe für „Demagogen“ hält. Ohnehin war es ein Wunder, daß sich der Zar bislang nicht in die Angelegenheiten seiner preußischen Teilhaber am polnischen Besitz gemischt hatte.

Es gelingt dem äußerst geschickten und energischen Metternich-Nachfolger Felix Fürst von Schwarzenberg, den Zaren gegen das „Dreikönigsbündnis“ im preußischen Norden zu mobilisieren und „sozusagen mit vorgehaltener Pistole“, wie der Historiker Michael Stürmer schreibt, die Preußen zur Aufgabe ihrer Unionspläne und zurück in den wiederbelebten „Deutschen Bund“ zu zwingen. Die „Olmützer Punktation“ vom 29. November 1850 belehrt Preußen – wie es schon mehrfach in seiner Geschichte vorgekommen war – über den sehr geringen Spielraum, den es mit einer Politik hat, die gegen die Interessen einer europäischen Koalition gerichtet ist. Immerhin bleibt ihm wenigstens der Zollverein, während Österreich im ersten Anlauf eben nur die Restauration des alten Bundes gelingt, aber nicht die ersehnte große Wirtschaftsgemeinschaft auf Schutzzollbasis.

Beifall erhält der preußische König Friedrich Wilhelm IV. lediglich von einigen liberal-gemäßigten Ex-Abgeordneten der inzwischen ziemlich unrühmlich untergegangenen Paulskirchen-Versammlung. Sie sehen in seinen Unionsplänen einen letzten Versuch zur Rettung wenigstens der Versatzstücke eines nationalen Aufschwunges, der eben noch viele Herzen höher schlagen ließ.

Lachend nutzt der schreckliche Herr von Bismarck die Stunde und seinen Einfallsreichtum, um dem ebenfalls in Erfurt erschienenen Ex-„Reichsministerpräsidenten" Heinrich von Gagern ein verächtliches „Phrasen-Gießkanne" nachzurufen. Dann, wieder daheim, holt er vor dem preußischen Abgeordentenhaus zur großen Schlußabrechnung mit der „Planlosigkeit und den Unterlassungssünden unserer Politik" aus. Er schont nur den König selbst, obwohl das mehrfach von ihm gleichsam mit Ekel ausgespiene Wort „Romantik" jedermann erkennen läßt, wen er in Wirklichkeit meint.

Mit seinem Appell an eine realitätsbezogene, preußische „National"-Politik ist ihm nicht nur der Beifall seiner konservativen Parteifreunde sicher, die ihn daraufhin zu ihrem außenpolitischen Sprecher wählen, sondern – ausnahmsweise – auch einmal die Zustimmung des Thronfolgers, der ob des Unions-Abenteurers in ernste Differenzen mit seinem Bruder geraten ist.

Bismarck bläst mit seinem prononciert und auch provozierend vorgetragenen Bekenntnis zum „staatlichen Egoismus" als „einzige gesunde Grundlage eines Staates" gleichsam den romantischen Nebel unklarer und unausgegorener Reichsideen hinweg. Wie kein anderer in dieser Zeit markiert er den Abstand, den die deutsche Wirklichkeit in der Mitte des 19. Jahrhunderts von dem so ganz anderen „Reich" des Mittelalters trennt. Zugleich empfiehlt er sich mit einer Eloge an das erfolgreichere Österreich („. . . eine Macht, die das Glück hat, fremde Völker zu beherrschen") nicht nur als neuer Gesandter beim Deutschen Bundestag in Frankfurt, der unter Schwarzenbergs entschlossener Anleitung die Zügel wieder fest in die Hand bekommt, sondern auch als der Mann, der es vielleicht doch noch schaffen wird, „den Tiger zu reiten“ – wenn auch auf gänzlich andere Weise.

4. Kapitel

DER „SCHÄKERER“

Nietzsche, der jetzt noch zur Schule geht, wird später von der „Sumpfluft der fünfziger Jahre“ sprechen, und Golo Mann nennt es eine „chaotische Übergangszeit, ein anarchisches Niemandsland zwischen Gestern und Morgen“. Nicht mehr Biedermeier, aber auch noch nicht ganz industrielles Zeitalter, birgt Preußens „erste Gründerzeit“ schon alle Merkmale und Voraussetzungen des späteren Aufschwungs in sich. In einem frühen „Gründerfieber“ entstehen im Zollverein, den Preußen aus dem Desaster der Olmützer Punktation retten konnte, neun große Notenbanken. Die Mitgliedstaaten öffnen ihre Märkte für neue Kreditschöpfungsinstitute: Der neue Typus der Aktiengesellschaft sprengt die lokalen Geldmärkte. Preußen bremst diese Entwicklung noch, entläßt aber andererseits den Erz- und Kohlebergbau weitgehend aus staatlicher Vormundschaft. Es werden viele der noch heute bestehenden Bergwerke und Hütten im Rheinland gegründet, teilweise unter Beteiligung französischen Kapitals.

Die Hauptstränge des peußischen Eisenbahnnetzes – über einen war es 1847 zur Krise des ersten Vereinigten Landtages gekommen – sind bereits fertiggestellt, als in London die einunddreißigjährige Queen Victoria, deren Namen einst das ganze Zeitalter tragen wird, die „Great Exhibition“, die erste Weltausstellung auf 70 000 Quadratmetern Ausstellungsfläche eröffnet. Man kann noch heute auf jeder Kölnischwasserflasche lesen, wann die nächsten stattfinden: 1885 in Paris, 1862 wieder in London, 1867 noch einmal in Paris, 1873 in Wien, 1876 dann Philadelphia, 1978 erneut in Paris und 1880 zum ersten Mal in Deutschland: in Düsseldorf.

Aus Berlin nach London kommt, nachdem er sich genauestens über die Sicherheitsvorkehrungen gegen mögliche Attentäter aus Emigrantenkreisen erkundigt hat, wieder der Prinz von Preußen. In seiner Begleitung und zugleich schon auf Brautschau befindet sich der neunzehnjährige Sohn und spätere „Neunundneunzig-Tage-Kaiser“ Friedrich. Tatsächlich wird der stattliche, hochgewachsene junge Mann sieben Jahre später „Vicky“, die erste Tochter der mit dem coburgischen Prinzen Albert verheirateten Queen, ehelichen.

Ein drahtiger Essener Fabrikant namens Krupp, der 1847 den Preußen und auch den Russen erste, noch häufig zerplatzende Gußstahlgeschütze angeboten hat, schickt nahtlose Radkränze für Eisenbahnwagen und einen dreiundvierzig Zentner schweren Gußstahlblock. Vor der wie ein alchemistisches Geheimnis gehüteten Veredlung des Roheisens hängt die wirtschaftliche Vormachtstellung kommender Jahrzehnte ab.

Die Vereinigten Staaten von Nordamerika schicken einen kunstvoll gearbeiteten Holzpflug nach London. Er wird von den meisten Ausstellungsbesuchern übersehen. Dabei ist gerade dort, im fernen Kalifornien, das große Wunder geschehen. Kurz nach der Annexion dieses nur von Viehzüchtern, Fischern und Walfängern bewohnten Landstriches an der amerikanischen Westküste findet ein Mann mit Namen James Marshall in Sutter's Mill bei Sacramento Gold. Sehr viel Gold. Innerhalb eines Jahres landen rund neunzigtausend Goldgräber aus allen Ländern an den Küsten Kaliforniens, sogar Chinesen.

Durch die amerikanischen Goldfunde, denen etwas später nicht weniger ergiebige in Australien folgen, werden die lokalen Geldmärkte der Alten Welt gesprengt. Es entstehen neue wie aus dem Nichts, und ein Teil der von Marx und

Engels gerade in diesen Jahren für ihr gemeinsames Hauptwerk „Das Kapital" getroffenen Wirtschaftsprognosen werden schon vor der Veröffentlichung zu Makulatur.

Die Londoner „Great Exhibition" steht im Zeichen des Goldrausches und der dadurch wieder belebten Konjunktur. Keiner will vom „Boom" ausgeschlossen sein. Nur der russische Zar, größter Getreidelieferant Europas, verbietet seinen sechzig Millionen Untertanen den Besuch dieses Sündenbabels der Händler, Erfinder und Ideen.

Im gleichen Jahr noch eröffnet Julius Reuter in Aachen sein erstes Telegraphenbüro, womit „vom journalistischen Standpunkt aus gesehen das Mittelalter endet" (J. E. Hobsbawn). Etwas mittelalterlich geht es vorerst nur noch in den Niederlanden zu, wo der neue Papst Pius IX. nach unvermuteten Erfolgen bei der Wiederherstellung einer katholischen Hierarchie in England nun versucht, „die Irrtümer der calvinistischen Häresie" nicht mit Argumenten, sondern mit der Einsetzung neuer Bischöfe zu bekämpfen. Tatsächlich können die Machenschaften des solcherart gestärkten Klerus binnen kürzester Frist das liberale Kabinett Thorbecke zu Fall bringen, doch aus Bayern werden zur gleichen Zeit die Jesuiten ausgewiesen – frühe Präludien des sich auch in Preußen durch den „Kölner Mischehenstreit" bereits ankündigenden Kulturkampfes.

Aber nun schaut erst einmal alles nach Frankreich. Was ist passiert? Ein kleiner, kurzbeiniger, mit Ausnahme der viel zu großen Hände zierlich gewachsener, jetzt gerade vierundvierzigjähriger Herr mit martialischem, seitab gezwirbeltem Schnurrbart und wasserhellen, etwas kurzsichtigen, wie erloschen wirkenden Augen, den die Kumpane seiner zwielichtigen Existenz „Badinguet" – „Spazierstöckchen" oder auch „Schäkerer" – zu nennen gewohnt sind, ist auf den Thron einer schon legendären Gestalt geklettert: Napoleon III.

Keine Zeit ist der des großen Oheims, der seit zehn Jahren im Pariser Invalidendom ruht, unähnlicher als dies verdämmernde Biedermeier, das noch nicht einmal eine Revolution anständig zu Ende bringen kann. Und doch wird das so ganz und gar unnapoleonisch erscheinende Kind der Stieftochter Napoleons, Hortense Beauharnais, und des Napoleon-Bruders Louis zum Vollender dieser Serie halber Initialzündungen, als die man das Geschehen der vergangenen drei Jahre schon in den Geschichtsbüchern wertet.

Auf legale Weise hat sich der Neffe des großen Napoleon als „Bürger Charles Louis Napoleon Bonaparte" zum Präsidenten der Zweiten Französischen Republik wählen lassen. Dazwischen liegen zwei Putschversuche, eine lange, wenn auch leidlich komfortable Gefangenschaft auf der Festung Ham und vermutlich mehr Jahre im Arenenberger oder Londoner Exil als zu Haus in Frankreich, wo die Familie des großen Korsen, wenn überhaupt, bisher nur ein unstetes Leben zwischen halber Duldung und ständiger Überwachung hatte führen können.

1831 gehörte er dem italienischen Geheimbund der „Carbonari" an, und er wird auch als Präsident und Kaiser die Nationalbewegung der Italiener unterstützen, ohne es sich indessen mit dem Papst zu verderben. Den Rat, der Macht auf verfassungsgemäße Weise durch den Einzug ins Parlament näherzukommen, statt sich mit aussichtslosen Märschen auf die Hauptstadt lächerlich zu machen, soll der Dichter Alexandre Dumas seiner ehrgeizigen Mutter gegeben haben.

Am Nachmittag des 20. Dezember 1848 ist es soweit. Im Palais Bourbon leistet der neue „Bürgerpräsident", auf den von 7,3 Millionen Stimmen allein 5,4 entfallen waren, vor dem Parlamentspräsidenten Armand Marrast den Eid auf die „eine und unteilbare demokratische Republik", um diesen Eid bereits zwei Jahre später durch einen selbstinszenierten „Putsch von oben", nachfolgende „Ermächtigung" und die wiederum ein Jahr später erfolgte Proklamation zum erblichen „Kaiser der Franzosen" zu brechen, beides „völlig legal" mit plebiszitär eingeholter Zustimmung.

Der Typus des modernen Militärdiktators ist geboren. Napoleon I. hat noch im Umbruch der Zeiten eine andere, halb spätantikem Cäsarismus, halb dem mittelalterlichen Kaisertum entlehnte Krone getragen. Aber unter dem Gesetz des Erfolges stand auch er schon. Nun tritt sein Neffe (Victor Hugo: „Keine Spur von Ähnlichkeit mit dem Kaiser!“) mit „langsamer, bedächtiger Besonnenheit“ in die Arena der europäischen Mächte, um die brüchig gewordene Wiener Kongreßordnung vollends zu sprengen. Die so ganz anders gearteten Grundlagen seiner Herrschaft müssen im Widerspruch zu dem von Metternich geschaffenen Staatensystem stehen, das auf dem Legitimitäsprinzip und einer „Solidarität der Monarchien“ gegründet ist, deren oberstes Ideal die unbedingte Friedhofsruhe darstellt.

5. Kapitel

DIE KARTEN SIND GEMISCHT

Übrigbleiben kann nur, wer schlauer und gerissener ist als „Badinguet". Das heißt: wer nicht nur die völlig auf nationalen Eigennutz gestellte Politik des französischen Kaisers durchschaut und mit ihm „Schach zu spielen" versteht, sondern wer darüber hinaus auch noch die Zwänge erkennt, unter denen Napoleon III. steht und handelt – und sich dabei selbst von diesen Zwängen freizuhalten weiß.

Das, bei aller Bescheidenheit, traut sich der Herr von Bismarck ohne weiteres zu. Er hat später die Zeit als Bundestagsgesandter in Frankfurt als seine „Lehrjahre in Realpolitik" bezeichnet und dabei, fast ganz auf sich selbst gestellt, den Spielraum der preußischen Politik nicht nur gegenüber Österreich, sondern auch innerhalb der schon von tiefen Rissen durchzogenen Allianz der europäischen Mächte ausgelotet.

Dieser Spielraum vergrößert sich schnell. Rußland gedenkt, die bereits Ende der zwanziger Jahre getestete Schwäche der Türkei zu nutzen, um sich in den Besitz der Dardanellen zu bringen, die ihm den Ausgang zum Mittelmeer versperren. Wie so oft, ist diese Macht auch jetzt von den edelsten Motiven beseelt. Zar Nikolaus I., der „Gendarm Europas", wirft sich, nachdem ein scheinheiliges Bündnisangebot an das Osmanische Reich nicht verfangen hat, zum Beschützer der angeblich bedrohten „heiligen Stätten" der Orthodoxie in Konstantinopel auf und marschiert Ende 1853 in die sogenannten Donaufürstentümer im Gebiet des heutigen Rumäniens ein. Als er schließlich auch noch die türkische Flotte am 30. November 1853 in der Bucht von Sinope angreift und vernichtet, ist die Geduld der übrigen Garantiemächte des Meerengenvertrages vom 13. Juli 1841 erschöpft.

Der Zar hat sich gründlich geirrt. Er hat auf die militärische Unfähigkeit Frankreichs, auf die Neutralität Großbritanniens und die Dankbarkeit Franz Josephs von Österreich gesetzt, dem er vier Jahre zuvor gegen die ungarischen Aufrührer geholfen hatte. Statt dessen sieht er mit dem englischen Außenminister Palmerston, dem „Churchill des 19. Jahrhunderts", einen Mann vor sich, der entschlossen ist, unter keinen Umständen eine Verschiebung des ohnehin wackligen Machtgleichgewichtes an der Südostflanke Europas zu dulden. Napoleon III. dagegen erscheint die Gelegenheit günstig, sich außenpolitisch zu profilieren und vielleicht sogar, wie einst sein großer Onkel, erste kriegerische Lorbeeren im Orient zu ernten. Außerdem vergißt es der Emporkömmling dem blasierten Zaren nicht, daß er ihn mit „Monsieur" statt „Bruder" anredet, wie es unter „ebenbürtigen" Monarchen üblich ist.

Und Franz Joseph von Österreich muß die unmittelbare Nähe der östlichen Großmacht an den Grenzen seines für panslawistische Parolen anfälligen Vielvölkerstaates so erwünscht sein, daß er sich sogar entschließt, während der nun folgenden Auseinandersetzungen, die Golo Mann einen „verdrängten Weltkrieg" nennt, durch bewaffnete Neutralität starke Truppenverbände des Zaren zu binden.

So beginnt auf der Krim, dem antiken „Tauridien", das der russische Fürst Potemkin für seine Zarin Katharina erst 1783 erobert hat, einer der merkwürdigsten „Bruderkriege", unter dessen Schlägen die einstige „Heilige Allianz" wie auch der Nimbus Rußlands als „Schiedsrichter Europas" gründlich zerbrechen. Frankreich bekommt nach dem Fall der Festung Sewastopol am 27. August 1855 nach langer Zeit wieder einmal Gelegenheit, einen Pariser Boulevard nach einer siegreichen Schlacht zu benennen. Innenpolitisch bedeutend aufgewertet, kann es sich „Badinguet“ sogar leisten, den Russen im nachfolgenden Pariser Frieden vom 30. März 1856 großzügig die Festung Sewastopol zurückzuerstatten, sozusagen als Trostpflaster für die verlorenen Donaufürstentümer, und – was viel mehr wiegt – den nach wie vor versperrten Zugang zum Schwarzen Meer.

Preußen und Bismarck ist das „Aus“ Rußlands hochwillkommen. Während Alfred Krupp mit einem russischen Millionenauftrag die Grundlage für seine marktbeherrschende Stellung in der deutschen Schwerindustrie legt, hat der Bundestagsgesandte Bismarck ausschließlich die Stärkung Preußens im Blick. Sein Land könnte jetzt in den Augen Rußlands vom eben noch geschulmeisterten Juniorpartner in den Rang eines, wenn nicht gar des einzigen, noch akzeptablen Partners aufrücken. Österreich hat sich diese Stellung gründlich verscherzt, ohne dafür die Freundschaft der Westmächte gewonnen zu haben.

Daß auch Napoleon III. schon über den Tag hinausdenkt und auf Mittel sinnt, das geschwächte Rußland seinerseits als Verbündeten für die Zukunft zu gewinnen, zeichnet sich gerade erst in kaum merklichen Nuancen der Diplomatie ab.

Im Grunde sind die außenpolitischen Karten für das große Spiel in der zweiten Hälfte des 19. Jahrhunderts bereits gemischt, und der Bube ist Preußen zugefallen, genauer: Bismarck. Aber er hat Mühe, Berlin auf seine Linie zu bringen. Schließlich ist er nur ein Botschafter, wenn auch im Moment der wichtigste. Preußens Neutralität im Krimkrieg ist nicht das Ergebnis bewußten Kalküls, sondern das einer großen Unentschlossenheit über die künftige Orientierung der preußischen Politik. Zwischen Potsdam, dem Stützpunkt der hochkonservativen „Hofkamarilla“, und dem Kronprinzenpalais, wo die liberalen Anhänger der sogenannten „Wochenblattpartei“ in der Person der Prinzessin Augusta einen guten Rückhalt haben, geht das Tauziehen um die traditionelle Rußland-Anhängerschaft oder ein Bündnis mit

England hin und her. In Sachen Deutschlandpolitik liegt zudem noch der Plan des 1851 verstorbenen österreichischen Staatskanzlers Felix Fürst zu Schwarzenberg und seines Handelsministers Karl Ludwig von Bruck auf dem Tisch. Er sieht vor, nach dem Auslaufen des Zollvereinsvertrages 1852 ein einheitliches Wirtschaftsgebiet „der dreißig Millionen" von der Nordsee bis zur Adria zu schaffen. Natürlich unter Österreichs Vorsitz. Der vom Frankfurter Valutasystem abhängige Markt der süddeutschen Staaten stellt als Wirtschaftspotential zusammen mit Österreich ein beachtliches Gegengewicht zu dem Zollverein im Norden dar.

Geschickt wissen Bruck und sein Nachfolger die Lockung günstigerer Zolltarife ins Spiel mehrerer Verhandlungsrunden zu bringen, die allerdings ergebnislos bleiben. Eisern hält Preußen an seiner Freihandelspolitik fest. Rudolf Delbrück, leitender Beamter im Berliner Handelsministerium, später als Präsident des Bundes- und ab 1871 des Reichskanzleramtes die „rechte Hand" Bismarcks, bietet alle Künste einer raffinierten Verschleppungstaktik auf.

Ebenso ist es mit der noch offenen Frage des militärischen Oberbefehls über die Bundestruppen, der von Österreich voll und ganz beansprucht wird. Schließlich muß sich die Wiener Hofburg mit dem Main als Grenze ihrer militärischen Zuständigkeit zufriedengeben. Einen weiteren Prestigeverlust erleidet Österreich im Krimkrieg. Es gelingt ihm nicht, Bundestruppen in Anspruch zu nehmen, und es muß auf eine zunächst geplante extensive Balkanpolitik verzichten. Der nach dem Krieg eintretende Währungsverfall schwächt seine Position weiter. 1858, beim Einbruch der nächsten, weltweiten Rezessionsphase, hat Bruck, der wieder an die Schalthebel der Wirtschaftspolitik zurückgekehrt ist, nicht nur die preußische Unnachgiebigkeit gegen sich, sondern auch die Industriellen seines eigenen Landes. Sie wehren sich gegen die von ihm als Kompromiß und letzten Köder für die Mittelstaaten vorgesehene Liberalisierung des Durchgangsverkehrs.

Im Jahr darauf sprechen schon wieder die Waffen. Der 1859 verlorene Italien-Feldzug, der die österreichischen Fünf-Prozent-Papiere an der Frankfurter Börse von 81 1/2 auf 36 Punkte fallen läßt, zieht auch einen Schlußstrich unter das Lebenswerk des Freiherrn Karl Ludwig von Bruck. Der Elberfelder Kaufmannssohn, Buchhändler, Paulskirchenabgeordneter und Hafendirektor von Triest – dort war er auf dem Weg in den griechischen Unabhängigkeitskampf hängengeblieben – ist von der Vorstellung erfüllt gewesen, daß die deutsche Einigung unter Führung der „in diese Rolle hineingeborenen" Donaumonarchie nicht nur eine wirtschaftspolitische Notwendigkeit, sondern auch ein „welthistorisches Anliegen" darstelle. So schreibt er es 1860, als er unter entwürdigenden Formen abgelöst und als Botschafter nach Konstantinopel geschickt werden soll. Ehe es dazu kommt, setzt er seinem Leben selbst ein Ende.

6. Kapitel

DAS JAHR 1859

Die Firma Borsig in Berlin stellt ihre tausendste Lokomotive fertig, ein englischer Privatgelehrter namens Charles Darwin entfacht im Todesjahr des großen Alexander von Humboldt mit seinem Buch „Die Entstehung der Arten“ eine Revolution im Reich der Naturwissenschaften – und in Paris plant Napoleon III. seinen nächsten „Coup“.

Auch an dem „Stiefel“ Europas, Italien, ist die Welle der National- und Verfassungsbewegungen nicht vorübergegangen. Auf dem Wiener Kongreß hatte Metternich noch gespottet: „Italien? Das ist kein Staat. Das ist nur eine Landschaft!“, um der Donaumonarchie dann aus dem napoleonischen Erbe Triest, Mailand und Venetien zuzuschlagen. Bereits 1820 und 1821 haben Revolutionen in Spanien und Portugal auf Neapel und das Königreich Sizilien übergegriffen und zu vorübergehenden Adaptionen der fortschrittlichen spanischen Verfassung geführt; ihnen sind nach schnell einberufenen Konferenzen der Wiener Garantiemächte in Troppau, Laibach und Verona wieder stark restaurative Phasen gefolgt.

Geheimbünde, wie die der Calabresischen Köhler, der „Carbonari“, oder die 1831 von dem Genueser Advokaten Giuseppe Mazzini gegründete Bewegung „La giovane Italia“ halten jedoch die einmal geweckte, wie in Deutschland mit romantischen, an das Mittelalter anschließenden Ideen verbrämte Sehnsucht nach nationaler Einigung lebendig, die eines ihrer Symbole in der Gestalt des 1846 zum Papst gewählten Grafen Mastai-Feretti findet.

„Pio nono“ ist auch zunächst geneigt, das Seine zur italienischen Nationalbewegung beizutragen. Nach liberalen Umschwüngen in Turin, Sizilien und Neapel, denen im März 1848 die Erhebung der Mailänder gegen die österreichischen Besatzer folgt, wird auch die Republik Venedig durch einen Abkömmling des letzten, von Napoleon I. abgesetzten Dogen wiederhergestellt, und die Proklamation eines unabhängigen Königreiches Norditalien scheint unmittelbar bevorzustehen, zumal sich König Albert von Sardinien an die Spitze dieser Bewegung stellt und Österreich den Krieg erklärt.

Mastai-Feretti besinnt sich nun plötzlich darauf, daß er im protestantischen Norden nicht auch noch seinen zuverlässigsten Verbündeten, die Donaumonarchie, verlieren oder gar zurück in die Arme des „Josephinismus“ treiben darf. Diese Überlegung und sein Ärger über die liberalen, sozialreformerischen Ansätze des „Risorgimento“ sind für ihn Grund genug, den Italienern seine Unterstützung im Kampf gegen die Österreicher zu verweigern.

Der Papst wird dafür lebenslang büßen müssen. Nicht nur durch die sofort folgende Demütigung, von den Römern, die auf dem Kapitol die „Römische Republik“ der Antike zu neuem Leben erwecken, nach Gaeta vertrieben zu werden, sondern mehr noch durch die psychischen Spätfolgen seines Verrates an den eigenen Idealen. Unter dem Zwang dieses Schuldkomplexes verwandelt er sich zum fanatischen Gegner jeglichen Fortschrittes, den er mit Botschaften und Enzykliken zu bremsen versucht.

Der Papst kehrt 1849 unter dem Schutz französischer Bajonette in seinen notdürftig restaurierten Kirchenstaat zurück. Das verdankt er der nicht schlecht ausgeklügelten Idee des kleinen Napoleon in Paris, die Italienpolitik seines großen Onkels unter ähnlichen Vorzeichen noch einmal zu wiederholen. Auch Napoleon I. hat – darin übrigens einer französischen Tradition folgend – seine Herrschaft durch einen Italienfeldzug gefestigt, wenn nicht gar erst errungen, wobei er den Papst so in seine Abhängigkeit brachte, daß er zu Hause jeweils die „katholische Karte" nach Belieben ausspielen konnte.

Dasselbe versucht der Neffe jetzt, wenn er zehntausend französische Soldaten unter dem Befehl des Generals Oudinot, Sohn eines napoleonischen Marschalls, in Civitavechia landen läßt, um „im Namen des Friedens, der Ordnung, der Versöhnung, der wahren Freiheit" zu intervenieren. Doch auf diesem ersten Schlachtfeld versagt der Mythos des Namens Napoleon – die Franzosen werden von dem Republikaner Giuseppe Garibaldi, einem einundvierzigjährigen ehemaligen Marineoffizier aus Nizza, zurückgeschlagen. Erst eine zweite französische Interventionstruppe kann dem Papst ein halbes Jahr später zur Rückkehr verhelfen.

Damit hat der „Dezembermann", der sich am 46. Jahrestag der Schlacht von Austerlitz durch einen Staatsstreich zum Diktator und genau ein Jahr darauf zum Kaiser der Franzosen erhebt, seinen 1831 abgelegten Eid als „Carbonaro" gebrochen – wie auch den auf die Französische Republik zu Beginn seiner Präsidentenschaft. 1858 versucht ein früheres Mitglied der römischen Konstituante, Graf Felice Orsini, den Meineid mittels eines Bombenattentates zu rächen. Aber genau wie in Deutschland bestimmen auch in Italien nun nicht mehr idealistische Schwarmgeister den Kurs, sondern nüchterne Realpolitiker.

Einer von ihnen heißt Camillo Graf Berso di Cavour, stammt aus Piemontesischem Adel und hat auf Reisen entscheidende Eindrücke vom englischen Konstitutionalismus empfangen. Dergleichen schwebt ihm auch für Italien vor. Er tritt in seiner Zeitung „Il Risorgimento", von der die ganze Bewegung ihren Namen hat, für die Einigung des Landes unter dem Haus Savoyen ein.

Ende 1852 wird Cavour Premierminister des Königreiches Sardinien, beginnt ein liberal-konservatives Reformprogramm und tritt 1855 an der Seite der Westmächte in den Krimkrieg gegen Rußland ein. Nach dem Sieg sitzt er als

Juniorpartner am Pariser Verhandlungstisch und verliert vor allem ein Ziel nicht aus den Augen: Österreich aus Italien herauszudrängen.

Die Unterstützung Napoleons III. erkauft er sich mit der Abtretung von Savoyen und Nizza an Frankreich – ein Schachzug, den ihm der jetzt schon wieder im Exil befindliche Garibaldi zeitlebens nachtragen wird. Zugleich spinnt Cavour über den französischen Botschafter in Berlin, Brassier de St. Simon, Fäden zu dem Kabinett des Fürsten Anton von Hohenzollern-Sigmaringen: „Preußen ist eine derjenigen Mächte, welche ein direktes und unmittelbares Interesse daran haben, den Status quo, wie er heute in Europa besteht, zu beenden. Preußen muß sich an Olmütz erinnern!"

Das verfängt in der Berliner Wilhelmstraße ebenso wie die geschickt eingepackte Schmeichelei, Preußen sei „eine europäische Macht". Wenn auch solche Worte vorerst noch von einem europäischen Zwerg an eine zweitrangige Mittelmacht gerichtet werden, so zeitigen sie doch eine denkbar große Wirkung. Als es nach einer provozierenden Neujahrsbotschaft des französischen Kaisers im Sommer 1859 zum nächsten Waffengang in der „Landschaft Italien" kommt, bleibt Preußen ungeachtet seiner Bundesverpflichtungen gegenüber Österreich erst einmal „Gewehr bei Fuß" stehen. Umständlich erkundigt sich der General von Willigsen in Wien nach den „Zielen" der österreichischen Politik, indes die französisch-piemontesischen Streitkräfte am 4. Juni bei Magenta und am 24. Juni bei Solferino die entsprechenden Siege im wahrsten Sinn des Wortes „erzielen".

Metternich, der dreizehn Tage zuvor gestorben ist, muß noch in seinen letzten Stunden eine Freude an der sich schon ankündigenden Wiedergeburt einer Kabinettspolitik gehabt haben, wie er selbst sie in seinen besten Tagen gewöhnt war. Der schnell geschlossene Präliminarfrieden von Villafranca verschafft Napoleon III. den erhofften außenpolitischen Prestigegewinn, kostet Österreich wegen der noch vorhandenen preußischen Drohung am Rhein lediglich die Lombardei, bestätigt Preußen in einer ganz neuen und ungewohnten Schiedsrichterolle und ärgert lediglich den Grafen Cavour, weil Österreich mit Mantua, Peschiera und Venetien samt dem Hafen von Triest immer noch einen Fuß im Stiefel Italien behält. Cavour tritt zurück, kehrt aber nach eineinhalb Jahren wieder, um die Einigung Italiens bis auf ein paar Schönheitsfehler zu vollenden. Die Proklamation seines Souveräns Viktor Emanuel II. zum „Rè Italia" erlebt der „Bismarck Italiens" noch. Dann sind seine Kräfte verbraucht. Er stirbt am 6. Juni 1861 in seiner Heimatstadt Turin.

7. Kapitel

DIE „NEUE ÄRA“

Auch innenpolitisch steht Preußen 1859 an einer Wende. Im Vorjahr hat der „Kartätschenprinz“ Wilhelm für seinen erkrankten Bruder die Regentschaft angetreten. Nun nimmt auch die Öffentlichkeit wahr, was die vorzugsweise liberalen Männer, die im Kronprinzenpalais Unter den Linden verkehren, schon seit einiger Zeit beobachten konnten: der Prinzregent hat sich von einem ultrakonservativen „Russen“ zu einer Art „Engländer“ gewandelt. Durch „Hebung der sittlichen Elemente und durch Ergreifung von Einigungselementen“, wie es im holprigen Beamtendeutsch seiner bemerkenswert vorsichtig ausbalancierten Regierungserklärung heißt, möchte er sich an die Spitze einer neo-liberalen Bewegung stellen. Sie unterscheidet sich von der des Jahres achtundvierzig allerdings in einigen wesentlichen Punkten.

Der romantische Alles-oder-nichts-Liberalismus von damals hat sich unter dem Eindruck des industriellen Aufschwungs in den Zollvereinsstaaten, aber auch angesichts erster Krisenerscheinungen – wie etwa der besorgniserregende Rückgang des Handelsvolumens im Jahre 1856 – zu einem egoistischen „Wirtschaftsliberalismus“ gemausert. Für diesen stehen nicht mehr letztlich unerfüllbare Träume von der Wiederherstellung des mittelalterlichen Großreiches der Deutschen im Vordergrund, sondern recht handfeste Forderungen nach einer „Freihandelspolitik“, wie sie nur Preußen den Deutschen geben kann.

Der alte „Achtundvierziger“ und Amerikaemigrant Julius Fröbel beschreibt diesen Umschwung so: „Die deutsche

Nation ist der Prinzipien und Doktrinen, der literarischen Größe und der nur theoretischen Existenz gründlich überdrüssig. Was sie verlangt, ist Macht – Macht – Macht! Und wer ihr Macht gibt, dem wird sie Ehre geben – mehr Ehre, als er sich ausdenken kann."

Den nun schon ein Vierteljahrhundert währenden Wirtschaftskrieg mit Österreich hat Preußen mit dem längeren Atem seiner Freihandelspolitik längst für sich entschieden. Nur den schärfsten Beobachtern bleibt der zwangsläufige Übergangscharakter der noch sehr prinzipiell formulierten Freihandelsdoktrinen nicht verborgen. Die sich schon zum Bündnis der Bismarckzeit zusammenfindenden Industriellen und Agrarier werden eines Tages ebenso lautstark und grundsätzlich nach einer starken Schutzzollpolitik rufen.

Auch in anderer Weise wird das Jahr 1859 mit dem preußischen Machtwechsel zum Schicksalsjahr der Monarchie. Die nun in Berlin tonangebende liberale „Wochenblattpartei" – so benannt nach ihrem 1854 gegründeten publizistischen Organ – findet sich um den Preis einer Entmachtung der ultrakonservativen „Kamarilla" bereit, im Rahmen der 1849 „oktroyierten" Verfassung und ihres bequemen, den Besitz mit politischem Einfluß honorierenden Dreiklassenwahlrechtes am weiteren Aufstieg des solcherart liberalisierten preußischen Staates mitzuarbeiten. Die kurz darauf erfolgenden Wahlen zum preußischen Abgeordnetenhaus verschaffen der „Neuen Ära" eine solide parlamentarische Basis.

Die Formel „liberal-konservativ" scheint das Zauberwort zu sein für den Start einer absolutistischen Militärmonarchie in die neue Zeit konstitutionellen Zusammenwirkens von Krone und Parlament, wie es in England besteht und gerade in diesen Jahren durch die Festigung des dortigen Zwei-Parteien-Systems seine noch heute vorhandene Gestalt findet. Preußen hätte auf diese Weise seinem Anspruch auf die deutsche Führung eine tragfähige Basis geben können, wenn nicht gerade seine Achillesferse in Gestalt des Militärs eine solche Wendung von geradezu atemberaubender Zukunftsträchtigkeit zunichte gemacht hätte.

Das Herz des Prinzregenten, der 1861 König wird, schlägt nun einmal in erster Linie für seine Soldaten. Geringschätzig hat der ältere Bruder in den Jahren der Entfremdung nach der „Olmützer Punktation" von ihm gesagt, er habe „lediglich das Zeug zu einem tüchtigen Feldwebel". Den jeweiligen Nachfolger aus eifersüchtigem Haß auf dessen längere Lebenserwartung nachhaltig zu verwunden, gehört mit ganz wenigen Ausnahmen zur Typologie der preußischen Könige. Indem es eine tatsächlich vorhandene Neigung des neuen Königs mit der natürlichen Autorität des älteren Bruders und in ätzender Schärfe überzeichnet, macht ihm das böse, heimtückische Wort des von eigenem Versagen vergifteten Bruders die Korrektur schwer, wenn nicht gar unmöglich. In ein paar Jahren wird der sich jetzt noch im Pariser Exil mehr schlecht als recht durchschlagende Komponist, Mitbeteiligter am Dresdener Aufstand von 1849, Richard Wagner, diese Geschichte mit hellsichtiger Prophetie komponieren.

Es ist also verständlich, daß der neue Monarch gewisse liberale Tendenzen und Ideen, wenn sie nicht „absichtlich überspannt" werden, bestenfalls toleriert und im übrigen seine eigentlichen „Prärogativen" in der Außenpolitik und der Armeeführung sieht. Erstere verdanken ihm und seinem neuen Außenminister Schleinitz einige bemerkenswerte Initiativen, bevor sich Bismarck der preußischen Außenpolitik bemächtigt. 1860 trifft sich der Prinzregent im Anschluß an eine Zusammenkunft deutscher Fürsten in Baden-Baden mit Napoleon III. und einen Monat später mit Franz Joseph von Österreich.

Das gekonnte Doppelspiel bringt Preußen einen gegenseitigen Meistbegünstigungs-Handelsvertrag mit Frankreich ein – und das Angebot eines Verteidigungsbündnisses mit Österreich für den Fall eines französischen Angriffs, eine Art Erneuerung der „Heiligen Allianz", zumal sich Preußen auch um die Verständigung mit Rußland bemüht. Der im übrigen glücklose und auch bald wieder entlassene Freiherr Alexander von Schleinitz, ein Protegé der Prinzessin Augusta, verlangt im Auftrag seines Herrn für dieses Defensivbündnis den militärisierten Oberbefehl im Deutschen Bund, was sein österreichischer Gegenspieler, Graf Rechberg, natürlich nicht akzeptieren kann.

Der Preis für Preußens neue Rolle als „Großmacht" ist der Verlust auch der letzten Möglichkeit, politisch zusammen mit Österreich handeln zu können. Dabei hätte die wirtschaftliche Expansion in allen deutschen Teilstaaten eine solche Aktionseinheit zwingend notwendig gemacht. Ist es wirklich so, wie es Otto von Bismarck, seit Wilhelms I. Regierungsantritt als Bundestagsgesandter abgelöst und nach St. Petersburg versetzt, mit der ihm eigenen Robustheit ausdrückt: „Deutschland ist nun einmal zu klein für uns beide!"?

Damit hat sich der künftige starke Mann schon sehr weit von den Ansichten der Gebrüder Leopold und Ludwig von Gerlach und ihres Kreises entfernt, deren altpreußisch-konservativer Sinn sich von dem neuen Ellenbogen-Konservatismus der Industriellen und Agrarier vielleicht noch stärker unterscheidet, als von dem idealistisch biederen Liberalismus der Paulskirchenleute. Aber in den Autorenstamm des „Preußischen Wochenblattes", wo ein Herr von Vincke, mit dem sich Bismarck 1852 duelliert hat, das große Wort führt, will der Petersburger Botschafter darum noch lange nicht überwechseln. Er wäre in diesen Jahren „zwischen den Fronten" (Lothar Gall) politisch so heimatlos gewesen wie in seiner stürmischen Anfangszeit, wenn sich nicht in erstaunlich kurzer Zeit und aufgrund höchst merkwürdiger, bei näherem Hinschauen jedoch folgerichtiger Entwicklungen ausgerechnet ihm und seinem Monarchen ein und dieselbe politische Plattform angeboten hätte.

8. Kapitel

SENTIMENTALE TECHNOKRATEN

Wir sagten es schon: Außenpolitik und Heerführung sind das, was der neue Monarch als seine ureigensten Angelegenheiten betrachtet. Nimmt man es genau, bleibt dem neuen liberal-konservativen Konstitutionalismus wenig mehr als die Wirtschaftspolitik übrig. Denn auch für die innenpolitische „Ordnung" hält sich, wie man nach 1848 gesehen hat, selbstredend das Militär für zuständig.

Aber ohne es zu ahnen, im heitersten Sonnenschein eines wieder „versöhnten" Staates, bei festlichen Einweihungen von Eisenbahnbrücken am Rhein oder gar in Frankfurt, wo man dem langsam großväterlich werdenden „Kartätschenprinzen" von einst in „treuem Bürgersinn" die Pferde ausspannt, um ihn selbst in sein Hotel zu ziehen, treibt der siebente Inhaber der preußischen Krone auf einen folgenschweren Konflikt zu.

Zunächst: Auch an der Spitze der preußischen Armee hat es mit dem Machtwechsel ein gründliches Revirement gegeben. Obwohl schon seit 1854 ganz im Sinne des zukünftigen Herrschers mit der Reorganisation der seit Waterloo nicht mehr richtig „aufgefrischten" Armee beschäftigt, wird im Herbst nach Solferino der Kriegsminister Eduard von Bonin abgelöst.

An seine Stelle tritt Albert von Roon, ein zum Jähzorn neigender Polizeisergeantentypus mit bigotten Redensarten, der über ausgezeichnete geographische und taktische Kenntnisse verfügt. Damit hat der Vierundfünfzigjährige schon früh brilliert. Von seinem 1832 erschienenen „Leitfaden der

Geographie“ wurden vierzigtausend Exemplare verkauft, was den Autor für einen Lehrauftrag an der einst von Scharnhorst begründeten Allgemeinen Kriegsschule und die Berufung in den Großen Generalstab empfahl. Sieben Jahre später belegte seine „Militärgeographie der iberischen Halbinsel“, daß man Landschaftsanalyse unter rein taktischen Gesichtspunkten schon wie eine ernst zu nehmende Wissenschaft betreiben kann.

Aber ein wenig Glück ist auch für eine militärische Karriere unentbehrlich: 1842 begleitete er den jungen Prinzen Friedrich Karl zur Universität nach Bonn, wo er selbst von der Begegnung mit dem für seine genauen Landkarten berühmten Professor Justus Perthes profitierte. 1849 wurde Roon Generalstabschef des ersten preußischen Armeekorps, das unter dem Oberbefehl des aus dem Exil zurückgekehrten Prinzen von Preußen die Rheinpfalz und Baden von Aufständischen „befreite“.

Als der Prinz 1858 endlich Prinzregent wird, rückt Roon schon sechs Tage später zum Generalmajor auf. Er erhält den Befehl zur Ausarbeitung eines Reorganisationsplanes für die Armee. Sein hoher Auftraggeber kann völlig sicher sein, daß der fähige, von keiner der „verderblichen“ Zeitideen angekränkelte Technokrat die Sache auch wirklich ausschließlich von der technischen Seite her angeht. So assoziiert er in seinem Bewußtsein das Wort „Landwehr“ auch nicht mit dem rührenden Versuch des preußischen Volkes im Jahre 1813, der bedrängten Krone zwar nur mit unzulänglichen Mitteln, aber mit einer fast heiligen Begeisterung zu Hilfe zu kommen, sondern lediglich mit einem Manöver aus dem Jahre 1842, als diese kläglich versagt hat, noch dazu vor den Augen fremder Militärbeobachter.

Es scheint, als hätte Roon teil an dem Verdrängungskomplex einer ganzen Epoche, die sich vor der noch einmal abgewehrten Herausforderung zu Beginn des Jahrhunderts in ein sentimentales Biedermeier oder eine technokratische Reaktion geflüchtet hat – manchmal auch in beides zugleich.

An der Spitze des Generalstabes der Armee, der noch immer im Schatten des Kriegsministeriums steht, erscheint als Nachfolger des 1857 verstorbenen Generals Karl Wilhelm von Reyher ein Mann, dessen Außenseiterkarriere seit den Zeiten Blüchers und Gneisenaus geradezu typisch für die Mitgliedschaft in einem Gremium ist, das selbst weit mehr sein will als nur eine technische Schaltstelle. Je geringer der Einfluß des noch von den Gebrüdern Gerlach bestimmten „Militärkabinetts“ beim König in den Jahren nach 1848 wird, um so stärker tritt der Generalstab als politisches Planungsorgan in den Vordergrund.

Nicht, daß der siebenundfünfzigjährige Helmuth Karl Bernhard von Moltke etwa wie sein Vorgänger in der Jugend Schafe oder wie einst Gneisenau Gänse gehütet hätte. Aber „der große Schweiger“, wie man den energischen und zielstrebigen Mann – vielleicht seit Friedrich dem Großen auch die größte taktische Begabung im preußischen Heer – bald nennen wird, entstammte weder jener in sich abgeschlossenen ostelbischen Adelsgesellschaft, aus der sich der größte Teil des Offizierskorps rekrutiert, noch verfügte er als Sohn eines in dänischen Diensten stehenden Generals, als „Ausländer“ also, über verwandtschaftliche Protektion. Noch nicht einmal besonders günstige Beurteilungen seiner Vorgesetzten oder ein auch nur einigermaßen gewandtes gesellschaftliches Auftreten erleichterten dem lang aufgeschossenen Offizier einen Aufstieg, wie er vielleicht nur in Preußen möglich war.

Der junge Leutnant hat viel gelesen und sogar selbst eine Erzählung mit dem Titel „Die beiden Freunde“ geschrieben, um zumindest theoretisch dem Zwiespalt zwischen Gefühl und Pflicht bis zum dunklen, romantischen Grund des Todes nachzugehen. Er kam endlich zu dem Schluß, daß „der Wert ursprünglichen Lebenszusammenhanges in Volk und Familie als das Primäre, die allgemeine Humanität aber als das Sekundäre eingestuft werden müsse“. Das nationale Element, wie es die „Achtundvierziger“ verstanden, blieb seinem

Gefühl fremd, so sehr er es in seinem historischen und politischen Gehalt positiv wertet.

So hindert ihn nichts, den im alten Preußen zuweilen bis zur schizophrenen Übersteigerung kultivierten Zwiespalt zwischen Gefühl und Pflicht über den Weg einer antithetischen Zwischenformel – „Wissen und Charakter“ – zu dem Begriff einer „Synthese von Geographie und Geschichte“ weiterzuentwickeln, der, so banal und angreifbar er auch klingen mag, tatsächlich zum militärtheoretischen Grundmotiv der gesamten nachfolgenden Entwicklung wird.

Moltke kann nicht anders: Er muß sich das, was der fünfzehn Jahre jüngere Herr von Bismarck gleichsam wie von selbst aus dem Ärmel schüttelt, mühsam auf grundsätzliche Weise erarbeiten, obwohl auch ihm der geniale Einfall nicht fehlt. Seinem späteren Gegenspieler hat er lange Auslandsaufenthalte im Orient und in Rom voraus. 1838 konnte er als preußischer Militärberater im Hauptquartier des türkischen Oberbefehlshabers Hafiz Pascha diesen zwar nicht davon überzeugen, daß die Erde rund sei, wohl aber zu einer Reform des ein wenig altmodischen Beförderungssystems der türkischen Armee bewegen. Dort wurde die Tüchtigkeit eines Kriegers immer noch daran gemessen, wie viele abgeschnittene Ohren und Hände er vom Feind beibringen konnte.

Beim Kampf des türkischen Paschas gegen den aufständischen ägyptischen Vizekönig Mehmet Ali, bei dem sich wiederum die Franzosen, Russen und Engländer engagieren, spürte Moltke ein Jahrzehnt nach dem Russisch-Türkischen Krieg von 1828/29 den lastenden Druck des russischen Riesenreiches beinahe körperlich. Die Erinnerung daran läßt ihn später zu einem Gegner der Bismarckschen Bündnispolitik mit St. Petersburg werden.

Auch in Rom, wo der hagere und wortkarge, schon früh eine Perücke tragende Offizier als Adjutant des preußischen Prinzen Heinrich die Inthronisation des Papstes Pius IX. als „etwas Imposantes“ gegenüber dem von ihm regelrecht verabscheuten „protestantischen Indifferentismus“ miterlebt, vertiefen sich bei Moltke Anschauungen, die von denen Bismarcks abweichen. Nur in dem Grundsatz, den der Militärtheoretiker Clausewitz formuliert hat, daß der Krieg die Fortsetzung der Politik mit anderen Mitteln sei, finden die von ihrem Wesen her ganz unkriegerischen Männer später zusammen.

Moltke entwickelte zu der Zeit auch die Clausewitzschen Theorien von der Verteidigung als „stärkerer Form“ der Kriegführung weiter zum Begriff der „beweglichen Verteidigung“, obwohl er einmal geradezu zur Inkarnation des Angriff-Strategen werden sollte. Aber damals hielt er es noch für „einen Zug der allgemeinen Entwicklung, daß Kriege immer seltener werden“. Er verband diese Feststellung mit der Frage: „Hat nicht Preußen unter einer guten und klugen Verwaltung in 25 Kriegsjahren seine Bevölkerung um ein Viertel vermehrt?“

Als Moltke dann nach dem Tod des Prinzen Heinrich sein erstes selbständiges Kommando in Koblenz übernahm und dort sah, daß sich ein Teil der offenbar doch nicht so glücklichen Bevölkerung durch den „Zauberbesen des Liberalismus“ in aufrührerische „Proletarier“ verwandelt hatte, warf er freilich einige seiner früheren humanistischen Einsichten wieder über Bord. Nun schrieb er in sein Tagebuch: „Eigentlich ist es so, daß wir immer traurig daran gewesen sind, außer, wenn der Janustempel geöffnet war.“

9. Kapitel

WIE ÖFEN IM SOMMER

Auf letzteres müssen Roon und Moltke noch drei Jahre warten, vom Tage der Krönung Wilhelms I. an gerechnet. Sie findet am 18. Oktober 1861 in Königsberg statt und stellt bereits einen ersten Höhepunkt der „Konfliktzeit" dar. Allen liberalen Beteuerungen zum Trotz beharrt der Monarch zunächst auf einer feierlichen „Huldigung" seiner „Stände". Sein Volk aber sieht sich nach Maßgabe der vom Thron selbst „oktroyierten" Verfassung nicht mehr durch „Stände", sondern durch das preußische Abgeordnetenhaus vertreten. Wohl oder übel muß sich Wilhelm I. mit einer simplen Krönung begnügen, wofür er sich allerdings mit einigen geharnischten Ansprachen, in denen viel und prononciert vom „Gottesgnadentum" der preußischen Krone die Rede ist, revanchiert.

Aber die militärische „Prärogative" will sich der König unter keinen Umständen aus den Händen winden lassen. Schon als Prinzregent hat er unmißverständlich betont: „Es ist nicht meine Absicht, mit dem Vermächtnis einer großen Zeit zu brechen. Die preußische Armee wird auch in Zukunft das preußische Volk in Waffen sein!"

„In Waffen" steht aber zu der Zeit nur ein verschwindend kleiner Teil der wehrpflichtigen jungen Männer. Die Zahl der Rekrutenaushebungen ist seit 1815 annähernd gleich geblieben, während sich die Zahl der preußischen Bevölkerung inzwischen verdoppelt hat. Das Los hat mehr als zwei Drittel aller Wehrpflichtigen von ihren Dienstpflichten befreit. Der Gedanke einer möglichst engen Verflechtung von Volk und Heer, wie es dem preußischen Kriegsminister Hermann von Boyen 1814 mit der Einführung der allgemeinen Wehrpflicht vorschwebte, ist somit in sein Gegenteil verkehrt worden. Bei der Mobilmachung 1859 sind beinahe mehr gestandene Familienväter aus der Landwehr ersten und zweiten Aufgebotes zu den Waffen geeilt als junge Männer.

Diese Landwehr gerät als erstes in das Visier einer sofort nach dem Italienkrieg einberufenen Militärkommission, die unter dem Vorsitz des Generals Wrangel tagt. Wrangel ist derselbe, der 1849 in Berlin die Bürgerwehr entwaffnet hat. Die Landwehr führt als Überbleibsel der in den Befreiungskriegen geborenen Idee eines „Volkes in Waffen" neben den Linienregimentern ein beinahe anachronistisches Eigenleben. Zum Dienst in ihr finden sich nicht mehr genug Offiziere, und alles in allem steht sie in einer eigentlich so „unpreußischen" Tradition, daß sich selbst der doch einigermaßen liberale Bonin zu der Einschätzung veranlaßt sieht: „Eine militärische Institution, welche Patriotismus, Selbstverleugnung, Aufopferungsfähigkeit und Begeisterung in den Massen voraussetzt . . ., ist eben schon deshalb eine fehlerhafte." Und das, obwohl sich dieselbe Landwehr 1849 bei der Niederschlagung des badischen Aufstands als treuer Diener der Monarchie erwiesen hat.

In einem zukünftigen „Titanenkampf zwischen dem romanischen Westen und dem slawischen Osten um die germanische Mitte Europas", wie ihn der neue Generalstabschef Moltke allen Ernstes heraufziehen sieht und für den – jetzt klingt das noch ein wenig phantastisch – die genauen Pläne aller möglichen Eisenbahnaufmärsche in seiner Schublade liegen, muß diese Armee mit ihrem unkoordinierten Nebeneinander der einzelnen Waffengattungen beinahe zwangsläufig in einer ähnlichen Weise versagen wie 1806 bei Jena und Auerstedt.

Dahinter steht eine gegenüber den Grundsätzen der Reformzeit zu Beginn des Jahrhunderts völlig veränderte

Auffassung von der Rolle und der Bedeutung einer bewaffneten Macht. Während Clausewitz, Boyen und Gneisenau mit ihrer allerdings auch schon damals mißverstandenen Theorie, daß der Krieg die Fortsetzung der Politik mit anderen Mitteln sei, die von Napoleon verursachte Verteidigungssituation ihrer Länder im Blick hatten, meinen ihre Nachfolger nun, in der Kriegsvorbereitung dem möglichen Gegner immer einen Schritt voraus sein zu müssen. Die Konsequenz dieser Auffassung kann nur die Hinwendung zu einer ganz neuen „Politik des berechenbaren Risikos" sein, wie sie Bismarck in wenigen Jahren zu höchster Virtuosität entwickeln wird. Bis heute liegt sie dem Selbstverständnis aller modernen Großmächte zugrunde. Es lassen sich in der Geschichte viele Beispiele anführen für diesen „take off" künftiger Großmächte, wobei sich die traditionellen Elemente der Selbstbewahrung und Selbstverteidigung fast unmerklich mit denen einer Vorwärtsstrategie mischen – wie jetzt in Preußen. Ein anderes „Grundmodell" der Expansion besteht in einer erst ideologischen, dann gewaltsamen Beglückung „rückschrittlicherer" Nachbarn mit einer revolutionären „Sendung", das heißt: mit der angeblichen Fortschrittlichkeit einer revolutionären Phrase. Auch damit soll die seit dem Neolithikum unveränderte Motivation kaschiert werden: Ich will deinen Futterplatz!

Verschieden ist jeweils nur die Reihenfolge der drei Faktoren, mit der sich eine künftige Großmacht selbst nach oben hangelt: Militär, Wirtschaft, Außenpolitik. Im Preußen der „Neuen Ära" übernahm der wirtschaftliche Aufschwung der „ersten Gründerzeit" die Schrittmacherfunktion. Nun beginnen die Militärs, „den Kriegsfall zu fixieren" (Moltke), um vor dem Kommen des starken Mannes, den sie wenig später selbst rufen werden, so viele vollendete Tatsachen wie möglich zu schaffen. Dieser wird dann mit seiner expansiven Außenpolitik das Gebäude vollenden.

Das erfordert eine straff geführte, schlagkräftige, operativ denkende, technisch adäquat ausgerüstete und hervorragend geschulte Armee von größerer Präsenzstärke, als es das preußische 300 000-Mann-Heer jetzt noch ist. Gewiß haben Magenta und Solferino auch gravierende Mängel im Ausbildungssystem und im taktischen Vermögen der Österreicher, dem künftigen Gegner, gezeigt. Aber auch in der preußischen Armee befindet sich beispielsweise die Artillerie als eine Spezialwaffe, der in kommenden Kriegen eine immer größere Bedeutung zukommen muß, noch in einer geradezu hilflosen Isolierung gegenüber den anderen Truppenteilen.

Das eiserne Gesetz, das Roon und Moltke von nun an ganzen Generationen von Offiziersschülern einhämmern werden, heißt: Beweglichkeit, taktisches Erfassen weiterer Räume, richtiges Verhältnis zwischen Frontbreite und Fronttiefe. Militärische Auseinandersetzungen mit Österreich und Frankreich werden nicht nur vermutet oder vorausgesehen, sondern exakt eingeplant, wobei die neue Strategie des weit auseinandergezogenen Eisenbahn- und Straßenaufmarsches die Gefahr des Zweifrontenkrieges verringern soll.

Moltke: „Jede Anhäufung großer Massen ist an sich eine Kalamität . . . Für die Operation so lange wie irgend möglich in der Trennung zu beharren und dann für die Entscheidung rechtzeitig versammelt zu sein, ist die Aufgabe bei der Führung großer Massen."

Das wiederum bedingt eine zuverlässige, unpolitische Truppe. Im Grunde wären die Militärs gern zurückgekehrt zur Berufsarmee friderizianischer Zeiten. Um den Soldaten „vollständig aus seiner bürgerlichen Gedankenwelt herauszulösen" und ihn somit unempfindlich für liberale oder gar demokratische Zeitströmungen zu machen, muß dieser nach Ansicht der Militärs und des Königs so lange wie möglich die „harte Schulbank der Nation" drücken. Auf den wirklichen Schulbänken üben indes die Kinder schon das Schönschreiben und das „richtige" Denken nach der Satzvorlage: „Soldaten im Frieden sind wie Öfen im Sommer."

10. Kapitel

SCHLAMMSCHLACHTEN

Mit all dem rennen die Militärs beim König nur offene Türen ein. Doch Wilhelm I. befindet sich in einer Zwangslage. Die Entscheidungsgewalt über den Militäretat liegt inzwischen bei den Abgeordneten des preußischen Landtages. Diese wären durchaus bereit, über eine Verstärkung des preußischen Heeres mit sich reden zu lassen, zumal die Armeen Österreichs und Frankreichs mehr als doppelt so stark sind und Rußland in Kriegszeiten eine Million Mann mobilisieren kann.

Allen weitergehenden Forderungen, beispielsweise die nach Überführung des größten Teils der Landwehr in die reguläre Reserve der Linientruppen, widersetzt sich die liberale Mehrheit des Parlamentes, die schließlich auch die 1856 vorgenommene Verlängerung der Dienstzeit auf drei Jahre nicht mehr akzeptieren will. Ganz richtig vermuten die Liberalen unter Führung des Freiherrn Georg von Vincke, ehemals selbst Angehöriger der Gardeartillerie, einen grundsätzlichen Kurswechsel an der Staatsspitze.

Tatsächlich hat Wilhelm I. schon als Prinzregent vorsichtige Bremsversuche unternommen – sehr zum Ärger der ehrgeizigen Augusta, die ihre liberalen Hoffnungen in dem Maße schwinden sah, in dem der listige Roon Einfluß auf ihren Gemahl gewann. Nach der Huldigungsaffäre 1861 fällt es Roon nicht schwer, den neuen König auf eine kompromißlose Alles-oder-Nichts-Haltung festzulegen. Der Kriegsminister macht keinen Hehl aus seiner Verachtung des „parlamentarischen Schlamm-Meeres“. Er hat längst damit begonnen, vollendete Tatsachen zu schaffen, indem er einen Teil der 1859 mobilisierten Reserveregimenter einfach „stehenläßt“. Auch die Umstrukturierung der Landwehr ist schon in vollem Gange. Ein 1860 nur mit knapper Mehrheit verabschiedeter Nachtragshaushalt wird ausschließlich dazu benutzt, die königliche Militärreform voranzutreiben. Schließlich bestreitet Roon dem Parlament überhaupt das Recht, über den Militärhaushalt zu befinden.

Kurz nach der Krönung des Königs in Königsberg, wo die Abgeordneten äußerst kühl als „Ratgeber“ der Krone empfangen und bei Tisch weit hinter den Chefs der neuen, illegalen Regimenter plaziert werden, kommt es zum Eklat. Preußen wählt links, wählt „Fortschritt“, wie die kurz zuvor von der altliberalen Partei abgespaltene „Deutsche Fortschrittspartei“ landläufig genannt wird. 109 von 352 Sitzen erringt dieses unmittelbare Produkt des preußischen Heereskonflikts, der sich schon längst zum Verfassungsstreit ausgeweitet hat.

Trotz des quasi-revolutionären Ausgangspunktes ihrer parlamentarischen Laufbahn ist die Fortschrittspartei in einer sich erst langsam bildenden Parteienlandschaft eher eine „Honoratiorenpartei“, wie sie Golo Mann nennt, allerdings mit einem stark kleinbürgerlichen Einschlag. Ein Jahr vor der Gründung des „Allgemeinen Deutschen Arbeitervereins“, aus dem die Sozialdemokratie hervorgehen wird, bildet die Fortschrittspartei zusammen mit dem „Linken Zentrum“ einen geschlossenen Block gegen die Militärvorlage, während sich die Konservativen im Preußischen Landtag auf zehn Mann reduziert sehen.

Die Auflösung des Landtages am 11. März 1869, die Berufung eines „Sergeanten-Ministeriums“ und ein neuerlicher Wahlversuch am 6. Mai 1862, der trotz massiver Wahlbeeinflussung die Front seiner Gegner nur noch verstärkt, manövrieren schließlich den König in eine Lage, „in der er weder vorwärts noch rückwärts kann“ (Golo Mann). Schadenfrohe Gemüter, die den „Kartätschenprinzen“ von

Anno achtundvierzig noch im Gedächtnis haben, weiden sich am fortschreitenden Verfall der allerhöchsten Nerven. Auch an seiner Familie, die in mehrere „Fraktionen“ aufgespalten ist, hat der Monarch keinen Rückhalt.

Ist ungeachtet des außen- und innenpolitischen Meisterstückes, als das man den Abschluß eines preußisch-französischen Handelsvertrages unter Einschluß von Sachsen und Baden vom 2. August desselben Jahres werten kann, nicht nur das Ende der „Neuen Ära“, sondern auch das politische Schicksal Wilhelms I. besiegelt? Muß er wie sein Wittelsbacher Kollege Otto I. von Griechenland, den zur selben Zeit ein Militärputsch stürzt, der kaum erst erworbenen Krone entsagen, zumal er vor der letzten Konsequenz einer offenen Militärdiktatur, zu der ihm Roon und der Generaladjutant Alvensleben raten, zurückschreckt?

11. Kapitel

DIE „POLITIK EINES GYMNASIASTEN"

Die Stunde Bismarcks rückt näher. Noch nicht einmal den im Grunde anspruchslosen Posten beim Frankfurter Bundestag hat ihm der Prinzregent vor elf Jahren zugetraut: „Dieser Landwehrleutnant soll Bundestagsgesandter werden?" Und auch als König spricht er noch von der „Politik eines Gymnasiasten", wenn er den Herrn von Bismarck meint.

In der Tat kann Bismarck damals außer einem dunkelblonden Vollbart, einer sehr freimütigen Sprache, riesigen Zigarren und gewaltigen Hunden, die ihn stets begleiten, keine andere „amtliche" Qualifikation vorweisen als die eines am zermürbenden Dienstbetrieb gescheiterten Regierungsreferendars. Er ist „nur" Abgeordneter, bis ihn der König 1854 zum Pair des Herrenhauses ernennt. Insofern verkörpert er den modernen Typ des Parteipolitikers, der selten seine Qualifikation für ein bestimmtes Ressort einer sorgfältig erworbenen Fachkompetenz verdankt.

Mit dem Unterschied, daß hinter Bismarck keine Partei steht, wie wir sie heute verstehen. Die „Kreuzzeitungspartei" wie auch die oppositionelle „Wochenblattpartei" kann man höchstens als lockere Interessengruppierungen betrachten. Parteidisziplin, Fraktionszwang und Abgeordnetendiäten gehören auch nach der Reichsgründung nicht zu den Usancen des parlamentarischen Betriebes.

Bismarck macht in Frankfurt den besten Gebrauch von seiner ihm allzeit attestierten Ungebundenheit und tut genau das Gegenteil von dem, was eine Regierung wünscht. Er soll das lädierte, von Mißtrauen zerfressene Bündnis mit Österreich wieder kitten, zu einer verläßlichen Allianz gegen Revolutionen und andere Umtriebe eines Zeitalters, von dem man angesichts der rings um die Städte emporwachsenden Fabrikschornsteine samt den dazugehörigen Massenquartieren der Arbeiterschaft dunkel ahnt, daß es noch ganz andere Erschütterungen hervorbringen wird.

Deshalb ist man in Berlin auch bereit, das nun schon ein Vierteljahrhundert währende Tauziehen um Zollverein oder Zollunion, um Freihandel oder Schutzzölle, die ganze Wirtschaftspolitik, ungeachtet beängstigender Pendelschläge an der Börse, vorübergehend auf sich beruhen zu lassen zugunsten der schönen, alten Kabinettspolitik aus den Tagen Metternichs – in höflichen, ästhetischen Formen und mit französisch abgefaßten Dossiers.

Über vielem, was die schwächlichen Kabinette in Wien und Berlin, in Dresden und München im letzten Abendsonnenschein der noch einmal in wenigen Reflexen aufleuchtenden Barockzeit ersinnen und in das Eisenbahnzeitalter hinüberzuretten glauben, leidet der Herr von Bismarck mitunter an „Anfällen gallichten Erbrechens“. Er glaubt, es unbedingt besser zu wissen und zu können. Milde urteilt sein Freund und Gönner, Leopold von Gerlach, in Berlin: „Er hat schon Anlage, die Welt und ihr Regiment über seine eigene Anschauung davon zu vergessen.“

Gerlach selbst aber vergißt oder weiß es nicht, daß der Herr von Bismarck über die Fähigkeit eines jeden erfolgreichen „self-made-mans“ verfügt: zu lernen, lebenslang zu lernen. Wenn er das auch nie zugeben wird.

In Frankfurt, noch immer die Handelsmetropole des alten Reiches, lernt Bismarck Wechselkurse und die Dynamik eines wirtschaftlichen Aufschwunges kennen, mit dem Österreich nur noch mühsam Schritt halten kann.

Schon jetzt ist das Handelsvolumen der Zollvereinsmitglieder fünfmal so groß wie das der Donaumonarchie.

Nachdem sich Bismarck darüber ausreichend unterrichtet hat, hält er es nicht mehr für „ratsam“, dem österreichischen

Streben nach Zollvereinigung entgegenzukommen. Seine Analyse, niedergelegt in seinen „Gedanken und Erinnerungen“, straft das häufig zu hörende Vorurteil Lügen, der „eiserne Kanzler“ habe nichts von Wirtschaftpolitik verstanden. Er versteht es im Gegenteil, auch wirtschaftliche Zusammenhänge auf eine plausible Formel zu bringen, wenn er schreibt: „Zu den notwendigen Unterlagen einer Zollgemeinschaft gehört ein gewisser Grad von Gleichartigkeit des Verbrauches. Schon die Unterschiede der Interessen innerhalb des deutschen Zollvereins zwischen Nord und Süd, Ost und West sind schwer und nur mit gutem Willen zu überwinden, der der nationalen Zusammengehörigkeit entspricht. Zwischen Ungarn und Galizien einerseits und dem Zollverein andererseits ist die Verschiedenheit des Verbrauchs zollpflichtiger Waren zu stark, um eine Zollgemeinschaft durchführbar erscheinen zu lassen.“

12. Kapitel

IM WELLENTAL DER EUROPÄISCHEN POLITIK

Der amerikanische Historiker George F. Kennan meint, daß Bismarck „der letzte der europäischen Staatsmänner war, der noch eine Gesamtvision von der (europäischen) Gegenwart und Zukunft besaß". Zeitgenossen bewundern seine überraschende Kombinationsgabe. Der russische Außenminister Alexander Michailowitsch Fürst von Gortschakow (1798 – 1883), der Bismarck 1859 als preußischen Botschafter in St. Petersburg kennengelernt hatte, äußerte später etwas süßsauer: „Fürst Bismarck liebt es, sich meinen Schüler zu nennen. Aber das ist genauso, als wolle man dem großen Raffael dadurch gerecht werden, daß man ihn als einen Schüler Peruginos bezeichnet."

Jedoch ist Bismarck in den Jahren seiner Tätigkeit als Botschafter in Frankfurt, Petersburg und Paris noch längst nicht der beinahe unfehlbare Meister der Diplomatie, als den wir ihn heute kennen. Seine Berichte an den neuen Außenminister Alexander Graf von Schleinitz und Leopold von Gerlach, mit denen er in dichter Folge alle möglichen Alternativen zur preußischen Regierungspolitik anbietet, sind wenig geeignet, ihn schon zu diesem Zeitpunkt als künftigen Chef des preußischen Auswärtigen Amtes zu empfehlen.

So plädiert er anläßlich der beiden Kriege in diesem Jahrzehnt, dem Krimkrieg von 1853 bis 1855 und dem Krieg Sardinien und Frankreichs gegen Österreich in Italien, für ein Eingreifen Preußens. Obwohl seinem Land das bewaffnete

Stillhalten am meisten nützt. Seine geradezu beschwörenden Worte: „Wir werden Amboß, wenn wir nichts tun, um Hammer zu werden. Deutschland kann sich eine passive Mittellage in Europa nicht leisten!“ kommen haargenau um ein Jahrzehnt zu früh. Denn die fünfziger Jahre arbeiten ohne jedes eigene Zutun für Preußen.

Das „große Wellental der europäischen Politik“, wie es der Historiker Ludwig Dehio genannt hat, ist es denn auch, was mehr noch als die fast zwangsläufige Automatik der Ereignisse in den sechziger Jahren als Voraussetzung für den Aufstieg Preußens angesehen werden muß.

Der Krimkrieg bindet sämtliche europäischen Flügelmächte und verhindert jede nur denkbare Anti-Preußen-Koalition. Österreich verdirbt es so nachhaltig mit Rußland, daß die „Schmach von Olmütz“ bereits nach fünf Jahren getilgt ist. Dann paralysiert der italienische Krieg den ungeliebten Seniorpartner im Deutschen Bund in einer Weise, daß er für die deutschen Mittelstaaten auch noch den letzten Rest seiner Attraktivität als deutsche Führungsmacht verliert. Indem es den „Bündnisfall“ viel zu zögernd angeht und gekonnt – oder auch unbeabsichtigt – zu spät am Rhein erscheint, vermeidet Preußen den Konflikt mit Frankreich.

Man wird 1870/71 amüsiert beobachten können, mit welcher Vorsicht und mißtrauischer Delikatesse Preußen seinen eigenen Bündnisfall in bezug auf die anderen Staaten innerhalb und außerhalb des „Norddeutschen Bundes“ behandelt und diesen frühen, sozusagen traumatischen Geburtsfehler in Form viel zu weitgehender Konzessionen in den neuen Teppich des „Deutschen Reiches“ einweben wird.

Mit seinen markigen Amboß-Worten hat Bismarck aus seiner Potsdamer und Frankfurter Sicht heraus insofern nicht gänzlich Unrecht, als er damit ein anderes, seit dem Jahre 1806 die preußische Politik beherrschendes Trauma anspricht. Damals hat Preußen in behaglicher Neutralität zugesehen, wie Napoleon I. Österreich bei Austerlitz zerschlug. Nach der Schlacht von Jena und Auerstedt fand es sich dann selbst als halbierter Reststaat am Rande des napoleonischen Imperiums wieder.

Aber auf dem Thron des „Weltgeistes" von damals – ein Ausdruck des Philosophen Hegel – sitzt fünfzig Jahre später eben „nur" noch der Neffe. Das soll nicht wenig bedeuten. Sein bisher gründlichster deutscher Biograph, Heinrich Euler, schätzt Napoleon III. ganz zutreffend ein, wenn er schreibt: „Seine Bedeutung liegt nicht allein in seinen außenpolitischen Taten – er war der Geburtshelfer der italienischen und deutschen Unabhängigkeit –, sondern in seiner Modernität, mit der er die beginnende Neuzeit mit ihren geistigen, sozialen, wirtschaftlichen und technischen Aspekten erfaßte."

Seine Außenpolitik weist starke innenpolitische Bezüge auf. Er benutzt außenpolitische Erfolge in erster Linie, um sein plebiszitäres Herrschaftssystem in Frankreich selbst zu festigen. Bismarck gewinnt 1855, als er ihn anläßlich der Pariser Weltausstellung zum ersten Mal sieht, erleichtert den Eindruck, „daß der Kaiser Napoleon ein gescheiter und liebenswürdiger Mann, aber so klug nicht ist, wie die Welt ihn schätzt, die alles, was vorgeht, auf seine Rechnung schreibt, und wenn es in Ostasien zur unrechten Zeit regnet, das aus einer übelwollenden Machination des Kaisers erklären will. Man hat sich besonders bei uns daran gewöhnt, ihn als eine Art ‚génie du mal' zu betrachten, das immer nur darüber nachdenke, wie es in der Welt Unfug anrichten könne . . . Ich glaube, daß er froh ist, wenn er etwas Gutes in Ruhe genießen kann. Sein Verstand wird auf Kosten seines Herzens überschätzt. Er ist im Grunde gutmütig, und es ist ihm ein ungewöhnliches Maß von Dankbarkeit für jeden geleisteten Dienst eigen."

Es erscheint also eher ratsam, diesen Mann und sein bonapartistisches System einer „Diktatur ohne Despotismus", das sich vielleicht sogar eines nicht mehr so fernen Tages für die eigene Regierungsgrundlage als tauglich erweisen könnte, erst einmal zu stützen – auch, um das außenpolitische Risiko zu vermindern.

Auf den „empereur" seinerseits macht der hochgewachsene Preuße von der „parti du Kreizzeitung" einen großen Eindruck, nicht zuletzt, weil dieser sich in der französischen Sprache genauso schlagfertig auszudrücken vermag wie in seiner Muttersprache. Zur Beruhigung Bismarcks trägt auch der Umstand bei, daß der einstige Exilant von Arenenberg von den allerdings verwickelten deutschen Interna kaum eine Ahnung zu haben scheint.

13. Kapitel

„DER IN DER WILHELMSTRASSE – DONNERWETTER!"

Seine für viele überraschende Ernennung zum preußischen Ministerpräsidenten verdankt Bismarck jedoch nicht seinen außenpolitischen Analysen, sondern der Hilflosigkeit seines Monarchen. Wilhelm I. kann in der zum Verfassungskonflikt hochstilisierten Frage der Heeresbewilligungen weder vorwärts noch rückwärts, wie wir gesehen haben. Er denkt bereits an Rücktritt. Da empfiehlt ihm Roon, der selbst sein Abgeordnetenmandat verloren hat, als letzten Ausweg die Ernennung des inzwischen nach Paris versetzten Botschafters und telegraphiert diesen eiligst herbei.

Roon unterbricht damit eine Romanze Bismarcks mit der schönen Fürstin Katharina Orlow, der Frau des russischen Gesandten in Brüssel. Aber die Verlockung, endlich „Musik" zu machen, wie er sie für gut befindet, ist für Bismarck größer. Am 22. September 1862 steht der nun siebenundvierzigjährige „Landwehrleutnant" in Babelsberg vor seinem König:

„Der König zeigte mir die auf dem Tische liegende Abdikationsurkunde in seiner Handschrift, ob bereits vollzogen oder nicht, weiß ich nicht. Se. Majestät schloß, indem er wiederholte, ohne geeignete Minister könne er nicht regieren.

Ich erwiderte, es sei Sr. Majestät schon seit dem Mai bekannt, daß ich bereit sei, in das Ministerium einzutreten, ich sei gewiß, daß Roon mit mir bei ihm bleiben werde, und ich zweifle nicht, daß die weitere Vervollständigung des

Kabinetts gelingen werde, falls andere Mitglieder sich durch meinen Eintritt zum Rücktritt bewogen finden sollten. Der König stellte nach einigen Erwägen und Hin- und Herreden die Frage, ob ich bereit sei, als Minister für die Militärreorganisation einzutreten, und nach meiner Bejahung die weitere Frage, ob auch gegen die Majorität des Landtags und deren Beschlüsse. Auf meine Zusage erklärte er schließlich: ‚Dann ist es meine Pflicht, mit Ihnen die Weiterführung des Kampfes zu versuchen, und ich abdiziere nicht.' Ob er das auf dem Tische liegende Schriftstück vernichtet oder in rei memoriam aufbewahrt hat, weiß ich nicht.

Der König forderte mich auf, ihn in den Park zu begleiten. Auf diesem Spaziergang gab er mir ein Programm zu lesen, das in seiner engen Schrift acht Folioseiten füllte, alle Eventualitäten der damaligen Regierungspolitik umfaßte und auf Details, wie die Reform der Kreistage, einging. Ich lasse es dahingestellt sein, ob dieses Elaborat schon Erörterungen mit meinen Vorgängern zur Unterlage gedient hatte, oder ob es zur Sicherstellung gegen eine mir zugetraute konservative Durchgängerei dienen sollte. Ohne Zweifel war, als er damit umging, mich zu berufen, eine Befürchtung der Art in ihm von seiner Gemahlin geweckt worden, von deren politischen Begabung er ursprünglich eine hohe Meinung hatte, die aus der Zeit datierte, wo Sr. Majestät nur eine kronprinzliche Kritik der Regierung des Bruders, ohne Pflicht zu eigener bessrer Leistung, zugestanden hatte.

In der Kritik war die Prinzessin ihrem Gemahl überlegen. Die ersten Zweifel an dieser geistigen Überlegenheit waren ihm gekommen, als er genötigt war, nicht mehr nur zu kritisieren, sondern selbst zu handeln und die amtliche Verantwortung für das Bessermachen zu tragen. Sobald die Aufgaben beider Herrschaften praktisch wurden, hatte der gesunde Verstand des Königs begonnen, sich allmählich von der schlagfertigen weiblichen Beredsamkeit mehr zu emanzipieren.

Es gelang mir, ihn zu überzeugen, daß es sich für ihn nicht

um Konservativ oder Liberal in dieser oder jenen Schattierung, sondern um Königliches Regiment oder Parlamentsherrschaft handle, und daß die letztre unbedingt und auch durch eine Periode der Diktatur abzuwenden sei. Ich sagte:

‚In dieser Lage werde ich, selbst wenn Eure Majestät mir Dinge befehlen sollten, die ich nicht für richtig hielte, Ihnen zwar diese meine Meinung offen entwickeln, aber wenn Sie auf der Ihrigen schließlich beharren, lieber mit dem Könige untergehn, als Eure Majestät im Kampfe mit der Parlamentsherrschaft im Stiche lassen.‘

Diese Auffassung war damals durchaus lebendig und maßgebend in mir, weil ich die Negation und die Phrase der damaligen Opposition für politisch verderblich hielt im Angesicht der nationalen Aufgaben Preußens, und weil ich für Wilhelm I. persönlich so starke Gefühle der Hingebung und Anhänglichkeit hegte, daß mir der Gedanke, in Gemeinschaft mit ihm zugrunde zu gehn, als ein nach Umständen natürlicher und sympathischer Abschluß des Lebens erschien.

Der König zerriß das Programm und war im Begriff, die Stücke von der Brücke in die trockene Schlucht im Park zu werfen, als ich daran erinnerte, daß diese Papiere mit der bekannten Handschrift in sehr unrechte Hände geraten könnten. Er fand, daß ich recht hätte, steckte die Stücke in die Tasche, um sie dem Feuer zu übergeben, und vollzog an demselben Tage meine Ernennung zum Staatsminister“ (Bismarck: Gedanken und Erinnerungen).

Die Nachricht von Bismarcks Ernennung schlägt wie eine Bombe ein. Die Liberalen toben. „Bismarck-Schönhausen bedeutet Regieren ohne Etat, Säbelregiment im Inneren, Krieg nach außen. Ich halte ihn für den gefährlichsten Minister für Preußens Freiheit und Glück“, schreibt Max von Forckenbeck, Referent der Budgetkommission und späterer Berliner Oberbürgermeister. Andere erinnern den König daran, daß er noch zwei Jahre zuvor die Berufung des „roten

Reaktionärs" in ein Ministeramt mit den Worten abgelehnt hat: „Das fehlte gerade noch, daß ein Mann das Ministerium übernimmt, der alles auf den Kopf stellen wird." Und selbst Bismarcks Freunde, wie etwa Kurd von Schlözer, sein ehemaliger Legationssekretär in St. Petersburg, reagieren überrascht: „Der in der Wilhelmstraße – Donnerwetter!"

14. Kapitel

DIE NEUE GANGART

Der neue Ministerpräsident macht zunächst „seiner alten Reputation von leichtfertiger Gewalttätigkeit“ alle Ehre. Er schont auch seinen König nicht. Im Gespräch mit dem liberalen Abgeordneten Twesten vergleicht er ihn mit einem Pferd, „das vor einem neuen Gegenstand scheut, bei Gewaltanwendung störrisch wird, sich aber allmählich gewöhnen läßt“. Sein Regierungsprogramm ist eine einzige Provokation: „Nicht auf Preußens Liberalismus sieht Deutschland, sondern auf seine Macht . . . Preußens Grenzen sind einem gesunden Staatsleben nicht günstig . . . Nicht durch Reden und Majoritätsbeschlüsse werden die großen Fragen der Zeit entschieden, das ist der große Fehler von 1848 und 1849 gewesen, sondern durch Blut und Eisen!“

Diese Wendung, die von nun an wie nichts anderes mit dem „System Bismarck“ gleichgesetzt wird, ist übrigens nicht in dem Maße „Originalton Bismarck“, wie man gemeinhin denken mag. Bereits in den Befreiungskriegen 1813/14 hat der preußische Dichter Max von Schenkendorf gedichtet:

„Denn nur Eisen kann uns retten,
nur erlösen kann uns Blut!“

Selbstredend regiert der „pommersche Landjunker“, wie ihn seine Gegner geringschätzig nennen, nicht nur gegen das Abgeordnetenhaus, indem er die Militärvorlage einfach zurückzieht, sondern auch gegen die preußische Verfassung. Schon im folgenden Jahr stellt er die überwiegend liberale Presse unter Polizeiaufsicht und glaubt, damit den Wahlkampf für ein neues, ihm genehmeres Parlament schon gewonnen zu haben. Aber der oppositionelle Block um Fortschrittspartei und linkes Zentrum kehrt nach jeder Landtagsauflösung und Neuwahl gestärkt in diesen zurück.

Der innere Frieden scheint dem Premier gleichgültig zu sein. Seine Überredungskünste verschwendet er nur noch auf den König, bis dieser sich an die neue Gangart „gewöhnt" hat. Wilhelm, während der Blut-und-Eisen-Rede zu Besuch beim Schwiegersohn in Baden, will auf der Heimfahrt im Eisenbahncoupé erster Klasse ein letztes Mal „scheuen". Unter dem schon schütteren Haar blicken seine wäßrigblauen Augen auf den Ministerpräsidenten, der ihm bis Jüterbog entgegengefahren ist, fast traurig an, als er sagt: „Ich sehe ganz genau voraus, wie das alles endigen wird . . . Unter meinen Fenstern wird man ihnen den Kopf abschlagen und etwas später mir!"

Bismarck, so selten um einen Ausweg verlegen, daß er allein schon darum Mitarbeitern wie Untergebenen unheimlich erscheint, faßt diesmal den König „bei dem Porte-épée" seiner militärischen Ehre: „Je länger ich in diesem Sinne sprach, desto mehr belebte sich der König und fühlte sich in die Rolle des für Königtum und Vaterland kämpfenden Offiziers hinein . . . Er hatte sich bis dahin auf seiner Fahrt nur gefragt, ob er vor der überlegenen Kritik seiner Frau Gemahlin und vor der öffentlichen Meinung in Preußen mit dem Wege, den er mit mir einschlug, würde bestehen können. Demgegenüber war die Wirkung unserer Unterredung in dem dunklen Coupé, daß er die ihm nach der Situation zufallende Rolle mehr vom Standpunkt des Offiziers auffaßte, der die Aufgabe hat, einen bestimmten Posten auf Tod und Leben zu behaupten . . ."

Die „ihm nach der Situation zufallende Rolle" gedenkt Bismarck selbst und ausschließlich allein zu gestalten. Aber wer ihn immer noch für so wild-verwegen wie 1849 hält, täuscht sich. Der „Über-Metternich" hat in Wirklichkeit aus den vielen Alternativen, die er wie zur Übung während seiner langweiligen Botschafterzeit in St. Petersburg durchexerzierte, einen sehr genauen und erfolgversprechenden Kurs herausgearbeitet. Längst ist er seinen konservativen Ziehvätern von der „Kreuzzeitungspartei" entwachsen, hat er den Gegensatz zwischen Prinzipien- und Interessenpolitik in seinen Briefen an den Generaladjutanten Leopold von Gerlach und an Roon scharf markiert, wenn er auch den Unterschied nur „im Blättertrieb, nicht in der Wurzel" erkennen will. Doch ist das kaum mehr als eine höfliche Konzession an eine so allgemein gehaltene Staatsgrundlage, daß auf ihr notfalls auch jene, vorwiegend in Turnvereinen geübte Vaterlandsliebe Platz gehabt hätte, zu der inzwischen ein Teil des 48er Liberalismus degeneriert ist.

In Wirklichkeit nimmt der neue Ministerpräsident sogleich liberale Positionen ins Visier: „Der Hauptmangel unserer bisherigen Politik liegt darin, daß wir liberal in Preußen und konservativ im Ausland auftreten." Aber er ist keineswegs so töricht, die Verhältnisse einfach nur umkehren zu wollen, auch wenn sich seine Innenpolitik als Säbelrasseln ausnimmt. Von dem raffinierten „Badinguet" jenseits des Rheins hat er gelernt, wie man das liberale Bürgertum aufspaltet: Zunächst einmal in solche, deren gesunder Geschäftssinn sie schon bald an die Seite des voraussichtlichen Siegers, des starken Mannes, treiben wird. Ihnen klingen die Blut-und-Eisen-Töne des neuen Premiers keineswegs so übel ins Ohr, wie sie entrüstet vorgeben. Bereits 1854 hat David Hansemann, der rheinische Bankier und liberale Ministerpräsident von 1848, an seinen Sohn geschrieben: „Der Krieg wird also vom zivilisierten Europa entfernt geführt werden, und ich glaube, daß, sobald sich Menschen wieder einmal an den Krieg gewöhnt haben, derselbe den Geschäften bei weitem nicht so viel schaden wird, als man jetzt vermutet . . ." Sie wollen „Leistung" sehen, wollen den stürmischen Aufschwung, zu dem Preußens Handel und Wirtschaft in der „Zweiten Gründerzeit" nach 1859 ansetzt, durch eine entschlossene Außenpolitik gesichert wissen. Die

Tagesumsätze an der Berliner Börse steigen von 2,556 Millionen Mark im Jahre 1861 auf 6,248 Millionen 1863.

Der andere Teil des Bürgertums sind Liberale, die – wie die Konservativen – auf unrealistischen oder vorerst unerfüllbaren Prinzipien beharren. Zu denen zählt Bismarck die Mitglieder der Fortschrittspartei. Sie muß man im wahrsten Sinn des Wortes „links liegen" lassen, bis sie von selber kommen oder bis es ihm – Bismarck – gelingen wird, sie zu umgarnen, ihnen den politischen Boden zu entziehen . . .

15. Kapitel

QUADRATUR DES ZIRKELS

Österreich sieht die Gefahr immer näher rücken, vom preußischblauen Bruder aus Deutschland herausgedrängt zu werden. Nach dem Tag von Solferino weiß man dort in der Donaumonarchie, daß nicht nur der Endkampf zweier Staaten um die Vorherrschaft im „Deutschen Bund" bevorsteht, sondern viel mehr: der Wettkampf zweier Systeme, von dessen Ausgang das Schicksal Europas abhängt.

Die Donaumonarchie ist ein Vielvölkerstaat. Acht Millionen Deutschen stehen sechsundzwanzig Millionen Ungarn, Tschechen, Ruthenen, Serben, Kroaten und Italiener gegenüber. Hier sind die „quergelagerten Strukturen" (Gerhard Ritter) des mittelalterlichen Europas noch am ausgeprägtesten vorhanden. Auch daran ist Preußen nicht unschuldig. Die Kriege Friedrichs des Großen haben die schon im Abdriften begriffenen Kronländer der Habsburger zurück an die Seite der mutigen Kaiserin Maria Theresia geführt. Nach der napoleonischen Epoche verhinderte die kluge Allianzpolitik Metternichs ein Auseinanderbrechen der Monarchie. Erst heute weiß man, daß das österreichische Modell einer versöhnten Vielfalt der Völker unter einer weise regierenden Zentralgewalt dem Kontinent einen zukunftsweisenderen Weg gezeigt hat, als das Programm einer „national"staatlichen „Reichs"einigung, wie es Preußen verficht.

Im Grunde kann Österreich mit der neuen Mode des Nationalismus, auch in seiner großdeutschen Form, nichts anfangen – ebenso, wie es schon 1848 den verhängnisvollen

Verfassungsgrundsatz der Paulskirche ablehnen mußte. Der zeitgemäßen Forderung nach dem eigenen deutschen Nationalstaat zu entsprechen und doch die dem „natürlichen Erstgeburtsrecht“ gemäße Führungsrolle in Deutschland nicht aufzugeben – das gleicht beinahe der Quadratur des Zirkels, in diesem Falle der des österreichischen Vielvölker-Zirkels.

Schon als gemäßigt-liberaler Paulskirchen-Abgeordneter hat der 1859 vom Kaiser zum Staatsminister ernannte Freiherr Anton von Schmerling dies mit einer Formel versucht, die den politischen Bundesprimat für Österreich „ohne politischen Nationalismus“ verwirklichen sollte. Ein anderer Vorschlag, der des nun der „Deutschen Abteilung“ im österreichischen Außenministerium vorstehenden Darmstädters Ludwig Biegeleben, hat damals gezeigt, daß ein Wort des konservativen Staatstheoretikers Constantin Frantz zutraf. Dieser hatte staunend festgestellt, wie sehr die Habsburger-Monarchie noch das „lebendige Denkmal der alten Reichsgeschichte“ sei.

Biegeleben greift weit in die Geschichte zurück und präsentiert ein Modell, mit dem einst an der Wende zum Reformationszeitalter der „letzte Ritter“, Kaiser Maximilian I., einen Versuch zur Rettung des auch damals vom Partikularismus bedrohten Reiches unternommen hatte. Der österreichische Außenminister schlägt die Aufteilung des Bundesgebietes in zwanzig „Reichskreise“ mit Wien als Sitz der ständigen Reichsbehörden vor. Das „Reichsparlament“ soll dagegen nach Biegelebens Vorstellungen „mobil“ sein, das heißt: wechselweise in Frankfurt, Berlin und Wien tagen.

Die Voraussetzungen für einen solchen Vorstoß sind günstig. Die preußische Innenpolitik steckt in einer Sackgasse, aus der auch Bismarck keinen Ausweg weiß. Der „Verfassungskonflikt“ und die brachialen Methoden Bismarcks verunsichern selbst diejenigen Liberalen, die bisher Sympathien für das kleindeutsche Programm Preußens und dessen Führungsanspruch gezeigt und dem österreichischen Neo-Absolutismus mißtraut haben.

Verwandelt sich die Donaumonarchie in einen halbwegs modernen Verfassungsstaat, muß sich trotz ihrer wirtschaftlichen Schwäche auch ihre Attraktivität in Deutschland vergrößern. Vielleicht kann jetzt Österreich jene „moralischen Eroberungen" machen, zu denen der preußische Wilhelm I. zu Beginn seiner dann schnell wieder beendeten „liberalen Ära" aufgefordert hat. Gibt es doch den für alle gangbaren Mittelweg, um den preußisch-österreichischen Dualismus zugunsten eines auch wirtschaftlich stabilen mitteleuropäischen Großraums zu überwinden?

Schmerling, anfangs unbedingt gestützt durch den nach Solferino zu einem radikalen Kurswechsel entschlossenen Kaiser Franz Joseph, stellt – frisch vom Reißbrett einer neuen, konstitutionellen Verfassung – als Träger der Zentralgewalt ein Parlament in die Vielvölker-Wirklichkeit, das dafür denkbar ungeeignet ist. Es besteht aus zwei Kammern und sichert die Deutsch-Österreicher durch eine Sonderklausel gegen jede Majorisierung. Auch die Ungarn erhalten gewisse Sonderrechte.

Im neuen Parlament nehmen mehrheitlich bürgerliche Liberale Platz. Ihr unverhofftes Bündnis mit der Krone, das dieser, die sich in prinzipiellen Dingen weitaus toleranter gibt als die zackige Hohenzollernkrone im Norden, gar nicht so übel steht, bringt zunächst einen, wenn auch bescheidenen, wirtschaftlichen Aufschwung. Die Gewerbefreiheit wird gesetzlich garantiert, Privatkapital fließt zu, und trotz des nach dem verlorenen Krieg wieder drohenden Staatsbankrotts scheint ein vorsichtiges Herausmanövrieren der österreichischen Wirtschaftspolitik in das offene Meer des Freihandels möglich.

Genau dem widersetzten sich die österreichischen Industriellen zusammen mit dem 1861 auf Betreiben des Augsburger Baumwollspinnereibesitzers Karstoff gegründeten „Verein für deutsche Industrie", der einen Anschluß an die

Freihandelsverträge im Norden ablehnt, selbst aber keinen Mut zur Errichtung einer süddeutschen oder vielleicht gar südosteuropäischen Freihandelszone findet.

Die Kluft zwischen freihändlerisch gesinnten Agrariern sowie Stahl-Industriellen im preußischen Einflußgebiet und baumwollspinnenden Schutzzollanhängern im Süden verbreiterte sich trotz aller österreichischen Initiativen in der ersten Hälfte der sechziger Jahre weiter. Für den, der geschichtliche Entwicklungen aus dem Blickwinkel der deutschen Gegenwartsgeschichte betrachtet und dabei nach Parallelen sucht, dürfte eine Beobachtung nicht uninteressant sein: In Preußen verbindet sich zum „take off“ der Startperiode ein nach Expansion drängender Wirtschaftsliberalismus mit dem politischen und ideellen Konservatismus. In Österreich ist es umgekehrt: Konservativer Wirtschafts-Protektionismus sucht das Bündnis mit dem politischen Liberalismus.

Hat letzterer wenigstens Erfolg auf seinem eigenen, eben erst entdeckten und mit Eifer beackerten Feld der Parlamentspolitik?

Leider nicht. Der neue „Reichsrat“ wird von den Ungarn und den selbstbewußter auftretenden slawischen Völkern der Monarchie boykottiert. Schließlich bekommt auch Franz Joseph Angst vor der eigenen, konstitutionellen Courage, die ihn die Reduzierung seiner Rolle zum bloßen Unterzeichner von Parlamentsbeschlüssen befürchten läßt. Er bedauert, daß Metternich nicht mehr lebt, von dem er sich nach dessen Rückkehr in sein elegantes Palais am Wiener Rennweg ab und zu Rat geholt hat.

Es lebt freilich noch sein treuester und letzter Schüler, Johann Bernhard Graf von Rechberg und Rothenlöwen. In Schmerlings Kabinett, das nach dem Urteil eines englischen Diplomaten „aus lauter Premierministern“ besteht, versieht er das Amt des Außenministers mit größtmöglicher Selbständigkeit. Weil Rechberg sich – bei weitaus geringeren Fähigkeiten – als die über das Grab hinausreichende Stimme seines Meisters betrachtet, der übrigens auch der diplomatische Lehrmeister des Kaisers gewesen war, muß ihm Schmerlings Versuch eines Ausgleichs der nationalen mit den konstitutionellen Kräften suspekt erscheinen. Außerdem hat er Angst vor Bismarcks Unbedenklichkeit, dessen verbale Attacken ihm als einstigem Präsidialgesandten beim Frankfurter Bundestag noch lebhaft in Erinnerung sind – Angst, aber auch ein wenig Bewunderung für einen Mann, der den Pragmatismus fast so ausschließlich zur Staatsräson erklärt wie einst Metternich das Prinzip der Legalität.

Wenn Rechberg in dieser Situation die weitausgreifende Bundespolitik Schmerlings mit einem Plädoyer für die Wiederbelebung des „friedlichen Dualismus“ zwischen Wien und Berlin, wie er vor 1848 geherrscht hatte, torpediert, so bedeutet das den nur in schmackhaftere Formen gekleideten Vorschlag einer rechtzeitigen Kapitulation vor dem Führungsanspruch der neuen Großmacht im Norden, um im Süden so viel Einfluß wie möglich zu behalten.

16. Kapitel

EIN ALLERLETZTER VERSUCH

Die nun wirklich letzte Initiative zur Rettung des „Deutschen Bundes" unternimmt 1863 kein Geringerer als Franz Joseph, Kaiser von Österreich und Träger einer Krone, mit der noch immer viele Menschen in Deutschland ihre Sehnsucht nach einem einigen „Reich" verbinden. Diese Sehnsucht hat in einigen Fällen sogar aus Gegnern Freunde und Bewunderer des österreichischen Monarchen gemacht. Max von Gagern zum Beispiel, der Bruder des Präsidenten der Frankfurter Nationalversammlung, ist jetzt Leiter der handelspolitischen Abteilung und des Pressereferates bei der Wiener Regierung.

Die bemerkenswerteste Wandlung hat indessen ein Mann vollzogen, dessen Name 1849 zusammen mit dem Robert Blums auf der Hinrichtungsliste des Fürsten Windischgrätz gestanden hat. Julius Fröbel, aus Thüringen stammend, ein Neffe des bekannten Pädagogen Friedrich Fröbel, des „Kindergarten-Fröbel", ist 1857 aus achtjährigem amerikanischen Exil heimgekehrt – als glühender Bewunderer des österreichischen, großdeutschen Modells. Die gänzlich andere Perspektive von einem Kontinent aus, der die Menschen – Auswanderer und Exilanten – verschlingt wie einst der „Leviathan" des Thomas Hobbes, obwohl er sie äußerlich frei läßt, hat auch Fröbels politische Optik verändert, was er in seinem 1859 erschienenen Buch „Amerika, Europa und die politischen Gesichtspunkte der Gegenwart" dokumentiert.

Fröbels Schrift findet in Wien sogleich „allerhöchste Beachtung". Das heißt: Der Kaiser hat sie gelesen und darin neben einer klugen Analyse der Weltsituation auch schon Kerngedanken des Reformplans „zur Wiederherstellung des Deutschen Reichs (gemeint ist das 1806 untergegangene) nach den Bedürfnissen und im Geiste unserer Zeit" gefunden, mit dem er sich 1863 mit beinahe beschwörenden Tönen an seine fürstlichen Kollegen wendet. Den Anfang macht wieder der sächsische Außen- und Innenminister Friedrich Ferdinand von Beust, der bereits 1859 in Würzburg keine Mehrheit für eine Bundesinitiative gegen den kleindeutschen „Nationalverein" gefunden hat. Auch diesmal versagt sich die Mehrheit des Bundestages dem Plan, mit Hilfe einer neu zu schaffenden „Bundesdelegiertenversammlung", bestehend aus Abgeordneten der Länderparlamente, eine solide Basis für eine „Trias"-Lösung, einer Aufwertung der Mittelstaaten zwischen den beiden Großmächten, zu schaffen.

Nachdem alle nur denkbaren Variationen einer Reform des bisherigen Bundesgefüges durchgespielt sind, greift nun Wien zur Ultima ratio einer gänzlichen Neugestaltung "des ungeliebten Erbes", wie ausländische, im Dschungel der unzähligen Einzelgesandtschaften und Sondermissionen umherirrende Diplomaten nicht ohne verständliche Ironie anmerken.

Die Einrichtung eines fünfköpfigen Direktoriums mit Österreich, Preußen und Bayern als ständigen Mitgliedern und zwei weiteren Plätzen für die übrigen Bundesstaaten sowie ein erweiterter Bundesrat zusätzlich zu der schon im Beust-Plan vorhandenen Bundesdelegiertenversammlung, müßte nach österreichischer Ansicht auch den unterschiedlichsten Interessen gerecht werden. Eine solche Konstruktion wäre ein Mittelding zwischen dem Staatenbund von 1815 und dem 1849 wiederbelebten „Deutschen Bund".

Die Wiener Hofburg leistet ihr Äußerstes, um die schwierige Konstruktion zustande zu bringen. Es ist angesichts der auseinanderstrebenden Tendenzen in ein und demselben Kabinett keine leichte Aufgabe. Auch die entgegen den üblichen Klischeevorstellungen nicht zu unterschätzende

Integrationskraft des Kaisers erscheint hierbei im neuen Licht.

Franz Joseph ist es dann auch, der fast gleichlautend mit Fröbels Worten („. . . um den Bund der Völker im Geiste der Jetztzeit zu erneuern . . .") im Spätsommer 1863 die mehr als dreißig fürstlichen und erlauchten Häupter der dynastisch arg zerklüfteten deutschen Staatenwelt in die alte Kaiserstadt Frankfurt einlädt, um dort unter Aufbietung seines ganzen österreichischen Charmes den allerletzten Versuch einer föderalistischen Reichseinigung ohne Blut und Eisen zu unternehmen.

Den preußischen König sucht der Kaiser persönlich in Gastein auf, wo jener zur Kur weilt – den sauber gedruckten Entwurf der Reformakte in der Hand. Auch Augusta, die „Weimarerin", drängt den noch zaudernden Wilhelm, diesmal nicht auf den „schrecklichen Bismarck" zu hören. Aber der sitzt schon nebenan im Park, die Uhr in der Hand, nur scheinbar gelangweilt ein Meisennest beobachtend, dabei vor Ungeduld fast zerplatzend.

Es ist ein Rätsel, daß ihn der König noch hält. Bismarcks Mißerfolge im ersten Jahr seiner Regierung haben die preußische Krone fast um ihren gesamten Rückhalt in der Bevölkerung gebracht. Bei den Fünfzigjahrfeiern zur Erinnerung an die Erhebung des preußischen Volkes gegen die Franzosen in den Befreiungskriegen wird der Monarch nur noch von ein paar Veteranen umjubelt.

Preußen liegt in diesem Sommer nicht nur meteorologisch unter einer schwülen Dunstglocke. Die zweite Auflösung des Landtages, die wieder eingeführte Pressezensur und das sich schon abzeichnende Debakel der Herbstwahlen, die zu Bismarcks größtem Fiasko werden sollten, belasten die politische Atmosphäre.

Trotz seiner resoluten Vorgabe, der neue Ministerpräsident möge als „kurbrandenburgischer Vasall" regieren, ohne sich um das budgetverweigernde Parlament zu kümmern, hofft der König insgeheim doch, Bismarck werde einen Weg finden, um mit der liberalen Mehrheit im Abgeordnetenhaus wenigstens wieder ins Gespräch zu kommen. Statt dessen verlangt Grabow, der Präsident des Abgeordnetenhauses, jedesmal seinen Hut, wenn einer der königlichen Minister spricht. Der Grund: Bismarck hat im Parlament selbst den Führer des nationalen Flügels der Liberalen, Viktor von Unruh, in die Nähe eines „notorischen Berufsrevolutionärs" gerückt.

Die Geheimverhandlungen mit Rußland zwecks gemeinsamer Unterdrückung des im Januar 1863 ausgebrochenen nationalpolnischen Aufstandes, die in die sogenannte „Alvenslebensche Konvention" einmünden, vertiefen den Graben noch weiter. Wer jetzt die von dem „Eisernen Kanzler" in seinen „Gedanken und Erinnerungen" so eindringlich beschworene „große Linie" seiner Politik nicht zu erkennen vermag, muß den Mann für nichts anderes als einen politischen Bankrotteur halten.

Gleichwohl ergibt sich Wilhelm I. dem Drängen seines Premiers und lehnt die Teilnahme am Frankfurter Fürstenkongreß ab. Begründung: Er sei nicht rechtzeitig über den Bundes-Reformplan unterrichtet worden. Nähme man seine Ausflucht für bare Münze, wäre dies als ein Armutszeugnis für die preußische Diplomatie anzusehen. Auch der zweite Einwand Wilhelms verfängt nicht: Der Entwurf müsse erst noch auf Ministerebene beraten und „abgeklärt" werden. Haben sich die Minister beider Regierungen nicht schon ein gutes Jahrzehnt mit allen möglichen Reformplänen beschäftigt, ohne daß sie ein Ergebnis vorlegen konnten?

Wilhelm I. reist – immer unter Aufsicht Bismarcks – statt nach Frankfurt nach Baden-Baden. Dort kommt es dann beinahe zum Eklat. Der König wird hier von seinem sächsischen Kollegen Johann erwartet, der ihm – nun seitens der Mittelstaaten – eine erneute Einladung überbringt: „Ein König als Kurier von dreißig gekrönten Häuptern!"

Der „kurbrandenburgische Vasall" ringt mit seinem Souverän, daß die Scherben fliegen. Ganz wörtlich: Als Bismarck gegen Mitternacht sein Zimmer aufsucht, zerschlägt er in ungeheurer Nervenspannung sein Waschgeschirr, indes der Hohenzoller nebenan mit einem Weinkrampf im Bett liegt . . .

Das Ungeheuerliche geschieht: Bismarcks Rechnung geht auf. Sein Putsch gegen einen noch nicht bestehenden, aber so greifbar wie nie zuvor und niemals wieder in unserer Geschichte nahegerückten deutschen Einheitsstaat glückt. Achselzuckend kehrt der sächsische König nach Frankfurt zurück. Ihm folgt am 15. September 1863 eine offizielle Note der preußischen Regierung.

Bismarck, einmal auf bonapartistischem Wege, scheut sich nicht, die Liberalen im ganzen Lande zusammen mit dem österreichischen Kaiser zu verspotten. Urplötzlich fordert der Preuße, der zu Hause ungerührt die Verfassung bricht, mehr, als selbst Schmerling und Beust an konstitutioneller Mitbestimmung zugestehen wollen: eine direkt gewählte, gesamtdeutsche Volksvertretung.

Man ist in Frankfurt, wo man sich die Zeit mit halbherzigen und gegenseitig mißtrauischen Erörterungen über eine möglichst ausbalancierte Besetzung der Vorstandsposten vertreibt und im übrigen den dreiundreißigsten Geburtstag Franz Josephs mit dem höfischen Zeremoniell der guten, alten Metternich-Zeit schon wie eine Abschiedsparty feiert, klug genug, um die preußische Finte für das zu nehmen, was sie sein soll: die endgültige Absage.

Damit ist der letzte Versuch, den „Deutschen Bund“ mittels gründlicher Umgestaltung als föderativen Unterbau eines großdeutschen Einheitsstaates zu erhalten und auszubauen, gescheitert. Obwohl die übrigen Monarchen den österreichischen Plan formell annehmen. Aber niemand will nun statt der preußischen eine österreichische Hegemonie. Und wenn doch Hegemonie, dann ohne viel Umstände lieber die, bei der sich inzwischen das Geld angesammelt hat: Preußen, Vormacht des Zollvereins . . .

Das allerletzte Wort spricht dann ein weiterer „Verein“,

der 1859 gegründete „Deutsche Nationalverein", auf seiner Generalversammlung am 16. Oktober 1863, genau fünfzig Jahre nach der denkwürdigen „Völkerschlacht" gegen Napoleon am gleichen Ort.

Der Nationalverein ist nur de facto eine preußische Hilfslokomotive. Obwohl „kleindeutsch" orientiert, gehören viele seiner liberalen Mitglieder zu den innenpolitischen Gegnern Bismarcks. So der schon erwähnte Viktor von Unruh oder der fünfunddreißigjährige, aus dem Hannoverschen stammende Rechtsanwalt Johannes von Miquel. Er hing ursprünglich sogar sozialistischen Ideen an und stand bis 1857 in Verbindung mit Marx und Engels in London. Gerade eben hat einer der führenden Intellektuellen des „Nationalvereins", der frühere „Reichsjustizminister" der Paulskirchenzeit, Robert von Mohl, in einem Kommentar zu den österreichischen Reformvorschlägen den „Hochmut" Preußens gegeißelt und empfohlen, den „besoffenen Studenten Bismarck" wegzuschicken.

Auf der anderen Seite verlangen die wirtschaftlichen Interessen des liberalen Besitzbürgertums aber eben auch „eine feste, starke und bleibende Zentralregierung". Und die kann ihnen – das zeigte das Frankfurter Intermezzo in voller Deutlichkeit – nur Preußen verschaffen. Und nur zu preußischen Bedingungen.

17. Kapitel

„SCHLESWIG-HOLSTEIN, MEERUMSCHLUNGEN . . .“

Der „Deutsche Bund“, das 1849 noch einmal zusammengeflickte Kunstgebilde Metternichs, ist „klinisch tot“. Bis 1866 führt er jedoch noch eine spukhafte Scheinexistenz und zeitigt schon wenige Wochen nach dem Frankfurter Fürstentreffen Wirkungen, die, für sich allein genommen, sogar weit über das hinausgehen, was der Bund jemals zu seinen Lebzeiten zustande gebracht hat.

Stichwort „Dänemark“. Dort ist mit dem „Londoner Protokoll“ der Großmächte von 1852 der Status der Deutschen in den drei Herzogtümern Schleswig, Holstein und Lauenburg keineswegs zufriedenstellend geklärt worden. Beinahe unentwirrbar mischt sich hier Nationales mit Dynastischem, wie es bereits beim ersten Aufbrechen des Problems 1848/49 offenkundig wurde. „Nur drei Personen haben die Schleswig-Holstein-Frage je verstanden“, meint der englische Premier Palmerston, „der eine war Prinz Albert (Gemahl der Queen Victoria): Er ist verstorben. Der zweite war ein deutscher Professor: Er ist verrückt geworden. Der dritte bin ich, aber ich habe alles wieder vergessen.“

In London hat man den sogenannten „Elbherzogtümern“ eine eigene Verfassung und weitgehende Autonomie im dänischen Gesamtstaat zugestanden. Aber auch den Dänen ist die Integrität ihres Gesamtstaates garantiert worden. Die Dänen legen die Garantie in ihrer 1855 vom Reichsrat in Kopenhagen verabschiedeten neuen Verfassung so extensiv wie möglich aus. Das bringt ihnen die Mißbilligung des Frankfurter Bundestages ein. Da ihm der dänische König als

Herzog von Holstein angehört, kann man das Ganze beinahe als eine innenpolitische Angelegenheit betrachten. Umständlich setzen die Herren in Frankfurt die Prozedur einer „Bundesexekution“ in Gang, mit dem Ziel, den dänischen König zur vollen Respektierung des „Londoner Protokolls“ zu zwingen.

Solange der „Deutsche Bund“ eine Art in sich selbst zerstrittenes Forum für die Rivalitäten der beiden Flügelmächte Österreich und Preußen darstellt, braucht der dänische König nichts zu befürchten. Ungestört kann diesseits und jenseits der Eider, des kleinen Grenzflüßchens, jene dynastische Spielart des Nationalismus weiter gedeihen, die drüben in England „Bacillus teutonicus“ genannt wird, obwohl er in diesem Falle auch die Dänen angesteckt hat.

Letztere legen im Herbst 1863 ihrem König – noch immer Friedrich VII., der schon den Konflikt von 1848/49 durchgestanden hat – ein neues, noch weitergehendes Gesamtstaatsgesetz zur Unterschrift vor, dessen Erfüllung die völlige Einverleibung der Elbherzogtümer bedeuten wird. Aber nicht mehr Friedrich VII. unterschreibt – er stirbt schon ein paar Tage nach der Vorlage – sondern sein Nachfolger. Es ist der Herzog von Sonderburg-Glücksburg, der „Protokollprinz“, den das „Londoner Protokoll“ als Gesamt-Thronfolger für den kinderlosen Friedrich VII. präsentiert hat. Er wird auch von den Schleswigern und Holsteinern als künftiger Herzog anerkannt.

Er ist nicht der einzige Prätendent gewesen. Angeblich ältere Rechte besitzt der Herzog Friedrich von Augustenburg. Ihn haben die Schleswiger schon Anno achtundvierzig auf den Schild gehoben. Nach dem vorläufigen Ende seines von Dänemark unabhängigen Herzogtums Schleswig-Holstein ist er gegen eine stattliche Entschädigung zurückgetreten.

Als sich nun der neue dänische König willig vor den Karren des eiderdänischen Nationalismus spannen läßt und das Gesamtstaatsgesetz unterschreibt, erheben sich die Schleswiger von neuem. Der mit den dänischen Verhältnissen bestens vertraute preußische Generalstabschef Moltke nennt in einem Brief an seinen in Rantzau lebenden Bruder Ludwig ein weiteres Motiv für die hellauf lodernde, für den dortigen Menschenschlag ungewöhnliche Empörung: „Die deutschen Herzogtümer konnten lange und glücklich unter dem Zepter eines dänischen *Königs* wohnen, aber sie konnten sich auf Dauer unmöglich den Majoritätsbeschlüssen einer dänischen *Volks*-Vertretung unterwerfen."

Eine schnell zusammengetrommelte Landesversammlung verweigert Christian IX. die Anerkennung und proklamiert den Sohn des Herzogs von Augustenburg als Friedrich VIII. zum neuen Souverän. Dem jungen Augustenburger scheint zunächst von selber zuzufallen, was seinem Vater vierzehn Jahre zuvor versagt geblieben war: massive Unterstützung aus ganz Deutschland. Bis tief in die bayerischen Wälder hinunter erklingt gleich einer Nationalhymne das Lied: „Schleswig-Holstein, meerumschlungen . . ."

In der erstaunlich kurzen Zeit von nur neun Wochen nach Abschluß des Frankfurter Fürstentreffens rafft sich der schon politisch totgesagte Deutsche Bund zu einer „Bundesexekution" gegen die vertragsbrüchigen Dänen auf. Freilich stellt das unvermutete Wiedererwachen der deutschen Bundeseinheit, für die noch nicht einmal der gemeinsame Oberbefehl über die Bundestruppen mehr eine Schwierigkeit bedeutet, nur ein hastig aufflackerndes Strohfeuer dar. Seine Rauchschwaden verhüllen noch die beiden tatsächlichen Akteure: Preußen und Österreich.

Die konservativen Flügelmächte des „Deutschen Bundes" schicken sich nach dem Scheitern aller Reformversuche an, in ihre Ausgangsstellungen zurückzukehren und sich dort so behaglich einzurichten wie ein Ehepaar, das nach langen „Friktionen" (ein Lieblingsausdruck Bismarcks!) erkannt hat, wie wenig ein zu enges Zusammenleben für beide taugt, und das deshalb eine Trennung in aller Freundschaft vorzieht. Manchmal kann dadurch die Sympathie zwischen beiden wieder wachsen.

18. Kapitel

DIE MÄCHTE SIND ABGELENKT

Auch für Österreich ist der „Deutsche (Ehe-)Bund" nach dem Fehlschlag des Frankfurter Fürstengipfels ein für allemal erledigt. Indem Bismarck und der Graf Rechberg das gemeinsame Tischtuch zerschneiden, markieren sie zugleich die Grenzen der beiderseitigen Interessensphären, wie eine zeitgenössische Karikatur sinnfällig dargestellt. Jetzt muß ebenso, wie es Bismarck mit seinem Zollvereins-Reich im Norden längst getan hat, auch der österreichischen Anhängerschaft im Süden gezeigt werden, wer in Zukunft das Sagen hat. Die durch den Schleswig-Holstein-Konflikt wieder ausgelöste Woge nationaler Begeisterung darf nicht die falschen Mühlen antreiben. Etwa dadurch, daß die Mittelstaaten in Gestalt eines neu in ihren Kreis tretenden, „befreiten" Herzogtums Schleswig-Holstein eine wesentliche Verstärkung erfahren haben würden.

Über die Beschäftigung mit diesem Gedanken, den besonders Graf Rechberg vertritt, vergißt man in der Wiener Hofburg, welch großartige Möglichkeit darin gelegen hätte, wenn die Donaumonarchie selbst an die Spitze der Pro-Augustenburger Bewegung getreten wäre. So aber gerät die österreichische Politik immer mehr in das Fahrwasser des neuen Mannes in der Berliner Wilhelmstraße, der schon beim ersten Aufbrechen des Konfliktes die Chance gewittert hat, dem Gefängnis seiner mißglückten Innenpolitik auf dem Felde einer alles riskierenden Außenpolitik zu entkommen: „Ich bin darüber zweifelslos, daß die ganze dänische Angelegenheit nur durch einen Krieg in einer für uns erwünschten Weise gelöst werden kann. Der Anlaß zu diesem Krieg läßt sich in jedem Augenblick finden, welchen man den günstigsten zur Kriegsführung hält."

Fasziniert stellt der Bismarck-Biograph Erich Eyck fest: „Seine Verschlagenheit und seine Virtuosität, seine Energie und sein Mut, seine Geschmeidigkeit und zugleich seine Festigkeit in der Verfolgung des einmal gesetzten Zieles, sein Reichtum an taktischen und dialektischen Hilfsmitteln, seine Skrupellosigkeit und sein Selbstvertrauen waren nie in seinem Leben größer."

Allerdings kommt ihm auch eine außergewöhnlich günstige Konstellation der europäischen Machtverhältnisse entgegen. Es gelingt ihm nicht nur, den Minister Rechberg in Wien über seine wahren Absichten zu täuschen, sondern auch die in bezug auf Dänemark, den „Portier der Ostsee", immer wachsame Großmacht England am direkten Eingreifen zu hindern. Die Dänen setzen auf englische Unterstützung, zumal der englische Thronfolger Albert („Bertie") vor kurzem erst die dänische Prinzessin Alexandra geheiratet hat. Andererseits ist die vierundvierzigjährige Queen Victoria für einen Konflikt mit dem Heimatland ihres Prinzgemahls Albert aus dem Hause Sachsen-Coburg-Gotha nur schwer zu gewinnen. Außerdem haben sich die Dänen zuvor mit dem Verfassungsbruch in den Augen der Briten selbst ins Unrecht gesetzt, worauf Bismarck den englischen Botschafter Buchanan nachdrücklich hinweist.

Angesichts eines so entschiedenen Verfechters des „Londoner Protokolls" kann die britische Diplomatie zunächst nichts anderes tun, als „mit zugeknöpften Taschen und zusammengestellten Gewehren zu warten, bis Deutschland sich noch mehr ins Unrecht setzt als Dänemark", wie der britische Außenminister Russell meint. Wenn auch Botschafter Buchanan ganz richtig mutmaßt, daß sich Preußen von dem bevorstehenden Waffengang mit den Dänen sicher mehr verspreche, als nur die Ehre, dem Prinzen von Augustenburg zu einem Thron zu verhelfen. Doch schon daran, daß Lord Russell den Terminus „Deutschland“ benutzt, ist ersichtlich, daß er und sein achtzigjähriger Premierminister Henry John Palmerston die Rolle Preußens als treibende Kraft und dessen Verhältnis zum „Deutschen Bund“ verkennen. Eine Ahnung von der Gefährlichkeit Bismarcks hat schon eher „Pilgersteins“ Gegenspieler, der jüdische Toryführer Benjamin Disraeli. Genialer Außenseiter wie Bismarck, hatte er nach dessen erstem Besuch an der Themse zur Weltausstellung 1862 nicht ohne innere Sympathie bemerkt: „Auf den Mann gebt Acht. Der meint, was er sagt!“

Natürlich verläßt sich Bismarck nicht darauf allein. Gefährlich werden kann ihm auch ein diplomatisches Zusammenspiel Englands mit Frankreich. Das ist jedoch unwahrscheinlich. Napoleon III., verfolgt von der Idee, seinen Franzosen etwa alle drei Jahre einen Beweis von Frankreichs und seiner eigenen Größe geben zu müssen, hat sich im fernen Mexiko militärisch engagiert. Doch sein Versuch, im „Hinterhof“ der durch ihren Bürgerkrieg außenpolitisch geschwächten Vereinigten Staaten ein von ihm abhängiges Kaiserreich zu installieren, wird vier Jahre später mit der Erschießung des österreichischen Kaiserbruders Maximilian enden.

Davon abgesehen ist Napoleon III. auf England nicht gut zu sprechen, weil ihm die Engländer ein Jahr zuvor beim Ausbruch des polnischen Aufstandes, den er zu unterstützen gedachte, die „kalte Schulter“ gezeigt und auch noch das Zustandekommen einer internationalen Konferenz in dieser Angelegenheit torpediert haben. Außerdem ist Napoleon III. dem Selbstverständnis seiner Herrschaft nach ein strikter Anhänger des Nationalitätenprinzips. Und dem läuft die dänische Herrschaft über Deutsche zuwider.

Weil also eine Parteinahme Frankreichs nicht zu befürchten ist, und England vermutlich in seiner „splendid isolation“ verharren wird, muß der preußische Ministerpräsident kaum befürchten, daß sich der russische Zar Alexander II. ausgerechnet wegen Dänemark auf jene supranationale „Solidarität der Monarchien“ besinnen wird, welche die europäische Staatenwelt nach dem Wiener Kongreß zur Grundlage ihrer Beziehungen gemacht hatte.

19. Kapitel

GENERALPROBE MIT KLEINEN FEHLERN

Das Skalpell des Krieges kann also angesetzt werden, ohne daß man eine Einmischung anderer Mächte befürchten müßte. Gleichwohl mutet es die Menschen zwischen Memel und Rhein seltsam an, Preußen genau 48 Jahre nach der Schlacht von Waterloo wieder einen „regulären" Krieg führen zu sehen. Zu einem solchen weitet sich die Strafexpedition, die einen Tag vor Weihnachten 1863 mit der Besetzung Holsteins und Lauenburgs beginnt, bald schon aus.

Am 16. Januar des folgenden Jahres überschreiten Preußen und Österreich mit einem gemeinsamen Ultimatum an Dänemark ihre Kompetenzen als „Exekutoren", wogegen sich der „Deutsche Bund" in letzter Minute heftig wehrt. Mit dem kurz darauf folgenden Einmarsch ihrer Truppen in Dänemark überschreiten sie auch die Grenze zwischen einem internen Konflikt und dem offenen Kriegsfall.

Den Österreichern unterläuft bereits hier ein nicht mehr gutzumachender Fehler. Sie versäumen es schlichtweg, sich bei den Preußen nach den genauen Kriegszielen zu erkundigen. Geht es noch um die verletzte Verfassung, um die Thronfolge des Augustenburgers oder schon um blanke Annexion? Letztere wird ganz unverblümt von dem Grafen Arnim-Boitzenburg gefordert, der in Berlin eine entsprechende Liste kursieren läßt. Sie wird innerhalb weniger Wochen von über 70 000 Menschen unterschrieben. Einzig Bismarck scheint bereits zu wissen, was mit der „Pfandnahme" letztendlich beabsichtigt ist.

Die Dänen sind den verbündeten Armeen, die unter dem Oberbefehl des betagten Generalfeldmarschalls Heinrich Ernst Graf von Wrangel operieren, der Zahl nach unterlegen. Doch sie verschaffen den Angreifern – dabei auf englische Hilfe hoffend – auch nicht die Genugtuung, sich ihnen so schnell wie möglich und vor allem vollständig an einem Ort versammelt zu stellen. Der ihnen zugedachten Umfassung im Danewerk an der Mündung der Schlei entziehen sie sich durch schnellen Rückzug. Aus dem von Moltke konzipierten Blitzkrieg wird somit nichts. Statt dessen gelingt den Preußen nach verlustreichem Ansturm am 18. April die Eroberung der „Düppeler Schanzen". Aber das Gros der dänischen Armee befindet sich auf der Insel Alsen.

Immerhin können die zahlreich herbeigeströmten Kriegskorrespondenten in ihre Hauptstädte zurückkehren und die erste der Heldenlegenden à la Prusse, wie sie von nun an für ein knappes Jahrzehnt die Spalten der Weltpresse füllen werden, in ihre Blätter einrücken lassen. In umgekehrter Richtung reist jetzt der preußische Generalstabschef Moltke aus Berlin an. Dort war er zunächst geblieben, grollend über die Ernennung Wrangels, von dessen militärischen Fähigkeiten er nichts hält – und auch, weil Wilhelm I. dazu neigt, den Generalstab seiner Armee als eine bürokratische Einrichtung zu betrachten, die dem reinen Feldherrenglück eher hinderlich sei.

Der schweigsame Planungschef muß sich wider seine eigene Planung und Natur in einen zähen Stellungskrieg einlassen, der erst am 20. Juli mit der Eroberung der Insel Alsen zu Ende geht. Es ist höchste Zeit. Denn nicht nur Österreich hat sich nur schweren Herzens für die Ausweitung des Konfliktes gewinnen lassen, auch England ergreift nun doch eine diplomatische Initiative und lädt die Signatarmächte des „Londoner Protokolls" von 1852 erneut nach London ein.

Dank der kompromißlosen Haltung der dänischen Vertreter kommt es nicht zu der von Bismarck und Moltke immer noch befürchteten Intervention der Großmächte. Aber jetzt droht sehr wohl ein Herausbrechen der Österreicher und deren „Rückfall“ in die Pro-Augustenburgische Politik der deutschen Mittelmächte, wie sie auch in London von dem sächsischen Innenminister Graf Beust, dem offiziellen Vertreter des „Deutschen Bundes“, verfochten wird.

Die hieraus entstehenden „Friktionen“, noch verstärkt durch den späteren Übertritt des Grafen Beust in das österreichische Außenministerium, hat Bismarck der Donaumonarchie nie verziehen. Sie sind vielleicht auch der Grund dafür, warum er zwei Jahre später die Trennung der deutschen Partner mit Hilfe des Denkzettels von Königgrätz in eine endgültige Ehescheidung umwandelt. Ohne es zu ahnen, hält Wien in diesen kritischen Wochen, da noch dazu der Sieg preußischer Truppen bisher auf sich warten läßt, wieder den Hebel in der Hand, der Bismarck stürzen könnte: den Augustenburger.

Nicht nur sämtliche Dynastien (mit Ausnahme der dänischen natürlich) sind von dem Thronanspruch des Herzogs von Augustenburg in Schleswig und Holstein überzeugt, sondern auch Bismarcks eigener Monarch und „Lehnsherr“. Der biedere Wilhelm ahnt nicht, daß sein „kurbrandenburgischer Vasall“ aus einem ganz anderen Grund zum Säbel gegriffen hat als im Namen des verletzten Rechtes „eines der Seinen“.

Als ihn Bismarck im Kronrat vorsichtig daran erinnert, daß schließlich jeder seiner Vorfahren etwas für Preußen erobert habe, läßt der König diesen Passus, der ihn stark an frühere Vorbehalte gegen Bismarcks „Politik eines Gymnasiasten“ erinnert, aus dem Protokoll streichen und dem Premier nachsichtig lächelnd bedeuten, er habe heute wohl ein wenig zu „bacchantisch“ gefrühstückt.

Erst nach und nach gewinnt der König Geschmack an der ihm zugedachten Rolle des „Eroberers“. Nach der Kapitulation der Dänen und dem Friedensschluß in Wien am 30. Oktober 1864 teilen sich die beiden Sieger im Vertrag von Gastein die Beute auf: Preußen erhält das Herzogtum Lauenburg für sich allein gegen die Zahlung von zweieinhalb Millionen dänischer Taler an Österreich und übt mit diesem zusammen die Verwaltung über Schleswig und Holstein in der Form eines „Kondominiums" aus.

Gerührt schreibt Wilhelm I. an seinen Premier: „Mit dem heutigen Tage vollzieht sich ein Akt, die Besitzergreifung des Herzogtums Lauenburg, als eine Folge meiner, von Ihnen mit so großer und ausgezeichneter Umsicht und Einsicht befolgten Regierung. Preußen hat in den vier Jahren, seit welchen ich Sie an die Spitze der Staatsregierungen berief, eine Stellung eingenommen, die seiner Geschichte würdig ist und demselben auch eine fernere glückliche und glorreiche Zukunft verheißt." Beigefügt ist die Erhebung Bismarcks in den Grafenstand.

Die Formel, daß Bismarck nur „mit ausgezeichneter Umsicht" die Intentionen des Monarchen „befolge", in dem er selbige sozusagen im voraus erahne, wird ungeachtet ihrer logischen Verkehrtheit von nun an zur Basis einer dreiundzwanzigjährigen Zusammenarbeit, in der sich der König mehr und mehr gerade jene „Prärogative" aus den Händen winden läßt, auf die er anfänglich, im Konflikt mit dem Parlament um die Heeresbewilligungen, so großen Wert gelegt hat. Doch ein solcher Preis erscheint ihm nicht zu hoch, angesichts der von Bismarck mit dem dänischen Krieg eröffneten Aussicht, auch in einer an sich konfliktarmen und im ganzen ziemlich friedlichen Zeit den „Glanz preußischer Waffen" demonstrieren zu können – wie fast alle seine Vorfahren.

Für Bismarck ist damit der eben noch schwankende Boden etwas tragfähiger geworden. Er kann sich mit ein paar raschen Schritten auch über die letzten Reste jener dynastischen Solidarität mit dem Herzog von Lauenburg hinwegsetzen, die doch am Ausbruch des Krieges zumindest nicht gänzlich unbeteiligt war. Den ihm in keiner Weise gewachsene Herzog selbst hat er bereits im Vorjahr während der

Londoner Konferenz mit preußischen Maximalforderungen konfrontiert und dann während einer nächtlichen Unterredung im Auswärtigen Amt endgültig ausmanövriert. Bismarck hat diesen lautlosen Sieg später genüßlich in seinen „Gedanken und Erinnerungen“ als das inzwischen schon klassische, hundertfach nachgeahmte Rezept einer kalten Entmachtung mitgeteilt.

Kaum weniger zimperlich gehen die Preußen mit den Rechten der angeblich „vom dänischen Joch befreiten“ Schleswigern um. Theodor Storm, 1853 selbst vor dem eiderdänischen Nationalismus vorübergehend nach Preußen ausgewichen, schreibt am 16. August 1867 aus seiner Heimatstadt Husum:

„Im Übrigen ist die Luft, in der wir atmen, unbehaglich genug. Wir können nicht verkennen, daß wir lediglich unter der Gewalt leben. Das ist desto einschneidender, da es von denen kommt, die wir gegen die dänische Gewalt zu Hülfe riefen, und die uns jetzt, nachdem sie jene bewältigen geholfen, wie einen besiegten Stamm behandeln; indem sie die wichtigsten Einrichtungen, ohne uns zu fragen, hier über den Haufen werfen und andre dafür nach Gutdünken oktroyieren; obenan ihr schlechtes Strafgesetzbuch, worin eine Reihe von Paragraphen – längst der juristischen wie der Moralkritik verfallen – ehrlichen Leuten gefährlicher sind als den Spitzbuben, die sie angeblich treffen sollen. Und obwohl Preußen – sowohl wegen der Art, wie sie das Land gewonnen, als auch, weil wir zum geistigen Leben der Nation ein so großes Contingent gestellt, als nur irgend ein Teil von Preußen – alle Ursachen zu bescheidenem Auftreten bei uns hat, so kommt doch jeder dumme Kerl von dort mit der Miene des kleinen persönlichen Eroberers und als müsse er uns erst die höhere Weisheit bringen ... Die unglaublich naive Roheit dieser Leute vertieft die Furche des Hasses, die Preußens Verfahren tief in die Stirn der Schleswig-Holsteiner eingegraben ... Auf diese Weise einigt man Deutschland nicht!“

20. Kapitel

PREUSSEN HOLT AUF

Deutschland auf seine Weise zu einen ist der Herr von Bismarck mehr denn je entschlossen. Fast unbemerkt im dänischen Kriegsgetöse sind auch die Würfel auf einem Feld gefallen, das man nicht ohne Grund als den eigentlichen Kampfplatz bezeichnen könnte. Der belgische Historiker Benserts hat den von Preußen geführten „Deutschen Zollverein“ als „das genaue Gegenteil einer Nationalbewegung“ bezeichnet. Ende 1863 hat Bismarck den Zollvereins-Vertrag wieder einmal gekündigt. Aber nicht, weil er ihn für überholt hält, sondern weil er die noch zögernden Mittelstaaten, Bayern an der Spitze, stärker an das sich herausbildende Wirtschaftsgefüge im Norden anschließen will.

Der in zwei Weltausstellungen demonstrierte Glanz Englands und Frankreichs muß einem überwiegend agrarisch strukturierten Land, dessen südliche Vormacht Österreich noch dazu ständig vom Staatsbankrott bedroht ist, verlockend erscheinen. Nur wenig bekannt ist es, daß es mit der Wirtschaftskraft Frankreichs und Englands auch nicht zum besten steht, daß die sich seit 1825/26 regelmäßig einstellenden Konjunkturzyklen längst vom amerikanischen Exportmarkt sowie außergewöhnlich ergiebigen Goldfunden in Kalifornien und Australien bestimmt werden.

Will sich Preußen, der Zollverein oder das künftige Deutschland, wie es in Bismarcks Vorstellung existiert, an den englisch-französischen „Cobden-Vertrag“, der eine Art Freihandelszone vorsieht, ankoppeln, so darf dadurch nicht der ganze Zug ins Stocken geraten. Doch die preussischen Handelsbilanzen können sich sehen lassen. Wurden in den Kohlegruben an Ruhr und Saar 1840 noch 3,4 Millionen Tonnen Steinkohle gefördert, so sind es 1857 bereits 11,3 Millionen. Im Jahr 1865 steigt diese Rate sogar auf 34 Millionen Tonnen. Mit einer ähnlichen Geschwindigkeit erfolgt der Ausbau des Eisenbahnnetzes in den Zollvereinsstaaten: 1840 waren 549 Kilometer fertiggestellt, 1845 sind es 2 131 Kilometer, 1855 bereits 7 781, und 1865 ist mit 13 821 Kilometern Streckennetz bereits der Ausbau der Fernlinien erfolgt, wie sie sich dem Reisenden noch heute präsentieren.

Sowohl Bismarck als auch Wilhelm I. fahren leidenschaftlich gern Eisenbahn. Sie teilen diese Vorliebe mit vielen Zeitgenossen, unter anderem auch mit dem dänischen Märchendichter Hans Christian Andersen, der in jenen Jahren auf der Höhe seines Ruhmes steht und fast alle europäischen Hauptstädte und Fürstenhöfe bereist. Vor allem aber bezieht Generalstabschef Moltke die neuen Eisenbahnlinien in seine strategische Konzeption ein.

Hohe Profite erzielen im Eisenbahngeschäft August und (ab 1854) Albert Borsig in Berlin, der westfälische Bauernsohn Friedrich Harkort, aus dessen 1834 auf der Burg Wetter an der Ruhr gegründeten ersten deutschen Fabrik, die noch heute existierende DEMAG hervorgeht, Gustav Mevissen in Köln, Eberhard Hoesch in Düren, Jacob Mayer in Bochum, Alfred Krupp in Essen, dem 1851 die Herstellung nahtloser Radreifen gelingt, Graf Guido Henckel von Donnersmarck in Schlesien und auch der Sohn eines verarmten jüdischen Advokaten aus dem ostpreußischen Neidenberg, Bethel Henry Strousberg. Er erwirbt in der zweiten Hälfte der fünfziger Jahre die Konzession für den Bau einer Bahnlinie von Tilsit nach Insterburg und spekuliert sich mit Eisenbahnaktien innerhalb weniger Jahre zum marktbeherrschenden „Eisenbahnkönig“ hinauf. Von ihm wird noch zu reden sein.

Für uns Heutige ist es dabei interessant zu beobachten, wie perfekt Bismarck und die eisenbahnbegeisterten Militärs reine Entwicklungsarbeit leisten – und das weitgehend unbeabsichtigt. Wer heute als Entwicklungshelfer in ein Land der „Dritten Welt" geht, weiß, daß der Erfolg seines Einsatzes zum großen Teil vom Aufbau eines leistungsfähigen Verkehrsnetzes abhängt. Genau das ist das Nebenprodukt der preußischen Aufrüstung in diesen Jahren. Und auch dies können heutige Entwicklungshelfer bestätigen: Die Phase kurz vor einem industriellen „take off" ist in solchen Ländern auch stets eine Periode außergewöhnlich hochgestimmter nationaler Erwartungen und Gefühle.

Preußen ist ein Entwicklungsland mit geradezu idealen Chancen. Sein riesiges Agrarpotential gewährleistet die Versorgung einer schnell anwachsenden Bevölkerung. Die anfangs noch dominierende Landwirtschaft bietet eine solide Grundlage für den industriellen Aufschwung. Die ersten wissenschaftlichen Erkenntnisse des nach dem Schock der napoleonischen Kriege so experimentierfreudig gewordenen Jahrhunderts kommen dieser Landwirtschaft zugute. Mit Hilfe des von dem Gießener Chemiker Justus Liebig erfundenen Kunstdüngers lassen sich die Ernteerträge steigern. Dann ermöglichen die ersten landwirtschaftlichen Maschinen rationellere Anbaumethoden und setzen damit Arbeitskräfte frei. Durch das Reformwerk des Freiherrn vom Stein sind sie größtenteils schon zu Beginn des Jahrhunderts ihrer traditionellen Erbuntertänigkeit enthoben worden. Wenn sich auch die Agrarreform in der Praxis und in den einzelnen preußischen Provinzen sehr unterschiedlich über mehrere Jahrzehnte hinzieht. Sie können nun mittels der neugebauten Eisenbahnen nicht nur in die großen Städte und die entstehenden Industriezentren transportiert, sondern dort auch ernährt werden. 1843 werden in Preußen bereits 1,574 Millionen Fabrikarbeiter gezählt, die 43,5 Prozent der gewerblich Tätigen und ein Zehntel der Gesamtbevölkerung ausmachen.

Auch das setzt einen nicht zu gering zu veranschlagenden Prozeß des gesellschaftlichen Wandels voraus. Noch 1848 konnte ein Regierungsvertreter in Bielefeld der Zustimmung seiner zumeist konservativen Vorgesetzten sicher sein, wenn er erklärte, daß man, „um die Nachteile der Überbevölkerung zu beseitigen, nicht das Fabrikwesen einführen, sondern sich für Übersiedlung in andere Provinzen oder für die Verstärkung der landwirtschaftlichen Kultur in der heimischen Provinz zu entscheiden haben werde“.

21. Kapitel

BISMARCK MACHT REINEN TISCH

Bismarck kann also, gestützt auf die wirtschaftliche Stärke seines Landes, bereits im Vorfeld des dänischen Krieges – der übrigens die Schuldenlast Österreichs noch vergrößert – sicher sein, daß die meisten Mittelstaaten an einer Verlängerung des Zollvereinvertrages interessiert sind. Ein letztes Mal spielen Bayern und Württemberg unter Führung des Ministers Ludwig von der Pfordten die alte „Trias"-Idee hoch. Aber das liegt weder im Interesse Preußens noch in dem Österreichs. In aller Ruhe sehen Bismarck und sein wirtschaftspolitischer Berater Rudolf Delbrück zu, wie sich Österreich und die Mittelstaaten im Frankfurter Bundestag gegenseitig blockieren, bis Ende 1864 Bayern und Württemberg endgültig in das preußische Lager überwechseln, nicht zuletzt unter dem Eindruck der preußischen Siege in Dänemark. Die Verlängerung des Zollvereinvertrages um weitere zwölf Jahre und die Ratifizierung des Handelsvertrages mit Frankreich sind perfekt.

Wieder einmal bleibt Österreich draußen vor der Tür, abgespeist mit einem Zollabkommen, das noch nicht einmal die Weinzölle im Sinne der Donaumonarchie regelt. Berlin lehnt jede darüber hinausgehende Sondervereinbarung ab und erklärt insbesondere das Projekt einer großen Zollunion als ein für allemal erledigt.

Großmütig gönnt Bismarck dem „Waffengefährten" von Schleswig-Holstein ein paar nichtssagende Phrasen von der angeblichen „Gemeinsamkeit der konservativen Idee", an die er selbst nie geglaubt hat. Sie verhelfen dem Grafen Rechberg nicht zum politischen Überleben. Aber auch Kaiser Franz Joseph, der ihn im Oktober 1864 entläßt und durch den farblosen Grafen Mensdorff-Pouilly, bisher Gouverneur in Galizien, ersetzt, riskiert keinen Kurswechsel mehr. Obwohl Rechbergs Gegenspieler Schmerling und Biegeleben sozusagen fünf Minuten vor der Unterzeichnung des neuen Zollvereinsvertrages einen allerletzten Versuch unternehmen, durch eine schnelle Verständigung mit Frankreich doch noch das Ruder herumzuwerfen. Wohlwissend, wie weit trotz aller Faszination vor Preußens Erfolgen und Bismarcks Schneid Angst und Unbehagen in den deutschen Residenzen verbreitet sind.

Aber auch dem hat das unablässig alle Kombinationen durchexerzierende Diplomatengehirn in der Berliner Wilhelmstraße längst vorgebeugt. Auf einem Ball gibt Bismarck dem Herzog von Gramont, dem französischen Botschafter, mit ein paar beiläufigen, fast kollegialen Worten zu verstehen, daß man mit ihm, Bismarck, über alles werde reden können, auch über das linke Rheinufer.

Natürlich denkt Bismarck nicht im Traum daran, Frankreich für sein noch nicht einmal gewährleistetes Stillhalten bei der bevorstehenden Endabrechnung mit Österreich im voraus eine Gegenleistung zu geben. Aber die Konstellation der europäischen Machtverhältnisse bietet in diesem Jahr so überraschend viele Möglichkeiten, daß Bismarck nicht durch einen einzigen Fehler die geradezu einmaligen Aufstiegschancen Preußen-Deutschlands verderben möchte. Längst ist ihm die Täuschung seiner Gesprächspartner, die er gelegentlich durch Ausfälle von brutaler Offenheit nur noch vertieft, so zur zweiten Natur geworden, daß ihm seine Opfer zuweilen selbst leid tun.

Nicht nur der Herzog von Augustenburg befindet sich nach dem Gasteiner Vertrag in einer bemitleidenswerten Lage, sondern auch der eben noch lachende Mitsieger Österreich. Die Donaumonarchie ist von ihrer Kriegsbeute im Norden auch im gerade begonnenen Zeitalter der Eisenbahnen noch eine gute Tagesreise weit entfernt. Preußische Truppen marschieren, wenn sie nach Schleswig wollen, durch den österreichischen Teil des „Dominiums". Die Preußen richten sich in Schleswig häuslich ein, planen den Ausbau von Rendsburg zur „Bundesfestung" und den von Kiel zum „Bundeshafen". Umstritten ist noch der Wert des Nord-Ostsee-Kanals, dessen Anlage Bismarck in seinen „Februarbedingungen" von 1865 ebenfalls vorgesehen hat.

Die Wiener Hofburg verläßt sich zu Anfang auf ein noch von dem Grafen Rechberg mit Bismarck im August des Vorjahres ausgehandeltes Kompensationsgeschäft. Danach sollen die Preußen auch den österreichischen Beuteanteil bekommen, falls sie der Donaumonarchie in Italien dabei helfen, die 1859 verlorene Lombardei zurückzugewinnen. Statt dessen bereitet Bismarck ein Offensivbündnis mit der italienischen Regierung vor, das er, nachdem er sich im Herbst 1865 in Biarritz der Neutralität Napoleons III. versichert hat, im Frühjahr 1866 zu den für Preußen günstigsten Bedingungen abschließt.

Die österreichische Regierung sieht sich in einer Weise düpiert, daß sie glaubt, den Gesichtsverlust nur mit einer Rückkehr zur Pro-Augustenburgischen Front des „Deutschen Bundes" wieder wettmachen zu können. Aber gerade das liefert Bismarck den Vorwand zum offenen Bruch. Nicht nur mit Österreich, sondern auch mit dem „Deutschen Bund", als dieser nach dem Einrücken preußischer Truppen in Holstein am 14. Juni 1866 mit neun gegen sechs Stimmen die Mobilisierung nichtpreußischer Bundestruppen beschließt.

22. Kapitel

BRUDERKRIEG IN DEUTSCHLAND

„Er lügt dem lieben Gott ins Gesicht!“, schreibt der achtjährige Kronprinz Rudolf von Österreich an seinen Vater, den Kaiser. Gemeint ist eine Proklamation, mit der Wilhelm I. am 17. Juni 1866 den einen Tag zuvor erfolgten Einmarsch preußischer Truppen in das Königreich Hannover zu rechtfertigen sucht.

„Das Vaterland ist in Gefahr!“ ruft der Herrscher des wirtschafts- und militärstärksten Landes im „Deutschen Bund“ aus, um, gemischt mit einer Beschwörung des „Geistes von 1813“, pathetisch fortzufahren: „Die alte unselige Eifersucht ist in hellen Flammen wieder aufgelodert: Preußen soll geschwächt, vernichtet, entehrt werden. Ihm gegenüber gelten keine Verträge mehr, gegen Preußen werden deutsche Bundesfürsten nicht bloß aufgerufen, sondern zum Bundesbruch verleitet. Wohin wir in Deutschland schauen, sind wir von Feinden umgeben, deren Kampfgeschrei ist: Erniedrigung Preußens!“

Es wird allerdings auch höchste Zeit. Im Frühjahr 1866 hat der Zusammenbruch des Londoner Bankhauses Overend, Guerney & Co., das jähe Ende der Hochkonjunkturphase signalisiert. Die Zinsen klettern von sechs auf zehn Prozent. Noch können sich an der Berliner Börse die Preisnotierungen für Eisenbahnschienen, westfälischen Koks und Nußkohle aus Schlesien halten. Trotzdem muß der Förderbetrieb im Bochumer Revier so weit gedrosselt werden, daß die dortige Bergwerks-Aktiengesellschaft in ernste Schwierigkeiten gerät. Die sofort vorgenommene Herabsetzung des Diskontsatzes der Preußischen Bank wehrt die Wirtschaftskrise zunächst ab. Aber wenig später muß die „Vossische Zeitung" feststellen: „Die Erwartung, daß, vom billigen Geld unterstützt, der Handel, *vor allem das Metallgeschäft,* recht lebhaft werde, erfüllt sich nicht." Beleben kann den Handel nur eine stärkere Nachfrage nach Metallerzeugnissen. Die aber tritt, wenn eine „normale" Sättigungsgrenze erreicht ist, vor allem im Kriegsfall ein.

Die ersten, die den Zorn des preußischen Königs spüren, sind diejenigen Staaten seines unmittelbaren Einflußbereiches, welche am Frankfurter Bundestag mit Österreich gestimmt haben: Hannover, Kurhessen und Nassau. In den Augen Wilhelms fordert der blinde Welfenkönig Georg V. von Hannover „freventlich sein Schicksal heraus", als er den Versuch unternimmt, sich mit seinen Truppen in Richtung Süden zu den Bayern durchzuschlagen. Er kann die Preußen am 27. Juni bei Langensalza zunächst aufhalten, wird aber zwei Tage später eingeschlossen und muß kapitulieren.

Weniger Umstände erfordert es, das Kurfürstentum Hessen-Kassel zu besetzen. Dort haben die Preußen bereits im Herbst 1850 militärisch interveniert, als Kurfürst Friedrich Wilhelm die von ihm selbst beschworene Verfassung außer Kraft gesetzt und im offenen Konflikt mit Armee und Beamtenschaft Unterstützung bei dem österreichischen Premier Schwarzenberg gesucht hat. Auch jetzt ist der sich wie weiland Friedrich Wilhelm III., der hochselige Vater seines preußischen Vetters, im monarchischen Infinitiv übende Kurfürst der Meinung: „Keine Garantie nötig haben, von Gottes Gnaden sein, wie König Wilhelm."

Er muß sich schnell eines Besseren belehren lassen: Die Preußen internieren ihn auf Schloß Wilhelmshöhe, bis er nach der Kapitulation seiner Truppen als Gefangener nach Stettin abgeführt wird. Sein Minister Meyerfeld wandert ohne viel Aufhebens in die Festung Minden.

In den nächsten Tagen werden am Main und an der Fränkischen Saale die unbedeutenden Kontingente der süddeutschen Bundestruppen zurückgeworfen, Frankfurt, Darmstadt, Würzburg und Nürnberg besetzt. Kampflos weicht die sächsische Armee samt König, Hofstaat und Regierung nach Böhmen aus. Das Einfallstor in das Innere des Vielvölkerstaates Österreich liegt frei und ungeschützt vor den in drei Blöcken über Schlesien und Sachsen heranrückenden Preußen.

Zunächst siegen die Österreicher. Jedoch an der falschen Stelle. Bei Custozza in Oberitalien schlägt Erzherzog Albrecht die Italiener. Als am 20. Juli der Admiral Wilhelm von Tegetthoff den für eine Landmacht fulminanten Seesieg von Lissa erringt, sind die Würfel im Norden längst gefallen. Dort ist der einundsechzigjährige Feldzeugmeister Ludwig von Benedek mit der 215 000 Mann starken österreichischen Nordarmee zwischen Sadowa im Norden und Königgrätz im Süden geradewegs in die Zangenbewegung der 221 000 Preußen hineinmarschiert, die sich mit der Präzision eines Uhrwerks aufeinander zu bewegen. Der Versuch, die Vorteile der „inneren Linie" zu nutzen und die heranziehenden preußischen Armeen einzeln zu schlagen, mißlingt. Den Rest besorgt auf einem Schlachtfeld von nur acht bis zehn Kilometern Breite und drei bis fünf Kilometern Tiefe, bei der die Österreicher auch noch die Elbe im Rücken haben, die Überlegenheit des preußischen Zündnadelgewehrs. Mit ihm können fünf gezielte Schüsse in der Minute abgegeben werden, mit dem österreichischen Lorenzgewehr, einem Vorderlader, nur einer.

Als am Abend des 3. Juli 1866 Helmuth von Moltke, seit gestern erst mit dem Recht des unmittelbaren Vortrags beim König ausgestattet, sein Taschentuch zieht und der dicht auf einem Hügel versammelten preußischen Generalität zuwinkt, ist im langsam abziehenden Pulverdampf des bisher letzten Krieges deutscher Territorialstaaten untereinander der Sieg entschieden und das neue „Deutsche Reich" geboren.

II. Teil

WETTKAMPF DER SYSTEME

„Denn von Eisen ist jetzt das Geschlecht.
Und niemals bei Tage werden sie ruhen,
und niemals zur Nachtzeit.“
(Hesiod)

23. Kapitel

DIPLOMATISCHES VERSTECKSPIEL

Für ein paar Jahre noch heißt das Reich „Norddeutscher Bund“ und existiert wie der Schmetterling im Kokon bis 1871 im Vorstadium seiner Entfaltung. Es wird oft gefragt: Warum hat Bismarck die Gründung des „Deutschen Reiches“ nicht schon 1866 mit dem Sieg der preußischen Waffen verknüpft? Ohnehin benehmen sich die Preußen in den besetzten Städten Süddeutschlands und besonders in der alten Kaiserstadt Frankfurt, wo sie durch die geradezu unsinnige Forderung von fünfundzwanzig Millionen Gulden den dortigen Bürgermeister Karl Fellner in den Selbstmord treiben, bereits wie die eigentlichen Herren.

Doch der letzte „Kabinettskrieg“ der schon modernen Zeit ist auch noch vom ganzen Zauber des diplomatischen Versteckspiels umgeben, wie es seit jeher zur Staatskunst der europäischen Mächte gehört. Für ihren unbedingten Meister hält sich der Neffe des großen Bonaparte drüben in Paris. Lange glaubt er, die besten Karten in der Hand zu haben. Wie man es auch wendet, er muß am Tisch der Sieger sitzen. Gewinnt Österreich, wird er als Preis für sein Stillhalten wenigstens Venetien bekommen. Er hat es bereits den Italienern versprochen, um damit deren Bündnis mit Preußen in Gang zu bringen und zugleich den nach Gaeta entwichenen Papst zu retten. Daran ist ihm aus innenpolitischen Gründen gelegen.

Ferner könnte auch das linke Rheinufer dabei herausspringen, Wunschtraum der Franzosen seit Ludwig dem Vierzehnten. Zumindest aber ein wohlwollend-neutraler Pufferstaat nach Art des einstigen Rheinbundes. Österreich selbst wird sich nach den Vorstellungen Napoleons ohnehin in Schlesien „entschädigen".

Der französische Kaiser rechnet mit einem langen Krieg und mit einem Sieg der Österreicher. Er steht keinesfalls allein mit dieser Ansicht. Sogar die Berliner Börse spekuliert bei Kriegsbeginn auf „Baisse". Aber auch im gegenteiligen Fall ist Napoleon sicher, Anspruch auf das Entgegenkommen der Preußen zu haben. Hat er Berlin nicht eben noch durch seine Neutralität im dänischen Krieg unterstützt? Wenn auch dieses Stillhalten ebensowenig selbstlos war, wie es sein jetziges sein wird. Immerhin: Frankreich und Preußen haben bei der jüngst erfolgten Besetzung des durch einen Putsch vakant gewordenen rumänischen Thrones mit dem Prinzen Karl von Hohenlohe-Sigmaringen unter den mißtrauischen Augen Rußlands ein so rasches Zusammenspiel an den Tag gelegt, daß man daraus schon fast eine „entente cordiale" konstruieren könnte.

Dreimal ist der einstige Botschafter in Paris und jetzige Ministerpräsident Bismarck seit 1862 mit dem französischen Kaiser zusammengetroffen, davon zweimal, 1864 und 1865, in der intimen Sphäre der kaiserlichen „Villa Eugénie" in Biarritz. In dem heiteren, südfranzösischen Badeort hat der auf seine Weise mitteilsame Preuße seinem Gastgeber „beinahe alles angeboten, was ihm nicht gehört". Wofür sich der „Schäkerer" mit der höchst zweideutigen Bemerkung revanchierte: „Lassen wir die Ereignisse an uns herankommen. Wir werden ihnen unsere Entscheidungen anpassen."

Als es dann – schneller als erwartet – soweit ist, wundert sich sowohl Bismarck als auch der als Abgesandter Franz Josephs an die Seine geeilte sächsische Graf Friedrich Ferdinand von Beust, daß Napoleon der III. schlichtweg gar nichts tut.

Bismarck, dem das Ausdenken politischer Kombinationen inzwischen so zur Gewohnheit geworden ist, daß er sich ein „gar nichts" überhaupt nicht vorstellen kann, sinniert noch drei Jahre später in Gegenwart des Herzogs von Bauffremont: „Napoleon hatte im Sommer 1866 nur nicht die Courage, zu tun, was von seinem Standpunkt aus das Rechte war. Er hätte, als wir gegen Österreich gingen, Belgien besetzen und als Pfand für das, was kommen konnte, vorläufig behalten sollen. Wir konnten ihn damals nicht hindern, und daß England ihn angriff, war nicht wahrscheinlich. Jedenfalls konnte er es abwarten . . ."

Graf Beust, der zukünftige österreichische Staatskanzler, bietet seine ganze Beredsamkeit auf, um eine bewaffnete Vermittlung im Sinne der Donaumonarchie zu gewinnen: „Sire, Sie haben hunderttausend Mann in Châlons stehen! Schicken Sie sie an die Grenze. Die Operationslinie des preußischen Heeres ist so weit ausgedehnt, daß es dadurch gezwungen würde, den Kampf aufzugeben. Wien, München und Stuttgart werden wieder Mut fassen. Deutschland wird Sie dankbar als Vermittler begrüßen." Und er fügt beschwörend hinzu: „Wenn Sie das nicht tun, werden Sie vielleicht selbst in einen Krieg mit Preußen geraten, und dann bürge ich Ihnen dafür, daß ganz Deutschland gegen Sie marschieren wird!"

Dasselbe meint Eugénie, die temperamentvolle und resolute Kaiserin spanischer Abstammung. Im Ministerrat erklärt sie: „Frankreichs Schicksal steht auf dem Spiel! Wir müssen sofort handeln. Sobald die preußischen Truppen nicht mehr in Böhmen beschäftigt sind und sich gegen uns wenden können, wird Bismarck keinen Augenblick zögern . . ."

Doch Napoleon III. zögert so lange, bis es zu spät für ein Eingreifen ist. Heute weiß man aus den Quellen, daß Frankreich damals nicht über die Mittel verfügt hat, um eine Intervention am Rhein ernsthaft in Erwägung ziehen zu können. Die französische Armee zählt zu der Zeit nur etwa 288 000 Mann, von denen sich mehr als ein Drittel in Mexiko, Algerien und Rom befinden.

In Mexiko sind bereits etwa 6500 Franzosen gefallen.

Doch mehr noch macht dem Kaiser die durch das sinnlose Abenteuer völlig durcheinander geratene Organisation seiner Streitkräfte und der Verlust an Kriegsmaterial zu schaffen. Außerdem findet Napoleon keinen Mut, den beiden Kammern seines Parlamentes das Debakel einzugestehen und um die Bewilligung der nötigen Kredite für die Wiederaufrüstung zu bitten.

Mehr geduldet als gebeten gelingt es dem französischen Botschafter Graf Vincent Benedetti lediglich, die formale Unabhängigkeit der süddeutschen Staaten von Bismarck garantiert zu bekommen. Von einem neutralen „Pufferstaat" am Rhein ist nicht mehr die Rede. Das in Italien unbesiegte Österreich überläßt Frankreich Venetien, damit es dem gleichfalls ramponierten italienischen Nationalstaat gegenüber sein Gesicht nicht ganz verliert. Trotzdem lachen die Italiener, als ihnen die französischen Emissäre die alte Inselrepublik und ihr Hinterland während eines gespenstischen Staatsaktes übergeben.

Im Norden, wo Preußen die Nachfolge Österreichs in Schleswig antritt, kann der französische Kaiser lediglich erreichen, daß ein paar, von dänisch sprechenden Nordschleswigern bewohnte Gebiete an Dänemark zurückgegeben werden. In ohnmächtiger Wut brüllt der starke Mann des „second empire", der Vizepräsident Eugène Rouher, den von einem Steinleiden gequälten Napoleon an: „Wir sind es, die bei Sadowa geschlagen wurden!"

Zieht man Bilanz, so ist eigentlich nur geschehen, was Bismarcks französischer Lehrmeister 1859 im Krieg mit Österreich selbst erfolgreich praktiziert hat. Auch diesmal haben sich die Kontrahenten geeinigt, ehe eine andere Macht intervenieren konnte. Beide Male war es durch die maßvolle Haltung des Siegers möglich.

Sie entsprach, wie man heute weiß, weniger Bismarcks vorausblickendem Kalkül als vielmehr der Tatsache, daß die Österreicher doch nicht so umfassend geschlagen waren, wie das die deutschen Geschichtsbücher seither berichten.

Immerhin kann der vielgeschmähte und nach dem Krieg sogar durch einen Prozeß gedemütigte Feldzeugmeister Ludwig August von Benedeck noch 180 000 Mann seiner Nordarmee der ihnen zugedachten Umklammerung entziehen und bei Preßburg die Vereinigung mit der inzwischen herbeigeeilten Südarmee unter Erzherzog Albrecht einleiten – während in den Lagern der preußischen Truppen die Cholera ausbricht und bis zum Waffenstillstand bereits mehr Menschenleben fordert als die Kampfhandlungen selbst. Der relativen Stärke Österreichs ist es also zu verdanken, daß das mit ihm eng verbündete Königreich Sachsen vorläufig seine Selbständigkeit behalten wird, wenngleich das in Bismarcks Augen nur ein Übergangszustand ist. Der märkische Junker hat die einstige Führungsmacht mit der militärischen Niederlage dennoch so nachhaltig und für alle Zukunft von der Mitsprache bei den deutschen Angelegenheiten ausgeschlossen, daß er es sich ohnehin hätte leisten können, großmütig zu sein.

Bismarcks eigener Krieg spielt sich wieder einmal hinter verschlossenen Türen ab. Diesmal hinter denen des fürstlich Dietrichsteinschen Schlosses in Nikolsburg, das heute Mikuloŝ heißt und in der Tschechoslowakei liegt. Der König und die Militärs können sich einen Sieg preußischer Waffen ohne großartige Eroberungen direkt im „Feindesland", ohne die nachhaltige „Züchtigung" des Gegners nicht vorstellen. Sie denken in alttestamentarischen Begriffen: Auge um Auge, Zahn um Zahn . . .

Vor Bismarck dagegen liegt das ganze Spektrum der Wirkungen, die ein preußischer „Rachefeldzug" sowohl außenpolitisch als auch im Inneren haben könnte. Mit äußerster Nervenanspannung ringt er den König und die Militärs nieder, in letzter Minute unterstützt vom Kronprinzen Friedrich Wilhelm. Dessen Prestige ist durch den entscheidenden Vorstoß einer zweiten Armee auf die Höhe von Chlum gewachsen.

Es hat beinahe einen tragischen Zug, wie der „einzige

Zivilist in Uniform“ in Gegenwart des Königs mit grimmigem Humor auf die Militärs losfährt.

Doch schließlich gewinnt Bismarck den ungleichen Kampf. Er unterzeichnet am 26. Juni 1866 mit den beiden österreichischen Unterhändlern Graf Aloys Károlyi und Baron Adolf von Brenner in Nikolsburg einen gemäßigten Vorfrieden, der dann am 23. August in Prag ratifiziert wird. Abgesehen von Schleswig, muten sie dem Besiegten keine weiteren Gebietsverluste zu.

Der Tisch, an dem das geschah, wurde 1938, nach der Besetzung der Tschechoslowakei, dem deutsch-österreichischen Diktator Adolf Hitler verehrt und ist seitdem verschollen – wie der Geist der Mäßigung, der zweiundsiebzig Jahre zuvor an ihm gewaltet hatte.

Wirft man von hier aus einen Blick zurück auf diese entscheidende Epoche im Werden der deutschen Nation, so darf man nicht übersehen, daß in ihr auch in Italien und Dänemark dem von Napoleon III. programmatisch vertretenen „Nationalitätsprinzip“ eine größere Geltung verschafft worden ist. Dieses sei, hatte Louis Napoleon bereits als Thronprätendent 1839 kurz nach seinem ersten, mißglückten Putschversuch in seinen „Idées Napoléoniennes“ behauptet, der „eigentliche Zug der Zeit“.

Wohl wahr, aber in welchen Bahnhof wird er schließlich einfahren?

24. Kapitel

„DIE ZEIT DER IDEALE IST VORÜBER!“

Der preußische Bahnhof ist hell erleuchtet: Vier Millionen neue Untertanen, vier Fünftel der Landfläche nördlich des Mains in direktem Besitz Preußens, das mithin durchgehend von Njemen bis zur Saar reicht, und die vertraglich abgesicherte Hegemonie auch über die süddeutschen Staaten, die im Kriegsfall ihre Truppen und Eisenbahnlinien der neuen Großmacht zur Verfügung zu stellen haben, obwohl ihnen andererseits der Prager Friedensvertrag eine „international unabhängige Existenz“ garantiert – solchen Fakten können sich auch die innenpolitischen Gegner des „eisernen Kanzlers“ nicht verschließen. Zumal der preußische Sieg mit Truppen erfochten wurde, die es eigentlich, weil von ihnen im Landtag abgelehnt, gar nicht geben dürfte.

Über diesen Widersprüchen bricht die eben noch dominierende Fortschrittspartei auseinander. Schon die Wahlen vom 3. Juli 1866, dem Tag von Königgrätz, haben die große Wende angekündigt: Linkes Zentrum und Fortschrittspartei verlieren 105 Sitze, die Konservativen gewinnen 114. Zu diesem Zeitpunkt ist den Wählern der Ausgang der Schlacht noch unbekannt.

Doch die Konservativen haben sich gründlich mit Bismarck zerstritten. Am selben Tag, an dem in Berlin ein Tübinger Student namens Ferdinand Cohen-Blind ein Attentat auf den Ministerpräsidenten verübt, erscheint in der „Kreuzzeitung“ ein geradezu sensationeller Artikel unter der Überschrift: „Krieg und Bundesreform“. Kein Geringerer als Ernst Ludwig von Gerlach, „väterlicher Freund“ und einer der Steigbügelhalter Bismarcks, markiert in aller Schärfe den

Graben, der die Hochkonservativen von ihrem einstigen Ziehkind trennen würde, falls dieses allen Ernstes eine mit dem heiligen Öl der Legitimität gesalbte Macht wie Österreich angreifen sollte. Gerlach pflegte seiner Grundeinstellung sogar reimend Ausdruck zu verleihen: „Österreich und Preußen Hand in Hand – sonst Deutschland außer Rand und Band!"

Aber auch die Konservativen sind, besonders nach den Wahlniederlagen der vergangenen fünf Jahre, längst keine geschlossene Phalanx mehr. Daran kann auch der jüngste Erfolg nichts ändern, denn die Wahl vom 3. Juli 1866 ist bereits die erste „Bismarck-Wahl". Dem Magdeburger Oberlandesgerichtspräsidenten antwortet Wilhelm von Kardorff, Gutsbesitzer aus Wabnitz in Schlesien, der bereits einen ganz anderen, sehr viel wendigeren Typus von Parlamentarier verkörpert. Kardorff bleibt der Kampfansage Gerlachs nichts an Deutlichkeit schuldig, wenn er sie auch elegant in ein Zitat des englischen Schriftstellers Thomas Carlyle kleidet: Nichts sei verwerflicher, nichts weniger konservativ, als für Formen zu kämpfen, die im Lauf der Zeit ihre Bedeutung verloren hätten!

Darüber bricht auch die konservative Fraktion auseinander. Ihr „freikonservativer" Flügel bildet wenig später im konstituierenden „Reichstag" des „Norddeutschen Bundes" zusammen mit dem nach rechts herüber gedrifteten Teil der ehemaligen Fortschrittspartei (die sich selbst zur „Deutsch-Freisinnigen Partei" wandelt) eine „national-liberale" Mitte. Ihr Anfang August 1866 in Braunschweig angenommenes Programm zeichnet sich durch die fast vollständige Abkehr von den demokratischen Zielen und Tendenzen des 48er Liberalismus aus.

Diese neue, national-liberale Spielart der schwarz-rot-goldenen Bürgerbewegung von einst bekommt für ihre erstaunliche Metarmorphose ausreichenden ideologischen Flankenschutz.

Zum Beispiel der Historiker Heinrich von Treitschke,

Sohn eines sächsischen Generals und in seiner Jugend glühender Anhänger der Ideen von 1848, der eben noch Bismarcks Blut-und-Eisen-Rede mit den Worten kommentiert hat: „. . . die Gemeinheit nur noch durch die Lächerlichkeit überboten!“, läßt sich nun so vernehmen:

„Der Liberalismus soll endlich sich nüchtern Rechenschaft geben über den bescheidenen Umfang seiner Macht. Er soll seine Wünsche herabstimmen und nicht mehr wähnen, dieses Preußen, in dessen werdendem Staatsbau die Krone, das Heer und die Selbstverwaltung der Gemeinden die bestgesicherten Pfeiler bilden, lasse sich ohne weiteres nach englisch-belgischem Muster umgestalten.“

Sein Kollege Theodor Mommsen, Pfarrerssohn aus Garding in Schleswig-Holstein und, wiewohl Stipendiat des dänischen Königs, Teilnehmer an der Rendsburger Erhebung von 1848/49, seit 1858 Professor für alte Geschichte in Berlin und bis zum „Bruch“ führendes Mitglied der Fortschrittspartei, vollzieht eine nicht minder radikale Kehrtwendung. Mit der Parole „Schluß mit dem Souveränitätsschwindel!“ sagt er sich los von der Pro-Augustenburgischen Bewegung und sieht in bester Hegel-Tradition „mit Flammenschrift geschrieben, daß unsere Wahl liegt zwischen Unterordnung unter den deutschen Großstaat oder Untergang der Nation“. Der aus dem Hannoverschen stammende Rechtsanwalt, Parlamentarier und Mitbegründer des Nationalvereins, Johannes von Miquel, zieht den Schlußstrich unter eine ganze Epoche, wenn er schreibt: „Die Zeit der Ideale ist vorüber!“

Es hat sich gezeigt: Weder die liberale Bewegung für sich noch Österreich allein oder in Verbindung mit den süddeutschen Staaten, und schon gar nicht diese als selbständige „dritte Kraft“, sind in der Lage, in Deutschland das Geringste zu bewegen. Also heißt es für die Liberalen, „Selbstkritik“ zu üben, um „regierungsfähig“ zu werden – wie es Hermann Baumgarten in den von Treitschke gegründeten „Preußischen Jahrbüchern“ tut.

Von „links außen“, wo sich am Rande des „freisinnigen“ Lagers langsam die noch in den Kinderschuhen steckende Sozialdemokratie formiert, ist zum ersten Mal das Wort von der „Umfaller-Partei“ zu hören. Aber darüber trösten sich die Nationalliberalen mit dem Argument hinweg, sie allein seien nach dem Triumph der Militärs in der Lage, Bismarck als „Damm gegen die hereinbrechende Reaktion“ so wirkungsvoll zu stützen, daß dieser sich mit einem Minimum an parlamentarischen Freiheiten revanchieren müsse, um überhaupt an der Macht zu bleiben.

Besser einen bonapartistischen Halbdiktator mit unbestreitbaren außenpolitischen Fähigkeiten und nicht zu gering zu veranschlagenden Einsichten in die Gegebenheiten von Wirtschaft und Kommerz, als wieder ein königliches Militärregiment mit der lästigen Neigung, im Innern unflexibel und außenpolitisch stümperhaft und unberechenbar zu reagieren.

Mit der satten Mehrheit von 230 gegen 75 Stimmen erteilt der Preußische Landtag genau einen Monat nach dem Tag von Königgrätz dem Kanzler „Indemnität“. Das heißt: Er erklärt die ungesetzliche Verfügung der preußischen Regierung über den nicht genehmigten Militäretat nachträglich für „straffrei“.

Und jetzt sieht man wirklich Hegels „Weltgeist“ um die Ecke biegen, wenn der frühere Abgeordnete und jetzige Berliner Stadtgerichtsrat Karl Twesten im schönsten Gründerfieber ausruft, die Geschichte selbst habe dem Kanzler Indemnität erteilt.

25. Kapitel

DER KURSWECHSEL WIRD VORBEREITET

Mit derselben Vorsicht, die ihm beim Friedensschluß eine maßvolle Behandlung Österreichs geraten sein läßt, geht der Kanzler an die Architektur des neuen Hauses. Es soll ein so kräftiges Balkengerüst erhalten, daß man später ohne viel Umstände den weiteren Ausbau zum „Reich" vornehmen kann.

Müde und erschöpft – weniger von den Strapazen des Krieges als von den Auseinandersetzungen mit seinem König, der die Welt nicht mehr begreift – zieht sich Bismarck in ein Sommerhaus des Fürsten Putbus auf Rügen zurück und wird krank. Das ist jedoch für den hünenhaften Mann, der mit einer doppelten Portion an Lebenskraft ausgestattet ist, nur das äußere Zeichen für erhöhte Produktivität: Eine Verfassung wird geboren.

Betrachtet man das Grundgesetz des „Norddeutschen Bundes" und denkt sich die direkt auf die Person des Staatengründers zugeschnittenen Teile weg, so ist sie überraschend modern. Die verfassungsrechtliche Absicherung der preußischen Hegemonie ist es Bismarck wert, liberalen Vorstellungen weit entgegenzukommen. Das allgemeine, direkte und geheime Wahlrecht aus dem „Reichswahlgesetz" der Paulskirchenzeit fließt mit einer Selbstverständlichkeit in sie ein, als hätte es das „roll back" des „Kartätschenprinzen" und das „staatsstreichelnde" Säbelgerassel des Junkers aus der Mark nie gegeben.

Doch der weiß sehr gut, daß er damit seine neuen, nationalliberalen „Parteigänger" zugleich befriedigen, ablenken und unter Druck setzen kann. Das Rezept hat ihm ein Mann verraten, den jetzt schon der kühle Rasen deckt: Ferdinand Lassalle.

Von dem Zerrbild, das Wilhelm Raabe in seinem Roman „Der Hungerpastor“ von ihm gezeichnet hat, und den unflätigen Schimpfkanonaden seiner falschen Freunde Marx und Engels sind die Konturen des jüdischen Tuchhändler-Sohnes aus Breslau nahezu völlig verwischt worden. Doch der Historiker Hans-Joachim Schoeps schreibt zu Recht von dem sensationellen Dialog, den der Gründer des „Allgemeinen Deutschen Arbeitervereins“ mit dem „erzreaktionären“ Junker führte: „In Bismarck und Lassalle trafen die stärksten politischen Lebenskräfte des Jahrhunderts aufeinander.“

Zwischen dem Anhänger einer autokratischen Königsherrschaft und dem mit verschiedenen Gesellschaftsmodellen experimentierenden Sozialisten gibt es Berührungspunkte, wie sie nur in Preußen möglich sind: Beide verabscheuen die liberale Nachtwächteridee vom Staat, den Lassalle hegelianisch denkt, während Bismarck ihn durch sein Handeln adäquat zur Darstellung bringt. Folglich ist beiden auch der windige, ideologisch aufgezäumte Liberalismus der Fortschrittspartei verhaßt, die sie – von ganz verschiedenen Standpunkten aus – möglichst von den Massen trennen wollen.

Lassalle ist weitläufig mit Bismarcks Frau verwandt, wie ja auch Karl Marx in die höchsten Kreise der preußischen Beamtenhierarchie eingeheiratet hat. Den Kontakt mit dem Ministerpräsidenten bringt jedoch Hermann Wagner zustande, der Chefredakteur der „Kreuzzeitung“. Ein anderer Freund und, nach Lassalles aristokratischem Tod durch ein Pistolenduell im Jahre 1864, dessen Nachlaßverwalter ist Lothar Bucher, Vortragender Rat im Außenministerium. Dort hat der einstige „Achtundvierziger“ am Entwurf der neuen Bundesverfassung mitgearbeitet. Er wird den Kanzler noch lange begleiten und schließlich auch die mürrischen

Diktate seiner „Gedanken und Erinnerungen“ im ungeheizten „Schloß“ von Friedrichsruh niederschreiben.

Lassalle besucht Bismarck im Frühjahr 1863 mehrmals. Beide bedenken einen Augenblick lang die Chancen eines „erregenden Bündnisses“ (Schoeps) zwischen der noch nicht in der Sozialdemokratischen Partei organisierten Arbeiterschaft und der preußischen Krone. Lassalle (aus der Erinnerung Bismarcks 1890): „Geben Sie mir das allgemeine Stimmrecht, so will ich Ihnen eine Million Stimmen bringen!“

Als der elegante, geistreiche Volksredner, den Bismarck „gern zum Gutsnachbar gehabt hätte“, jedoch die Probe auf das Exempel macht und im Mai desselben Jahres nach Leipzig zur Gründung des „Allgemeinen Deutschen Arbeitervereins“ einlädt, ziehen die meisten Ortsvereine die Teilnahme am „Arbeitervereinstag“ der Fortschrittspartei in Frankfurt am Main vor. Nur elf regionale Arbeitervereine entsenden Vertreter nach Leipzig.

Trotzdem gilt der Leipziger Arbeiterkongreß als eine der vielen Geburtsstunden der deutschen Arbeiterbewegung, weil es Lassalle zumindest teilweise gelingt, was andere Arbeiterführer der Frühzeit – zum Beispiel der Drechslermeister August Bebel – unter allen Umständen verhindern wollen: die Herausbildung der organisierten Arbeiterschaft als besonderer, vom Bürgertum scharf abgegrenzter „vierter Stand“.

Sechs Jahre später gründet Bebel in Eisenach die „Sozialdemokratische Arbeiterpartei“, die sich wiederum sechs Jahre darauf mit den „Lassalleanern“ vereinigen wird. Ohne indessen damit den frühen Geburtsfehler wiedergutmachen zu können. Das zwischen kleinbürgerlicher Imitation und eigenem Standesbewußtsein seltsam hin und her pendelnde Selbstverständnis haftet der Arbeiterbewegung bis heute an.

Hellsichtig erkennt Marx in London die Gefährlichkeit Lassalles. Er wettert, „daß dieser Itzig (!) die Arbeiterpartei an Bismarck verhandeln wollte, um sich als Richelieu des Proletariats bekannt zu machen".

Doch der „Itzig" kann, als er Bismarck ein Jahr vor seinem frühen Tod gegenübersitzt, lediglich mit geistreichen, philosophisch angereicherten Spekulationen dienen. Obwohl der Kanzler („Was hätte Lassalle mir bieten können? – Er hatte nichts hinter sich!") wenig später diesen abenteuerlichen Stollen im komplizierten Bergwerk seiner Pläne und Alternativen wieder zuschüttet, kehren fortan einige von Lassalles Ansichten leitmotivisch in vielen seiner Äußerungen wieder. Zum Beispiel, wenn er noch in Friedrichsruh beim Diktieren seiner „Gedanken und Erinnerungen" plötzlich einwirft, er wisse, daß seine Staatsgründung keinen Bestand habe, daß sich aber der „Staatssozialismus" eines Tages „durchpauken" werde.

26. Kapitel

HÄNGEN DIE FRÜCHTE ZU HOCH?

Aber auch schon vor dem deutschen Bruderkampf finden sich Redensarten in der stets wachen, überaus schlagfertigen und bildhaften Suada des Kanzlers, mit denen er allzu konservativen Gesprächspartnern, vorzugsweise aus dem süddeutsch-österreichischen Raum, „etwas Schwarzrotgold unter die Nase reibt", wie er das nennt. Dann stellt er sogar das geradezu geheiligte preußische Dreiklassen-Wahlrecht zur Diskussion: „Die Anhänger des Drei-Taler-Zensus haben offenbar noch nicht gelernt, daß die Bourgeoisie stets die Pflegerin der Revolution gewesen ist, das Volk . . . aber zu neun Zehnteln aus Royalisten besteht."

Jedoch: Wie seine hochkonservativen Freunde von gestern, müssen nun Sozialisten wie Nationalliberale lernen, daß Bismarcks Meinungen rein taktisch begründet sind. Sein Denken kennt wie das eines Künstlers nur artistische, instrumentale Alternativen. Wie einst bei Napoleon Bonaparte ruht bei diesem letzten Sohn der europäischen Aufklärung in der Weltpolitik, die nach ihm eine solche im klassischen Sinne nicht mehr sein wird, die ganze Welterkenntnis geradezu formstill in sich selbst.

Das verschafft ihm Gegnern und Freunden gegenüber, die in ihrer Mehrzahl fortwährend nach Prinzipien, Wandlungen oder „Lernprozessen" suchen, wie man heute sagen würde, eine große Überlegenheit. Sie bleibt bestehen, so lange sich die Kräfteverhältnisse in dem von ihm geschaffenen und um ihn kreisenden Gravitationsfeld nicht ändern.

So hat er auch jetzt, indes Freund und Feind in den

„Putbuser Diktaten" den angeblichen „Sinneswandel" des Bundeskanzlers analysieren, wiederum nur Alternativen im Blick, Konstellationen, die niemand außer ihm sieht. Zu dem innenpolitischen Effekt, durch Liberalisierung von unten den festen Zugriff von oben in Gestalt der ausgesparten Ministerverantwortung dem Parlament gegenüber unsichtbar zu machen, kommt der außenpolitische. Er will das „monarchische Ausland abhalten, die Finger in die preußische Omelette zu stecken."

Alles in allem läuft der von Golo Mann als „hastig zusammengestelltes Konglomerat von Kompromissen" gründlich mißverstandene Verfassungsentwurf auf einen zentralistisch angelegten Bundesstaat hinaus. Bismarck gelingt es, den inneren Widerspruch durch eine Reihe von liberalen und föderalistischen Zugeständnissen so geschickt zu kaschieren, daß später die im neuen „Reich" unter dem Anschein der Souveränität belassenen „Zaunkönige" mit ihren Länderregierungen nur selten merken, wie sehr sie gerade diese in entscheidenden Punkten verloren haben.

Aber Bismarck veranschlagt es auch mit dem nüchternen Kalkül des geborenen Pragmatikers, daß die süddeutschen Staaten nach dem Ausscheiden ihrer alten Schutzmacht Österreich über kurz oder lang ohnehin eine engere Anlehnung an Preußen suchen werden. Dieser Prozeß wird noch durch die merkantile Anziehungskraft beschleunigt, die das nach Königgrätz noch einmal aus einer schon begonnenen Rezession hochschnellende Wirtschaftswachstum des „Norddeutschen Bundes" ausübt.

Sie als Mittel der „friedlichen Eroberung" im deutschen Süden zu nutzen, liegt um so mehr in der Folgerichtigkeit Bismarckschen Denkens, als sich der Zollverein auch schon in der Vergangenheit als brauchbarer Nebenkriegsschauplatz erwiesen hat. 1867 prüft Bismarck mit einer erneuten Umstrukturierung des Zollvereins die politische Attraktivität des auf das kommende „Reich" hin angelegten norddeutschen Modells für die süddeutschen Staaten.

Doch obwohl sich der Kanzler unübersehbar von einem stockkonservativen Saulus in einen derart lupenreinen Liberalen verwandelt zu haben scheint, daß selbst das linksliberale Witzblatt „Kladderadatsch" erklären muß, da bald nicht mehr mithalten zu können, verläuft der Test negativ. Es hilft nicht, daß sich der „eiserne Kanzler" auch in den annektierten Gebieten maßvoll verhält, den Hessen und Hannoveranern ihren Staatsschatz beläßt und sogar den blinden König Georg im österreichischen Exil so lange großzügig dotiert, bis dieser das Geld zur Aufstellung einer „Welfenlegion" gegen Preußen benutzt.

Die Menschen in Baden, Bayern und besonders in Württemberg haben ganz einfach Angst vor diesem dauernd expandierenden „Großpreußen". War man schon vordem eineinhalb Jahrhunderte lang gewohnt, die mit Drill und protestantischer Nüchternheit aus dem Sand des märkischen Bodens hochgestampfte Macht als eine einzige Kaserne anzusehen, fühlt man sich jetzt in Süddeutschland nach dem Umworbensein der fünfziger Jahre um so mehr in die rauhe Luft bloßen machtpolitischen Kalküls versetzt.

Daran ändern weder der ursprünglich gerade im Süden so lebhaft begrüßte „nationale Gedanke" etwas, der sich indessen bereits zum stahlharten Wirtschaftsliberalismus gewandelt hat, noch die scheinbare Erfüllung uralter demokratischer Forderungen: freies, gleiches und geheimes Wahlrecht und ein legislatives Zweikammersystem für den neuen, um Lübeck, Schleswig-Holstein, Lauenburg und die beiden mecklenburgischen Herzogtümer erweiterten „Zollverein".

Vor allem die katholische Landbevölkerung nimmt die ersten Wahlen zu dem von Bismarck eingerichteten „Zollparlament" zum Anlaß, um mit großen Mehrheiten gegen die „Verpreußung" zu votieren. Zum Mißtrauen gegenüber den ungeliebten Nachbarn im Norden kommt die Furcht vor der dort inzwischen ausgebrochenen Gigantomanie. Wälder von qualmenden und stinkenden Fabrikschornsteinen am Rand der preußischen Metropole, endlose, triste Arbeitervorstädte und Elendsquartiere, Hinterhöfe sowie der dumpf lärmende Maschinenrhythmus, der von nun an das Leben zu bestimmen droht, wecken in dem noch in einer ganz anderen Umwelt heimischen Süddeutschen ein Gefühl der Beklommenheit.

Der gewiß nicht „hinterwäldlerische" Baseler Gelehrte Jakob Burckhardt sieht in der preußischen Hauptstadt ein paar Jahre später „etwas Tötliches . . . Es hängt nicht bloß daran, daß ich melancholisch werde, wenn einer Stadt ein Fluß und Anhöhen fehlen. Die Menschen dort haben ein gewisses Etwas, wogegen ich mich hilflos fühle und konkurrenzunfähig bin."

Die Bevölkerung Berlins nimmt in diesen Jahren bereits um 4000 Einwohner pro anno zu und erreicht 1868 die Bevölkerungszahl von Konstantinopel. Aber es ist „eine Pyramide, die nach oben glänzt, nach unten jedoch immer mehr zerbröckelt", wie ein anderer Beobachter feststellt. Anna Stoecker, die Frau des späteren Hofpredigers Adolf Stoecker, wunderte sich schon 1826 über „ein Laufen und Rennen wie in einem großen Ameisenhaufen, als wäre jedermann auf der Flucht, und als wäre das Wort Ruhe nur ein Märchen aus uralten Zeiten . . .".

Im Süden gehen die Uhren noch anders. „Das waren Länder, in denen es sich in den letzten Jahrzehnten gemütlich gelebt hatte; geringe Steuern, keine Überlastung durch ein allzu schlagfertiges Heer, Rechtssicherheit, gutmütige Monarchen, kunstsinnige Hauptstädte . . .", schreibt Golo Mann.

Das sind Gründe, warum weder Bayern noch das dezidiert antipreußische Württemberg und auch nicht das urliberale Baden zu Schwerpunkten einer möglichen Bundesgründung im Süden werden können, obwohl es viele Menschen gibt, die von einer republikanischen Föderation nach dem Muster der schweizerischen träumen.

Im Zollparlament des 1868 neu konstituierten „Deutschen Zollvereins" sitzen schließlich siebenundfünfzig Abgeordnete aus den süddeutschen Staaten, die zusammen mit den Alt-Konservativen, den hannoverschen Welfen, den norddeutschen Katholiken und den Delegierten aus den besetzten polnischen Gebieten zahlreich genug sind, um sich der Einigungspolitik „à la Prusse“ nachhaltig widersetzen zu können.

Bismarck nimmt es keineswegs so gelassen hin, wie er das selbst in seinen Erinnerungen später behauptet. Natürlich fallen im nachhinein wieder ein paar hübsche Bonmots ab, wie das von den „Früchten, die man nicht vorzeitig abschlagen darf“ oder von der „Milch, die sauer wird, wenn man den Rahm abschöpft“. Letzteres ist übrigens auf Baden gemünzt, dessen Großherzog urplötzlich rechts überholen und direkt in den „Norddeutschen Bund“ eintreten will.

27. Kapitel

KÖNIGE IM PARKETT

Ob reif oder noch unreif: Bismarck zögert nicht, sich den Stock zu verschaffen, die Früchte seiner Gründung oder „Reichseinigung", wie nun das nächste Etappenziel heißt, doch unverzüglich herabzuschlagen. Später wird er die Durchsetzung seines wirtschaftspolitisch orientierten „Minimalprogramms" nach 1866 einmal als seine „zweite Schlacht von Königgrätz" bezeichnen.

Auf handelspolitischem Gebiet kann er vieles der Eigendynamik des wirtschaftlichen Kräftespiels, in dem Preußen einen schwer einzuholenden Vorsprung besitzt, und dem Geschick seines Zollvereins-Spezialisten Rudolf Delbrück überlassen. Delbrück, überzeugter „free-trade-man", entstammt einer bekannten Berliner Gelehrtenfamilie und ist seit 1849 leitender Beamter im preußischen Handelsministerium. Jetzt holt ihn Bismarck in sein neu eingerichtetes Bundeskanzleramt.

Während es Karl Marx in London als Endzweck seines gerade erschienenen „Kapitals" (erster Band) betrachtet, „das ökonomische Bewegungsgesetz der modernen Gesellschaft zu enthüllen", liefert eine an den Rollstuhl gefesselte Dame mit dem Namen Eugenie John-Marlitt in der 1861 gegründeten „Gartenlaube" mit ihrer Erfolgsstory „Das Geheimnis der alten Mamsell" eine erste, ihr selbst höchstwahrscheinlich unbewußte Parodie auf die neue Gründergesellschaft. Für deren konkrete Bedürfnisse konstruiert Werner von Siemens, Mitbegründer der „Fortschrittspartei", im gleichen Jahr den elektrischen Dynamo, während Alfred Nobel in

Schweden die ultima ratio den ganzen Zeitalters erfindet, das Dynamit.

Wie eine Bombe platzt mitten in die Pariser Weltausstellung von 1867 die Nachricht von der Erschießung des unglücklichen, von Frankreich im Stich gelassenen Kaisers Maximilian im mexikanischen Querètaro hinein. Die Weltausstellung ist die vierte nach zwei vorangegangenen in London, 1851 und 1862, und der von Paris im Jahre 1855. Ursprünglich vom englischen Prinzgemahl Albert ins Leben gerufen, um eine künftige, dem friedlichen Fortschritt verschriebene Völkergemeinschaft zu fördern, ist sie bereits eine „Show der Superlative“ geworden.

Zweiundvierzigtausend Aussteller drängen sich in dem riesigen, aber ziemlich unproportionierten Glaspalast auf dem Marsfeld um eine fünfzig Tonnen schwere Kanone der Firma Krupp – drohendes Menetekel künftiger Weltkatastrophen. Das von Georges-Eugène Haussman radikal seiner mittelalterlichen Bausubstanz beraubte und durch breite Boulevards in gleichmäßige Kuchenstücke zerschnittene Paris erblickt den pompösen Aufzug der Kaiser von Frankreich, Rußland und Österreich, der beiden Könige von Bayern, der Monarchen von Belgien, Dänemark, Griechenland, Schweden, Spanien, Portugal, Württemberg und der holländischen Königin. Sogar der türkische Sultan und der ägyptische Vizekönig kommen – der alte Streit zwischen ihnen ist vergessen.

Der „Star“ der Pariser Weltausstellung von 1867 aber ist ein spindeldürrer, fast kahlköpfiger Mann, dem vor lauter Nervosität beständig der goldblitzende Kneifer von der übergroßen Nase rutscht: Jacques Offenbach. Vom einfachen Cellisten der Opéra comique hat es der Sohn eines jüdischen Kantors aus Köln zum „Mozart der Champs-Élysées“ gebracht. Zu einem sehr frechen Mozart allerdings, der mit dem rasenden „Krack – krack – kracherak – rack – rack“ seiner Can-cans den Leuten den Wahnsinn in die Beine treibt. 1859 paradieren die von Magenta und Solferino heimkehrenden Soldaten nach Melodien aus seiner Operette „Orpheus in der Unterwelt", womit er nicht nur die ganze Antike, oder besser: den Kult um die „klassische Bildung", auf die Schippe nimmt, sondern natürlich auch das „Second Empire" selber.

Doch obwohl Offenbach dabei und auch später in seiner zweiten Parodie der antiken Welt, der „Schönen Helena", hart an der Grenze dessen entlang komponiert, was noch von der Zensur erlaubt ist, amüsiert sich der mit den Jahren ziemlich liberal gewordene Napoleon im „Théâtre des Italiens" großartig und schickt dem Meister eine Bronzestatuette. Der Deutsche vom Rhein, dessen größter Kummer es ist, den heimatlichen Akzent in seinem ansonsten tadellosen Französisch nie ganz ablegen zu können, ist zum Inbegriff der musikalischen Kultur im Zweiten Kaiserreich der Franzosen geworden.

Eigentlich ist es ein Dreigestirn: Offenbach, sein kongenialer Textdichter Ludovic Halévy und Hortense Schneider, die „Schöne Helena" von 1864 und nach dem Urteil fast aller, die sie Abend für Abend in den „Bouffes-Parisiennes", den „Variétes" oder im „Palais Royale" sehen, ein Wundergeschöpf, eine geradezu atemberaubende Synthese aus Sinnlichkeit, Temperament und Künstlernatur.

Jetzt, zur Weltausstellung, spielt sie die „Großherzogin von Gerolstein" in Offenbachs gleichnamiger Persiflage auf die deutschen Kleinstaaterei. Vor einem Parkett von Königen erscheint sie in goldbesticktem Krönungsmantel mit einem selbsterfundenen Großorden auf der Brust. In diesem Aufzug fährt sie auch hocherhobenen Hauptes durch das nur für Majestäten bestimmte Tor auf das Ausstellungsgelände, indem sie den ratlosen Pförtnern erklärt, sie sei eben die Großherzogin von Gerolstein ...

Auf die Rennbahn von Longchamps fährt am 6. Juni „Badinguet", flankiert von dem preußischen König und dem russischen Zaren. Eine glänzende Truppenparade, an der über 30 000 „Rothosen" teilnehmen, markiert den größten und zugleich letzten Triumph Napoleons III. Schon auf der Rückfahrt knallen die Schüsse eines polnischen Emigranten. Sie gelten dem Zaren. Getroffen wird das Pferd des Stallmeisters Rainbeaux – und die sich angesichts der preußischen Erfolge aus dem Vorjahr wieder zart anbahnende russisch-französische Verständigung. Als dann auch noch französische Republikaner, unter ihnen der spätere Ministerpräsident Léon Gambetta, Polen in Gegenwart des Zaren hochleben lassen, ist das Maß voll. Wütend reist Alexander II. ab.

Bismarck und sein König, dessen großväterliche Erscheinung die an die verzerrenden Karikaturen ihrer Zeitungen gewöhnten Pariser überraschend sympathisch finden, obwohl der Monarch bei allen passenden und unpassenden Gelegenheiten an seinen ersten Einzug an der Seite Blüchers vor genau 53 Jahren erinnert, brauchen nur die Scherben einer bereits im Ansatz gescheiterten Ententepolitik aufzulesen. Der Schaden für das Prestige Frankreichs ist um so größer, als eben erst der letzte Versuch Napoleons mißlungen ist, nachträglich doch noch die „Gastwirtsrechnung“ für sein Stillhalten im preußisch-österreichischen Krieg zu kassieren.

28. Kapitel

DIE LUXEMBURG-KRISE

Das Großherzogtum Luxemburg, das er dafür ausersehen hat, ist als einstiges Reichsterritorium nach 1815 zunächst in Personalunion mit dem Königreich der Niederlande verbunden gewesen und 1839 zwischen Holland und dem neugeschaffenen Königreich Belgien aufgeteilt worden. Der kleinere, holländische Teil mit Stadt und Festung Luxemburg gehörte zum „Deutschen Bund" und beherbergte eine Garnison preußischer Bundestruppen. Sie sind auch nach dem Prager Frieden und der damit erfolgten Auflösung des Bundes dort verblieben.

Aufgrund der auch nach dem Prager Frieden fortgeführten Gespräche zwischen Bismarck und dem französischen Botschafter Benedetti glaubt Napoleon III. lange Zeit an Bismarcks früher oft geäußerte Absicht, auch mit Frankreich einen „Interessenausgleich" vorzunehmen. Dafür, daß er Preußen im Süden Deutschlands freie Hand läßt, soll es ihm mit dem Erwerb des kleinen Großherzogtums an einer alten europäischen „Wetterecke" das Tor nach Belgien öffnen. Doch Napoleon vergißt, daß dieser Wechsel spätestens seit Königgrätz oder Sadowa, wie die Franzosen der leichteren Aussprache wegen sagen, ungedeckt ist.

„Otto Annexandrowitsch", wie der preußische Kronprinz den Kanzler – ebenfalls seit Königgrätz – unter Hinweis auf dessen „Seeräuberpolitik" zu nennen pflegt, hat für ein derartiges Ansinnen mit Leichtigkeit die entsprechende „Alternative" zur Hand: die öffentliche Meinung in seinem Land! Sie verbiete ihm jegliche Mitwirkung an der geplanten „Annexion" uralten, deutschen Reichslandes durch Frankreich. Diese könne, wenn überhaupt, der französische Kaiser nur in direkten Verhandlungen mit dem holländischen König erreichen. Zu allem Unglück läßt der reichlich ungeschickte Benedetti, dem wir bald noch einmal in einer weit kritischeren Situation wiederbegegnen werden, die schriftlich ausgearbeiteten französischen Annexionspläne beim Kanzler liegen, der sie natürlich sofort seinem König zeigt.

Nur mit dem Angebot einer respektablen „Entschädigung" kann der nun schon verzweifelt um sein internationales Prestige kämpfende Napoleon die Bedenken des holländischen Königs zerstreuen. Aber als beide Monarchen schon ihre Unterschrift unter den Kaufvertrag setzen wollen, zieht Bismarck die nächsten beiden Register. Er läßt die bisher geheimgehaltenen Schutz- und Trutzbündnisse mit den süddeutschen Staaten veröffentlichen und bestellt bei seinen neuen Freunden, den Nationalliberalen, einen „nationalen Proteststurm". Moltke und die Militärs sekundieren dröhnend.

Der holländische König bekommt „kalte Füße" und unterschreibt nicht. Auf einer daraufhin anberaumten Konferenz der Großmächte in London kann es sich Bismarck zwar wieder leisten, großzügig einer Neutralisierung Luxemburgs und der Schleifung der einstigen „Bundesfestung" zuzustimmen. Aber das deutsch-französische Verhältnis hat nun einen irreparablen Schaden bekommen. Schon im August und dann im Oktober, während der Weltausstellung, trifft sich Napoleon III. mit seinem österreichischen Kollegen.

Für Bismarck ist es ein „Pyrrhussieg". Er will dem in Frankreich – und insgeheim auch in seinem eigenen Herzen – immer noch mächtigen Nimbus des ersten Napoleon Schläge versetzen. Doch er trifft nur dessen farbloses Spiegelbild in Gestalt des Neffen. Außenpolitisch rettet den deutschen Kanzler einzig der Zufall, daß man den russischen Selbstherrscher Alexander anläßlich der Weltausstellung in Paris schlecht behandelt hat, vor einer tödlichen Allianz der europäischen Mächte gegen seine waghalsige Gründung.

29. Kapitel

GEWITTERSCHWÜLE ÜBER EUROPA

Den somit „vorprogrammierten" Konflikt spüren feinnervige Zeitgenossen längst voraus. „Alle Wolken des Himmels über halb Europa hängen dick voll künftiger Gewalttat", meint der schon erwähnte Jacob Burckhardt. Der geistvolle Erforscher der italienischen Renaissance verknüpft mit dieser Beobachtung ein Stück Gesellschaftskritik, wie man es in so epigrammatischer Schärfe seit den Tagen des Dichters Heinrich Heine nicht mehr gehört hat: „Dem Philister ist öd' und bang, wenn er nicht zu einem enormen Staat gehört, der ihm außer der Sicherheit auch noch durchgehende Nachtzüge und andere Bequemlichkeiten verspricht. Freilich können ihm die Söhne perfekt in Feldlazaretten sterben . . ."

Die Feldlazarette gibt es, seitdem der Schweizer Menschenfreund Henry Dunant mit seinem 1862 erschienenen Buch „Un souvenir de Solferino" den Abschluß der „Genfer Konvention" zum Schutz der Kriegsverwundeten und -gefangenen und die Gründung des „Roten Kreuzes" erreicht hat. Aber ist der sich schon abzeichnende „deutsche Einigungskrieg" auf französischem Boden wirklich unausweichlich?

Bismarck wird nach dem Einzug der Deutschen in Paris 1871 überrascht sein über eine Fülle ganz andersartiger Zeugnisse. „Ich betrachte die deutsche Einheit als eine unwiderrufliche, vom Schicksal verhängte Tatsache, welche Frankreich ohne Gefahr hinnehmen kann. Alles, was man gegen Preußen unternimmt, wird sein Werk erleichtern", erklärt Emile Ollivier, der 1869 französischer Ministerpräsident wird. Der berühmte Historiker Michelet schrieb 1868:

„Frankreich ist entzückt, ein geeintes Italien und ein geeintes Deutschland zu sehen. Es begrüßt sie von ganzem Herzen. Aber es muß hervorgehoben werden, daß heute auf beiden Seiten die wahrhaft Tapferen den Krieg verachten, da sie wissen, daß es sich dabei nicht mehr um Tapferkeit, sondern um reine Mechanik handelt . . ."

Wer ein wenig weiter in die lange Tradition der preußisch-französischen Beziehungen seit den Zeiten Friedrichs des Großen zurückleuchtet, findet von Voltaire über Mirabeau bis Benjamin Constant bei aller Verschiedenheit der Staatsauffassungen genügend Zeichen für eine tiefgehende Sympathie. Sie äußerte sich manchmal sogar etwas zu euphemistisch, wenn zum Beispiel Benjamin Constant, der ständige Begleiter der vorzugsweise in deutschen Landen reisenden Madame de Staël, 1817 schrieb: „Die Preußen haben zwar keine Verfassung, sind aber faktisch freie Menschen." Fünfzehn Jahre später gab der französische Gesandte in Berlin der preußenfreundlichen Stimmung am Hofe des Bürgerkönigs Louis Philippe mit den Worten Nahrung: „Frankreich muß zusammenarbeiten mit Preußen – dem Friedenshüter des Kontinents."

1848 führten die Ereignisse in Polen fast zu einem Offensivbündnis zwischen beiden Ländern. Und obwohl sich der stets schwankende Friedrich Wilhelm IV. unter den Einfluß der „Camarilla" und mit dem Verlangen nach Landerwerb auf die Seite Rußlands schlug, hielt man an der Seine, namentlich unter dem Einfluß der prononciert nationalistischen Politik Napoleons III., ab 1859 die Einigungsbewegung der Deutschen für ein legitimes Anliegen. Man war sogar froh, daß sich diese wirtschaftspolitisch unter dem gemeinsamen Zeichen des Freihandels zu vollziehen schien.

Trotzdem zeigen sich jetzt in der französischen Gesellschaft bereits Symptome einer Krankheit, wie sie Jacob Burckhardt nach der Katastrophe von 1870/71 nicht ohne leichte Ironie diagnostiziert: „Die ganze Nation ist gemütskrank von furchtbar verletztem Selbstbewußtsein . . . Das kommt von dem vielen ‚Bundenöri‘ (point d'honneur = Ehrenstandpunkt), womit man dort von jeher Geschäfte gemacht hat.“

Der preußische Sieg bei Königgrätz vermischt sich in der Vorstellung der französischen Öffentlichkeit mit dem mißglückten Pokerspiel des Kaisers, dem tragisch ausgegangenen Mexiko-Abenteuer und der außenpolitischen Isolation des Landes zu dem Gefühl einer umfassenden Niederlage. Mit dem Ruf: „Rache für Sadowa!“ verabschiedete sich die französische Politik für eine ganze Weile von der Vernunft. Nun ist der Nachbar im Osten nicht mehr eine „Nation im Werden“, die nur einen historischen Prozeß nachvollzieht, den Frankreich selbst im 16. und 17. Jahrhundert hinter sich gebracht hat, sondern ein „Ölfleck, der sich immer mehr ausbreitet“ (Prinz Napoleon, der Halbbruder des Kaisers). Der „alliée naturelle“ von gestern wird im französischen Preußenbild zum „Militaristen“. Bismarck, eben noch der wegen seines Wortwitzes gern gesehene Plauderer im französischen Modebad Biarritz, verwandelt sich in den „Grafen Bösewerk“ im neuesten Schauerroman von Alexandre Dumas père.

Napoleon III., der vor fünfzehn Jahren seine Herrschaft unter der Devise: „Das Kaiserreich ist der Frieden“ angetreten hat, andererseits aber doch gern etwas tun würde, um die „gloire“ Frankreichs zu steigern, gerät in einen Teufelskreis, den er nicht mehr durchbrechen kann.

Im Dezember des in jeder Hinsicht bemerkenswerten Jahres 1867 ziehen Garibaldis Rothemden auf Rom zu, um endlich den Pfahl in Gestalt des Kirchenstaates aus dem Fleisch des italienischen Königreiches zu ziehen. Ist Louis Napoleon nicht in seiner Jugend selbst „Carbonaro“ gewesen? Und hat er in den ersten Jahren seiner Regierung nicht die italienische Nationalbewegung wärmstens unterstützt?

Nun aber ist die „bigotte“ (Bismarck) Kaiserin Eugénie, die an jedem Ministerrat teilnimmt und ihren meist schweigsam zuhörenden Gemahl immer häufiger einen Feigling nennt, die erste, die im Namen der „kaisertreuen“ französischen Katholiken den Einsatz französischer Truppen verlangt. Zur soundsovielten Rettung eines Anachronismus, der ohnehin nicht mehr lange zu halten sein wird.

Die Italiener, selbst den überzeugten Republikaner Mazzini, treibt das – wie schon 1866 – an die Seite Preußens. Bis zum Ausbruch des Deutsch-Französischen Krieges kommt keine Allianz zwischen Frankreich, Österreich und Italien zustande, weil Napoleon III. sich nicht entschließen kann, Rom oder den Papst, genauer: dessen weltliche Herrschaft, zur Disposition zu stellen. Allein eine solche Allianz, Alptraum der Preußen seit dem Siebenjährigen Krieg, würde auf Bismarck und Moltke Eindruck machen.

Aber auch Österreich hat sich zur außenpolitischen Unbeweglichkeit verurteilt. Der Schock von Königgrätz hat Tendenzen befördert, die das seit jeher vom geistigen Leben des „übrigen Deutschland“ ziemlich isolierte Kaiserreich nur noch weiter abdriften lassen. Nicht ganz zu Unrecht hat schon der 1837 verstorbene Literat Ludwig Börne den Donaustaat der Metternich-Ära das „China Europas“ genannt. Man sprach deutsch, und man war Erbe der im Grunde einzigen Tradition, die Europa besaß: die einer zwar spannungsreichen, aber stets auch wieder versöhnten Vielfalt der Völker, eines „Europa der quergelagerten Strukturen“, wie es der Historiker Gerhard Ritter nennt.

Das nun entstehende Europa der Nationalstaaten ist etwas ganz anderes. Wilhelm von Humboldt, preußischer Delegierter beim Wiener Kongreß, hatte es bereits 1815 vorausgesehen: „Österreich ist so verschiedenartig und heterogen in seinen Kräften gemischt, in den Nationalitäten, aus denen es besteht, daß ich alles wetten möchte, daß es noch in diesem Jahrhundert aufhören wird, eine deutsche Macht zu sein. Die nationale Deutschheit ist offenbar noch im Wachsen, und damit hält Österreich nicht Schritt . . .“

Österreichische Dichter wie Franz Grillparzer oder Adalbert Stifter legen Wert darauf, nicht „drüben“, in „deutschen“ Verlagen oder Journalen, zu veröffentlichen, sondern in „österreichischen“. Im Handumdrehen ist ein neues, bewußt auf „Abgrenzung“ bedachtes Staatsverständnis geboren, ein Zwitterwesen inmitten aller Theorien von lupenreinen Nationalstaaten – die Nationalität eines Vielvölkerstaates.

Die Donaumonarchie vollzieht jetzt freiwillig, wozu ihr Botschafter Károlyi und der neue starke Mann in Berlin bereits 1862 in zynischer Offenheit geraten haben: Sie verlegt ihren Schwerpunkt weiter nach Osten.

Mit dem „österreich-ungarischen Ausgleich“ von 1867 und der damit verbundenen Einrichtung der österreichisch-ungarischen „Doppelmonarchie“ verläßt Kaiser Franz Joeseph I. die 1713 in der „Pragmatischen Sanktion“ seines Vorgängers Karl VI. fixierte Staatsgrundlage, welche die untrennbare und unteilbare Einheit aller Habsburgischen Länder unter einer Herrschergewalt vorschreibt. Nominell bleibt er auch nach der Unterzeichnung des von dem Magyarenführer Franz von Deak vorgelegten Ausgleichsplanes als „Kaiser von Österreich und Apostolischer König von Ungarn“ Staatsoberhaupt und Oberkommandierender der Streitkräfte. Auch die gemeinsame Außenpolitik wird weiter von der Wiener Hofburg bestimmt. Aber zwischen „Zisleithanien“ und „Transleithanien“, wie es im umständlichen Behördendeutsch der nunmehrigen „k. und k.-Monarchie“ heißt, ist fortan das alte Habsburgerreich durch ein fast unübersehbares Kompetenzgewirr von drei verschiedenen Regierungen, drei gesetzgebenden Körperschaften und wechselweise in Wien und Budapest tagenden „Delegationen“ zur Regelung der gemeinsamen Angelegenheiten aufgespalten.

Erster Ministerpräsident Ungarns wird der Magnat und Freimaurer Graf Gyula Andrássy. 1849 ist er wegen seiner Beteiligung am ungarischen Aufstand in Abwesenheit zum Tode verurteilt worden. Man hat ihn „symbolisch“ hingerichtet, indem man sein Bild unter den Galgen stellte. Der Revolutionär und Emigrant von damals, für den die Kaiserin

Elisabeth eine schwärmerische Vorliebe hat, setzt am 8. Juni 1867 dem Kaiser Franz Joseph in Ofen die „heilige" Stephanskrone aufs Haupt.

Gravierend ist bei der Angelegenheit weniger, daß ein Monarch an der Schwelle zum demokratisch orientierten Massenzeitalter ein Stück seiner absoluten Herrschergewalt aufgibt. Wenn auch nicht ganz freiwillig, denn der österreichisch-ungarische Ausgleich ist sowohl der Preis dafür, daß die Magyaren ohne Murren mit in den Krieg von 1866 gezogen sind, als auch das Ergebnis der Niederlage, die man allein Wien anlastet.

Wesentlich weitreichendere Folgen wird es aber haben, daß Franz Joseph die Rechte, die er den Ungarn zugesteht, den anderen Nationalitäten seines Vielvölkerstaates vorenthält. Der feine Riß zeigt sich auch in der sich schnell verändernden Struktur der Armee. Bald schon verlangen die Ungarn als Gegenleistung für die vom Kaiser als notwendig erachtete Einführung der allgemeinen Wehrpflicht eine eigene Landwehr mit ungarischer Dienstsprache und ungarischen Truppenabzeichen. Sie nennt sich „Honved" (= Vaterlandsverteidiger), und sie wird noch bis zum Ende des Zweiten Weltkriegs eine schicksalhafte Rolle für das Land spielen. Daraufhin bekommen auch die zwanzig Millionen Österreicher eine Landwehr, so daß es einschließlich der gemeinsamen Armee auch drei verschiedene Truppenkader gibt.

Der jetzt siebenunddreißigjährige Franz Joseph, der eher schüchterne, vor großen Entscheidungen zurückschreckende „Verlegenheitskaiser" von 1848, den Metternich und Windischgrätz in erster Linie wegen seiner Jugend und der damit zu erwartenden langen Regierungszeit auf den schon wankenden Thron gesetzt haben, bringt tatsächlich das Kunststück fertig, nicht nur außergewöhnlich lange zu regieren, sondern mit seiner Person und seinem Regierungsstil auch die schon offen zutage tretenden Gegensätzen für seine Regierungszeit noch zu bändigen.

Man hat sich gleichwohl daran gewöhnt, den österreichisch-ungarischen Ausgleich von seinen Ergebnissen her negativ zu beurteilen und als den „Anfang vom Ende der Donaumonarchie“ (Franz Herre) zu bezeichnen. Erst in jüngster Zeit nimmt Max von Boeheim mit seinem Roman „Die Kaiser-Saga“ die Fäden des unvollendet gebliebenen Gewebes wieder auf und verknüpft sie mit gesamteuropäischen Vorstellungen, wie sie sich nach dem Zweiten Weltkrieg herausgebildet haben: ein Europa der gleichberechtigt sich selber regierenden Nationen unter dem einigenden Symbol eines konstitutionellen Vielvölker-Kaisers.

30. Kapitel

DIE SPANISCHE „FRIEDENS-FONTANELLE“

Unter solchen Aspekten ist es eher der „deutsche Einigungskrieg“ von 1870/71, den man als den Anfang vom Ende bezeichnen könnte. „Eine blöde Geschichte von lang nachwirkenden, schädlichen Folgen“ nennt ihn Golo Mann mit der ihm eigenen Schlagfertigkeit.

In Spanien wächst sich im Dezember 1868 ein Aufstand in der Hafenstadt Cadiz zur Revolution aus. Die seit 1844 regierende Königin Isabella, genannt „die Liederliche“, wird gestürzt. Schon vorher ist sie nach Frankreich geflohen. Die Cortes, die spanische Ständeversammlung, setzt einen Regenten ein und beauftragt den sechsundfünfzigjährigen Marschall Don Juan Prim mit der Suche nach einem geeigneten Thronkandidaten. Um vom Ausland anerkannt zu werden, sollte er nach Möglichkeit einem der in Europa regierenden Häuser angehören.

Ob mit Hilfe von Bismarcks „Welfenfonds“ bestochen oder nicht: Im Februar 1869 wirft der Staatsrat Eusebio de Salazar Mazaredo in einer Flugschrift den Namen Hohenzollern in die Diskussion. Gemeint ist das „Fürstliche Haus Hohenzollern-Sigmaringen“, dessen Chef Karl Anton sein schwäbisches Ländchen am Stammsitz der Hohenzollern 1849 gegen den Titel einer „Königlichen Hoheit“ und den „Prärogativen eines nachgeborenen Prinzen des königlichen Hauses“ an die in Berlin regierenden Verwandten abgetreten hat.

1859 wurde Karl Anton im Zeichen der „Neuen Ära“ preußischer Ministerpräsident und hat drei Jahre später zum Abschied dem kommenden „starken Mann“ Bismarck ein

„Ende mit Schrecken" prophezeit. 1866, kurz vor dem Ausbruch des preußisch-österreichischen Krieges, war er aber dann doch zur Zusammenarbeit mit seinem Nachfolger bereit, als es um die Kandidatur seines zweitältesten Sohnes Carl für den rumänischen Thron ging.

Jetzt soll sein ältester Sohn Leopold für den spanischen Thron kandidieren. Wie sein Bruder erscheint er auf den ersten Blick recht geeignet. Denn er ist nicht nur mit dem gesamten europäischen Hochadel versippt, sondern auch noch mit dem „neuen Adel" des napoleonischen Kaiserreiches. Seine Großmutter väterlicherseits war eine Nichte Joachim Murats, des Waffengefährten Napoleons I., und zugleich eine Enkelin der Hortense Beauharnais, Napoleons erster Frau. Über diese ist er auch direkt mit dem dritten Napoleon verwandt. Außerdem ist der hohenzollern-sigmaringische Erbprinz katholisch und mit der Schwester des Königs von Portugal verheiratet.

Obwohl er zur Zeit Stabsoffizier im ersten preußischen Garderegiment zu Fuß ist, in dem einst auch Wilhelm I. seine militärische Karriere begonnen hat, ist seine Biographie nicht die eines typischen preußischen Militaristen, als welchen ihn sofort nach Bekanntwerden seiner Thronkandidatur die französische Presse bezeichnet. Es ist anscheinend in Vergessenheit geraten, daß es ausgerechnet Napoleon III. war, der 1866 im diplomatischen Zusammenspiel mit Bismarck dem jüngeren Bruder Leopolds auf den rumänischen Thron geholfen hatte. Zuvor war der Hohenzollernprinz vom französischen Kaiser sogar als Souverän eines neutralen „Pufferstaates" zwischen Deutschland und Frankreich am Rhein in Aussicht genommen worden. Dazu war es freilich nicht gekommen.

Doch von der Aussicht, auf dem vom Pulverdampf des Aufruhrs geschwächten Thron Spaniens Platz zu nehmen, ist man zunächst weder in Düsseldorf, wo Fürst Karl Anton als Militärgouverneur amtiert, noch in Berlin sonderlich entzückt. Karl Anton, der sich über die damit verbundene

Herausforderung Frankreichs klarer ist als Wilhelm I., stellt die Bedingung, daß erst Napoleon III. sein Einverständnis erklären müsse. Aber auch der König zögert und erwidert auf das Argument Salazars, vor allem die spanische Armee wünsche den Hohenzollernprinzen als König, geringschätzig: „Was für eine Armee, die in den letzten vierzig Jahren alle Revolutionen gemacht hat!"

Der spanische Abgesandte holt sich im Herbst 1868 einen doppelten Korb. Nur Bismarck, der die Lage bereits im Februar 1867, also längst vor dem Sturz der Isabella, mit dem preußischen Botschafter in Madrid, Georg Freiherr von Werthern, erörtert hat, ist fasziniert: „Ein Hohenzoller auf dem Thron Karls des Fünften!"

Angesichts des soeben erfolgten Rücktritts des preußenfreundlichen Ministers Hohenlohe in Bayern und der Aussicht auf einen zähen Schneckengang in Sachen deutsche Reichseinigung erscheint ihm diese Kandidatur sogleich als eine Art Punkt des Archimedes, von dem aus sich vielleicht eine ganze Welt in Bewegung setzen lassen wird.

Bismarck täuscht sich nicht. Obwohl er in der Folgezeit jedem, der es hören will, sehr viel von der spanischen Souveränität und dem völligen Desinteresse der preußischen Regierung erzählt. Noch in seinen „Gedanken und Erinnerungen" gibt er sich außerordentlich verwundert darüber, daß man auch nur vermuten könnte, der doch aufgrund seiner Herkunft als absolut franzosenfreundlich einzustufende Prinz Leopold würde sich nach seinem „Übertritt" auch nur an seinen, Bismarcks, Namen erinnern. Im Gegenteil sei die sofortige Verbrüderung der Spanier mit den Franzosen zu befürchten, und damit vielleicht sogar eine gegen Preußen gerichtete „Achse".

Des Kanzlers Besucher in dem karg möblierten Arbeitszimmer in der Berliner Wilhelmstraße lächeln. Nicht alle sind so uninformiert über die jahrhundertealte Rivalität zwischen beiden Nachbarn diesseits und jenseits der Pyrenäen, wie Bismarck das vorauszusetzen scheint. Aber verborgen bleibt ihnen doch, welche fieberhafte Aktivität Bismarck hinter der Fassade des sorgfältig zur Schau getragenen offiziellen Desinteresses entfaltet.

Wieder einmal beginnt das nun schon bekannte, geschickt aus raffinierter Verlockung und leiser Drohung gemischte Spiel, mit dessen Hilfe er allmählich alle Trümpfe in seine Hände bekommt. Einprägsam nennt er es die spanische „Friedens-Fontanelle“, die es gelte, so lang wie möglich offen zu halten, um „alle möglichen Folgen unter dem Gesichtspunkt unseres Interesses zu erwägen“.

Allem Anschein nach scheut er sich auch nicht, auf die Mitglieder der spanischen Cortes Einfluß zu nehmen, die den künftigen König zu wählen haben. Inwieweit er aber dafür wiederum Mittel aus dem 1866 beschlagnahmten „Welfenfonds“ einsetzt, was der Bismarck-Biograph Erich Eyck aufgrund der Tagebücher des Militärschriftstellers Theodor von Bernhardi glaubt nachweisen zu können, muß bis zum Auftauchen überzeugenderer Belege strittig bleiben. Bernhardi neigt bereits 1862 beim Hessischen Verfassungskonflikt und auch 1866 zu scharfmacherischen Übertreibungen, wenn er auch als ein typisches „enfant terrible“ der Berliner Hof- und Militärkreise über ausgezeichnete Beziehungen verfügt.

Wenn Bernhardi also nach dem Zeugnis des britischen Lords Acton 50 000 Pfund (!) aus dem Welfenfonds zu Bestechungszwecken in Spanien erhalten haben will, so nimmt dieser, zählt man auch die daraus angeblich finanzierten Schlösser des bayerischen Königs Ludwig II. dazu, allmählich geradezu gigantische Dimensionen an. Wie das Kreuz Christi, von dem sich so viele Splitter in den Reliquienschreinen der ganzen Welt befinden, daß man daraus einen stattlichen Wald zusammenbauen könnte.

Vermutlich hat Bismarck intelligentere Mittel eingesetzt. Als im Februar 1870 Salazar wieder in Berlin auftaucht, steht Fürst Anton einer Kandidatur seines ältesten Sohnes für den spanischen Thron schon aufgeschlossener gegenüber. Doch ein als Familienkonferenz getarnter Kronrat am 15. März im Berliner Schloß kann den König noch nicht umstimmen. Daß die Angelegenheit damit erneut auf eine der schon gewohnten Machtproben zwischen dem Kanzler und seinem Souverän zusteuert, kann man an Bismarcks zahlreichen Erkrankungen in diesen Wochen erkennen. Im Januar muß er sich völlig erschöpft nach Varzin zurückziehen. Im April, kurz nach der ergebnislosen Konferenz, bekommt er sogar Gelbsucht und kann, indes in Berlin „alles aus dem Leim geht", wie der ahnungslose Roon meint, fünf Wochen lang „kein Wort hören noch sprechen".

Das Gegenteil ist der Fall. Schon gehört es zum Ritual des im Entstehen begriffenen Reiches: Die wirklich schwerwiegenden Entscheidungen fallen nicht in Berlin, sondern auf den Gütern des Kanzlers. Auf langen Spaziergängen, im Dialog mit „meinen Bäumen, mit denen ich mir mehr zu sagen habe als mit den Menschen" (Bismarck 1867 zu seiner Frau).

Dort, im pommerschen Varzin, dessen Erwerb ihm eine großzügige Dotation nach dem preußisch-österreichischen Krieg erlaubt hat, sucht der nun Fünfundfünfzigjährige Klarheit darüber, ob die von ihm gewollte Gründung des Deutschen Reiches einen Waffengang mit Frankreich erforderte. Daß er kommen muß, falls Leopold von Hohenzollern-Sigmaringen die spanische Thronkandidatur mit Genehmigung des preußischen Königs annimmt, unterliegt spätestens seit dem 5. Mai keinem Zweifel mehr.

Mit dem Herzog Agénor von Gramont, bislang französischer Gesandter in Wien, ist ein Wortführer der „Falken" in das Kabinett Ollivier eingetreten. Nach Meinung seines englischen Kollegen Lord Clarendon hätte er allerdings besser daran getan, erst gar kein Diplomat zu werden. Schon vor dem deutsch-österreichischen Krieg ist er, damals Botschafter in Berlin, ahnungslos auf einige Tricks des „Dreihäärigen", wie Bismarck in der Pariser Presse nicht ohne diabolischen Hintersinn genannt wird, hereingefallen. Beispielsweise auf die nichtssagende Floskel des Kanzlers, man werde mit ihm „über alles“ reden können, was Gramont sofort auf mögliche „Kompensationen“ bezogen hat.

Dann ist er als Botschafter nach Wien gegangen, um dort so vollständig der sächsischen Suada des nunmehrigen österreichischen Reichskanzlers Ferdinand von Beust zu verfallen, daß er zeitweise jeden Blick für das französische Eigeninteresse verlor. Das heißt: Er fand gar nicht heraus, ob sich Wien tatsächlich bei einem nach „Sadowa“ auch französischerseits denkbaren Konflikt mit Preußen auf die Seite seines Landes stellen würde.

31. Kapitel

„DAS IST DER KRIEG!"

Da schlägt am 2. Juli 1870 wie eine Bombe die offizielle Nachricht von der Kandidatur des Erbprinzen Leopold von Hohenzollern-Sigmaringen für den spanischen Thron in das Gewirr von diplomatischen Querverbindungen, halben Bündnissen und Gerüchten aller Art hinein. Die Madrider Zeitung „Epoca" hat sie veröffentlicht, die französische Nachrichtenagentur „Agence Havas" verbreitet sie in alle Welt – und ihr Ursprung ist eine gezielte Indiskretion des mit dem Herausgeber der „Epoca" befreundeten Cortes-Präsidenten Zorilla. Was ist geschehen?

Zum dritten Mal hat der unermüdliche Salazar in Berlin und auf Schloß Weinburg am Bodensee, der Sommerresidenz der Sigmaringer, angeklopft und diesmal endlich die Zustimmung sowohl der betroffenen als auch der regierenden Hohenzollern erreicht. Wenn auch die Zusage „sehr schweren Herzens" erfolgte, wie Wilhelm I. dem Fürsten Karl Anton schreibt: „Ich sähe es gern, wenn Leopold bei der Wahl durchfiele!"

Immerhin haben sich Lothar Bucher, Spezialist für heikle Missionen in Bismarcks Auswärtigem Amt, und der Major Versen vom Generalstab an Ort und Stelle, wie sie nach ihrer Rückkehr am 22. Juni dem König berichten, ein positives Bild von den spanischen Zuständen verschafft. Moltke händereibend: „Dieses spanische Pflaster zieht ganz ausgezeichnet!"

Bismarck bedrängt den König: „Schnell vollendete Tatsachen schaffen – wie in Rumänien!" Dann fährt er wieder nach Varzin, indes Wilhelm I. in Bad Ems, im engen Tal der Lahn, kurt.

Genau das, nämlich „vollendete Tatsachen“ zu schaffen, gelingt nicht. Es spricht für das Selbstbewußtsein der spanischen Ständeversammlung, daß sie erst einmal die Lage in Ruhe prüfen will. Sie vertagt sich bis zum 20. Juli. Die vorzeitige Veröffentlichung der Thronkandidatur des Hohenzollernprinzen erschüttert zudem die Stellung des Diktators Prim, der sich nun nicht mehr auf diplomatischem Wege mit Napoleon III. verständigen kann.

Auch der befindet sich in einer schwierigen Lage. Wie so häufig ist die Außenpolitik ein Produkt der Entwicklungen im Innern. Das nach erdrutschartigen Wahlverlusten der Bonapartisten im Vorjahr gebildete liberale Kabinett Ollivier befindet sich unter Beschuß von rechts und links: Sowohl von seiten der teilweise schon entmachteten alten Bonapartisten um den zurückgetretenen Vize-Kaiser Rouher und die Kaiserin Eugénie als auch von seiten der Republikaner, die sich um den aus Marseille stammenden Historiker und früheren Ministerpräsidenten Adolphe Thiers oder um den wesentlich radikaleren Advokaten Léon Gambetta aus der Gascogne scharen.

Sie machen von der neuen Pressefreiheit des „Empire liberal“ ausgiebig Gebrauch. Skandale und Affären in der Umgebung des Kaisers kosten das eben noch anläßlich der Weltausstellung und der Eröffnung des Suezkanals am 16. November 1869 glanzvoll gefeierte Regime weitere Prestigeverluste.

Auch das am 8. Mai 1870 eingeholte Plebiszit über die zwei Wochen zuvor verabschiedete neue Verfassung offenbart nur den tiefen Riß zwischen der überwiegend kaisertreuen Landbevölkerung und den Menschen in den großen Städten, die fast geschlossen mit Nein votieren.

Verzweifelt sucht Napoleon III. nach dem Luxemburger Fehlschlag weiter nach „Kompensationen“, um der zunehmenden Isolierung Frankreichs entgegenzuwirken. Doch auch der Versuch, zwei Eisenbahnlinien der belgischen Privatbahnen zu kaufen, scheitert kläglich und weckt nur das Mißtrauen Englands. Überall stößt der französische Kaiser, ohne den eben noch keine bedeutende Entscheidung in der Welt fallen konnte, an die unsichtbaren Mauern einer total veränderten politischen Konstellation, die allein den preußischen Nachbarn zu begünstigen scheint.

Die von Bismarck klug berechnete und gegen den Widerstand der Betroffenen selbst durchgesetze Kandidatur des Sigmaringers für den spanischen Thron desavouiert die 1866 erfolgte Mitwirkung Napoleons an der Inthronisierung seines Bruders in Rumänien nachträglich als eine Torheit. Zu allem Überfluß ist Fürst Carol schon bei der ersten Gelegenheit, beim Streit zwischen Griechenland und der Türkei um die Insel Kreta, demonstrativ an die Seite Preußens getreten. Wer könnte die Vermutung von der Hand weisen, ein zweiter Hohenzoller, auch noch an der Südflanke Frankreichs postiert, würde die neue Einkreisungspolitik à la Bismarck fortsetzen? – In den Pariser Blättern liest man: „Ihr seid ja umzingelt, ihr guten Leute! Preußen am Rhein, Preußen hinter den Alpen, Preußen jenseits der Pyrenäen . . . Wenn das die Revanche für Sadowa ist, dann ist sie vollkommen!“

Drohend läßt sich am 6. Juli Außenminister Gramont in der Deputiertenkammer vernehmen: „Wir glauben nicht, daß die Achtung vor den Rechten eines Nachbarvolkes uns dazu verpflichtet zu dulden, daß eine fremde Macht durch die Besetzung des Throns Karls des V. mit einem ihrer Prinzen das bestehende Gleichgewicht Europas zu unserem Nachteil stört und Frankreichs Interessen und Ehre gefährdet. Dieses Ereignis wird, wir hoffen es fest, nicht eintreten . . . Um es zu verhindern, rechnen wir auf die Einsicht des deutschen und die Freundschaft des spanischen Volkes. Sollte es jedoch anders kommen, so würden wir unsere Pflichten ohne Zaudern und ohne Schwäche zu erfüllen wissen!“

„Alles, was sie seit 1866 heruntergeschluckt haben,

kommt jetzt heraus!" schreibt warnend Graf Alfred Waldersee, der preußische Militärattaché in Paris. Die „öffentliche Meinung", über die sich gerade erst Jacques Offenbach in seinem „Orpheus" lustig gemacht hat, geht mit der Schwäche des Regimes und dem Fanatismus des Herzogs von Gramont eine hochexplosive Mischung ein.

Trotzdem haben noch nicht alle den Kopf verloren. Ollivier bittet England und Rußland um Vermittlung; Wilhelm I. in Bad Ems nutzt die Abwesenheit Bismarcks, um einen Offizier namens Strantz nach Sigmaringen zu schicken. Er soll den Erbprinzen Leopold oder dessen Vater angesichts der sich zuspitzenden Lage zum endgültigen Verzicht auf die Kandidatur bewegen.

Derselbe Strantz wird von dem französischen Historiker Octave Aubry auch als Besucher Napoleons III. in Saint-Cloud gemeldet, hier allerdings mit dem Namen „Stratt". Auch dieser „Stratt" soll anschließend nach Sigmaringen weitergereist sein. Die Versuche der beiden Monarchen, in diesen hektischen Julitagen des Jahres 1870 den Frieden sozusagen im Alleingang an ihren jeweiligen „starken Männern" vorbei zu retten, sind also weitaus intensiver gewesen, als die historische Forschung bis jetzt zuzugeben bereit ist.

Auch der mehrtägige Dialog, den Wilhelm I. bis zum Eintreffen der von Strantz tatsächlich bei Fürst Anton (Erbprinz Leopold ist in diesen Tagen unauffindbar) erreichten Verzichtserklärung mit dem französischen Botschafter, Graf Vincent Benedetti, führt, dürfte sich gänzlich anders abgespielt haben, als es später die offizielle Geschichtsschreibung in beiden Ländern wahrhaben will. Zu schnell verdekken gewalttätige Ereignisse, daß es vor deren Ausbruch immer nur wenige Menschen sind, die sie wirklich wollen.

Dem schmächtigen und kahlköpfigen Korsen Benedetti liegt am Morgen des 13. Juli 1870 auf der Kurpromenade in Bad Ems an der Lahn, wo noch heute eine in den Boden eingelassene Platte an die historische Begegnung erinnert, nicht das Geringste daran, als eine Art räuberischer Brigant, der einen friedliebenden Monarchen ungebührlich „bedrängt", in die Geschichte einzugehen. Er ist im Gegenteil bis zum letzten Augenblick um Vermittlung bemüht. Auch Wilhelm I. geht, ein druckfrisches Exemplar der „Kölnischen Zeitung", in der bereits die Verzichtserklärung des Erbprinzen Leopold abgedruckt ist, in der Hand, mit einem Gefühl der Erleichterung auf den höflich wartenden Botschafter zu.

Aber beide sind nicht die eigentlichen Protagonisten des gespenstischen Schauspiels, das nun anhebt. Dessen Akteure sitzen in Paris und Berlin. In der französischen Hauptstadt haben sich endgültig die „Falken" durchgesetzt. Sie wollen dem preußischen König die Erklärung abnötigen, daß er „niemals" wieder seine Einwilligung für die Kandidatur eines Prinzen aus seinem Haus für den spanischen Thron geben würde. Und in Berlin benutzt der Kanzler Bismarck den holprig-umständlichen Depeschentext, den der Geheimrat Heinrich Abeken aus Bad Ems gekabelt hat, um ihn einer verschärfenden und damit den wahren Tatbestand samt allen Begleitumständen verfälschenden Redaktion zu unterziehen.

Er fügt dabei der berühmten „Emser Depesche" kein einziges Wort hinzu. Dann schickt er den redigierten Text als „amtliche Mitteilung" der preußischen Regierung weiter in die übrigen Hauptstädte Europas. Roon und Moltke, die an diesem Abend des Kanzlers Gäste sind, lachen dröhnend. Als der dreiundsiebzigjährige König Wilhelm I. am nächsten Morgen in Bad Ems wieder die Zeitung aufschlägt, erbleicht er und murmelt tonlos: „Das ist der Krieg!"

32. Kapitel

SCHMELZTIEGEL FRANKREICH

Helmuth von Moltke gibt sich in jenen glühendheißen Julitagen des Jahres 1870, bevor sich das von insgesamt 750 000 Soldaten bestrittene „Kriegstheater" im Nordwesten Frankreichs an Mosel und Maas entrollt, betont lässig. Ein Besucher trifft ihn lesend an, in einen Roman von Walter Scott vertieft. „Warum nicht?", meint der preußische Generalstabschef, „alles ist fertig. Die Klingel braucht nur gezogen zu werden!"

Dieser Feldzug, von dem er vorher sagt: „Wenn ich das noch erleben könnte, dann mag gleich hinterher der Teufel die alte Carcasse holen", bedeutet für den Neunundsechzigjährigen die Erfüllung zweier Lebensideen. Die eine: Deutschland, das Reich oder wie immer man die Form der nationalstaatlichen Einigung nennen will, sei, wenn überhaupt, nur mittels eines Krieges zu erreichen. Hierin weiß er sich auch mit Bismarck einig. Die zweite wird schon seit den dreißiger Jahren von dem schweigsamen, inzwischen zur beherrschenden Gestalt der preußischen Armee aufgestiegenen Offizier vertreten: Ein solcher Krieg und überhaupt alle zukünftigen der nun endgültig angebrochenen „modernen Zeit" würde nur mit der Uhr in der Hand und dem Eisenbahnfahrplan auf dem Kartentisch zu gewinnen sein.

Theodor Fontane, gerade als Theaterkritiker von der stockkonservativen „Kreuzzeitung" zur freisinnigen „Tante Voss" übergewechselt, aber wie 1864 schon reisefertig zur Kriegsberichterstattung, wobei er am 5. Oktober zwischen den Fronten als Spion verhaftet werden wird, nennt den präzisen, auf die Minute berechneten Aufmarsch der zunächst 384 000 preußischen und „verbündeten" Soldaten „eine durch Eisenbahnen geregelte Völkerwanderung".

Auch Kriegsminister Albrecht von Roon, für die Bereitstellung „allen lebendigen und toten Materials" verantwortlich, geht erst einmal zur Erholung auf sein märkisches Gut Gütergotz. Ihn von dort wieder zurückzuholen, würde man liebend gern unterlassen. Denn „im Feldzug taugt er wenig und macht viel unnütze Arbeit", wie ein dem Kronprinzen nahestehendes Mitglied der Generalität in diesen Tagen meint.

Der Kronprinz, nun ein achtunddreißigjähriger Mann in der Fülle seiner Lebenskraft, eine wahre Hünengestalt mit rotblondem Vollbart, führt die dritte preußische Armee, die bei Speyer Aufstellung nimmt. Sie ist bereits „gesamtdeutsch", denn beim Eintritt des „Bündnisfalles" ist das Unvorhergesehene geschehen: Die Menschen in München, Stuttgart und Baden brechen in Begeisterung aus! Verflogen ist die antipreußische Stimmung, die noch vor Monaten jeden Fortschritt im Zollverein blockiert hat. Ludwig II. von Bayern, vor vier Jahren Kriegsgegner seines preußischen Kollegen, unterzeichnet mit den Worten „Bis dat qui cito dat" – Wer schnell gibt, gibt doppelt – den Mobilmachungsbefehl an seine Truppen und telegraphiert nach Berlin: „Mit Begeisterung werden meine Truppen an der Seite ihrer ruhmgekrönten Bundesgenossen für das deutsche Recht und deutsche Ehre den Kampf aufnehmen. Möchte er zum Wohle Deutschlands und zum Heile Bayerns werden."

Im Hoftheater bringen die Münchner dem zur Übernahme des Kommandos nach München gekommenen preußischen Kronprinzen Friedrich Wilhelm Ovationen dar. Gespielt wird – im Theater – „Wallensteins Lager" von Schiller. Nur im hessischen Darmstadt verbietet der Premierminister Dalwigk eine patriotische Volksversammlung mit der Begründung, die demnächst einrückenden französischen Truppen würden für einen solchen „Übermut" blutige Rache nehmen.

Daß sie nicht heranrücken und wie geplant über den nördlichen Schwarzwald hinweg einen Keil zwischen Preußen und seine süddeutschen Verbündeten schieben, macht die Spitzen der ab Anfang August in der Rheinpfalz bereitstehenden drei deutschen Armeen allmählich nervös. Außer dem Kronprinzen sind es Prinz Friedrich Karl, ein Neffe des Königs, der die zweite Armee befehligt, und der vierundsiebzigjährige Infanteriegeneral Karl Friedrich von Steinmetz. Er ist bereits in den Befreiungskriegen dabeigewesen und inzwischen so eigensinnig geworden, daß man ihn mitten im Feldzug nach Hause schicken muß.

Auf der anderen Seite stehen mit den beiden Marschällen François Achille Bazaine und Patrice Maurice Mac Mahon zwei kampferprobte, jedoch taktisch wenig geübte „Troupiers“ an der Spitze einer Armee, die es zu großen Teilen nur auf dem Papier gibt. Statt der vorgesehenen 300 000 Mann (Friedensstärke: 336 000) treffen bis zum 27. Juli nur 21 500 ein, um sich, in acht Korps gegliedert, an der elsaß-lothringischen Grenze von Belfort über Straßburg bis Diedenhofen in weitem Bogen aufzustellen.

Trotz der auseinandergezogenen Linie ist die eher zufällig getroffene Anlage nicht ganz und gar ungünstig. Napoleon I. würde seine Armeen nun in Eilmärschen wie eine Armbrust zusammenziehen und pfeilgerade an der südlichen, offenen Flanke der Preußen vorbei in deren Rücken stoßen.

Ein Schimmer vom Genius des großen Onkels beseelt auch den Neffen. Genau das versucht er. Allerdings ist sein Vorstoß auf Straßburg, mit dem Napoleon III. am 2. August die Kampfhandlungen eröffnet, eher das Zerrbild einer solchen Operation und höchstens geeignet, die einen halben Tagesmarsch nördlich stehende dritte deutsche Armee auf die Nähe der Franzosen aufmerksam zu machen.

Ganz Paris lacht, als der Kaiser in bekannter Napoleon-Manier die Ernennung des Generals Frossard zum „Herzog von Straßburg“ bekanntgibt. Der arme „Badinguet“ ist überglücklich, daß sein siebzehnjähriges Söhnchen Louis

(Prinz „Plon-Plon“) hier die „Feuertaufe“ erhält. Der Papa telegraphiert nach Hause: „Louis hat eine Flintenkugel, die zu seinen Füßen niedergefallen war, aufgehoben und aufbewahrt. Einige Männer weinten, als sie ihn so ruhig sahen.“

Zwei Tage später ist es an ihm selbst zu weinen. Die Deutschen beißen zu. Bei Weißenburg, Wörth und Spichern treiben sie einerseits die Verbände des Marschalls Mac Mahon über die Vogesenpässe zurück und drängen andererseits die des Marschalls Bazaine über die Mosel hinweg in Richtung Metz. Dort entwickeln sich Mitte des Monats die außerordentlich verlustreichen Schlachten von Colombey-Nouilly (14. August), Vionville/Mars-la-Tour (16. August) und Gravelotte/Saint-Privat (18. August).

Diese Ortsnamen kann man noch heute an den Gedenksteinen für die Gefallenen des Krieges von 1870/71 in fast jeder deutschen Stadt lesen. Ob die bayerischen „blauen Teufel“ mit ihren Raupenhelmen oder die roten Zieten-Husaren – sie rennen mit verbissener Wut gegen die gut befestigten Stellungen der Franzosen an, sterben zu Tausenden im ohrenbetäubenden Geknatter der Chassepot-Gewehre und Mitrailleusen.

Wie einst 1813/14 wollen sich einzelne Generäle durch besonders risikoreiche, ungedeckte Attacken einen Namen als Kriegshelden verschaffen. Mit seinem leichtsinnigen Angriff auf die ausgezeichnet befestigten Höhen von Spichern geht der General von Kameke, Kommandeur der 14. Infanteriedivision der zweiten Armee, eher als negative Figur in die Kriegsgeschichte ein. „Noch ein paar solcher Siege, und unsere schöne Armee lebt nicht mehr“, schreibt Major Hans von Kretschman, Stabsoffizier des Generals von Alvensleben II.

Doch dann begeht Mac Mahon den entscheidenden Fehler. Er zieht sich mit seiner Armee nicht in Richtung Paris zurück, sondern er schwenkt nach Norden in Richtung Metz, um Bazaine zu entsetzen. Mit ihm gerät auch Napoleon III.

in die „Falle" Sedan. Sedan ist der Geburtsort des Marschalls Turenne, der 1647 als Feldherr Ludwigs XIV. die Pfalz verwüstet hat. Nun wird die kleine Festung „zweiten Grades" am Ufer der Maas, dicht an der belgischen Grenze gelegen, zur Endstation für das französische Kaisertum bonapartistischer Prägung. Napoleon III. übergibt am 2. September 1870 dem siegreichen preußischen Rivalen seinen Degen. „Es war mir nicht vergönnt, inmitten meiner Truppen zu sterben", schreibt er an Wilhelm I. Hunderttausend französischen Soldaten folgen ihrem „empereur" in die Kriegsgefangenschaft.

33. Kapitel

„RATTE, NACH HAMMEL SCHMECKEND“

Vorerst ist es mit den schnellen Siegen vorbei. Nach Sedan geht für die Preußen nichts mehr nach Plan. Die Franzosen geben keineswegs so schnell auf wie ihr Kaiser. Frankreich erklärt sich am 4. September 1870 zur Republik und bildet eine „Regierung der nationalen Verteidigung“. Es ist ein Kabinett der alten Napoleon-Gegner mit dem bisherigen Gouverneur von Paris, Charles Trochu, als Ministerpräsident und dem Advokaten Jules Favre als Außenminister. 1859 hat sich Favre mit der Verteidigung des Napoleon-Attentäters Orsini einen Namen gemacht und vor zwei Monaten als einer der ersten für den Krieg gestimmt. Octave Aubry nennt ihn einen „Hinterwäldler mit traurigem Gesicht“.

Starker Mann der neuen Regierung ist ein anderer Advokat, der einäugige und radikale Léon Gambetta. Als Innenminister ruft er, wie Lazare Carnot 1792 beim ersten Einmarsch der Preußen, die „levée en masse“ aus, den Volkskrieg, und wie damals will man die Feinde nach Paris locken, um sie dann vom Norden und Süden her in die Zange zu nehmen.

Knapp 400 000 schlecht bewaffnete Soldaten igeln sich in der kurzen Zeit, die ihnen noch bis zum Herannahen der Preußen verbleibt, in der Hauptstadt ein. Noch einmal Zwei- bis Dreihunderttausend nehmen Aufstellung im Norden bei Amiens an der Somme und im Süden bei Besançon, Bourges und Vendôme, im weiten Bogen zwischen Saône und Loire.

Zu ihnen stößt auch der dreiundsechzigjähre italienische Revolutionsheld Garibaldi, ungeachtet seines Ärgers darüber, daß die Franzosen 1859 seine Heimatstadt Nizza okkupiert haben. Dafür müssen sie jetzt den Kirchenstaat freigeben. Wie eine Herde verschreckter Hammel stieben die Kardinäle, Bischöfe und Prälaten auseinander. Sie waren dort zur Beratung über die päpstliche „Unfehlbarkeit" versammelt. Wenig später wird auch der Papst, Pius IX., durch den Posener Erzbischof Ledóchowski die siegreichen preußischen „Ketzer" fragen lassen, ob sie ihm notfalls in Fulda oder Köln Asyl gewähren könnten.

Die in aller Eile aus dem Boden gestampften republikanischen Armeen in Frankreich können starke Kräfte der Preußen binden, aber nicht die Einschließung von Paris verhindern. Sie erfolgt am 19. September 1870. Immerhin verwandelt sich der „Blitzkrieg" in einen zähen Stellungskrieg. Während Gambetta Paris Anfang Oktober im Heißluftballon in Richtung Süden verläßt, um von dort aus den Entsatz der Hauptstadt zu versuchen, geht der preußischen Führung die bisher kriegsentscheidende Initiative verloren. Die deutschen Heere müssen nun weit auseinandergezogen im Feindesland gegen eine zahlenmäßige Übermacht und zugleich gegen Heckenschützen und „Franktireurs" kämpfen.

Ende Oktober ist der bayerische General von der Tann gezwungen, Orléans zu räumen. Am 9. November wird er sogar bei Coulmiers von der französischen Loire-Armee geschlagen. Gerade noch rechtzeitig kann Prinz Friedrich Karl mit der zweiten Armee den französischen Vormarsch neunzig Kilometer vor Paris stoppen.

Die langen, ungesicherten Nachschubwege machen den Preußen zu schaffen. Verdächtig oft steht die berüchtigte „Erbswurst" als einziges Gericht auf dem Speisezettel der deutschen Soldaten. Es ist eine in dem Labor des Chemikers Justus von Liebig entwickelte Spezialität, bei der Erbsenpüree zur steinharten, aber haltbaren Masse eingedickt wird.

Allein genossen, verursacht die Erbswurst häufig Magenbeschwerden und Mangelkrankheiten.

Noch eintöniger sind die Menüs der in Paris Eingeschlossenen, von denen die Preußen etwas vorschnell vermuten: „Nicht eine Woche werden es diese Feinschmecker ohne frische Erdbeeren aushalten!" Nachdem alle Vorräte verzehrt sind, schlachtet man die Tiere des Zoologischen Gartens. Wer reich ist, kommt so noch schnell zu einer Rarität, von der Alexandre Dumas in seinen Romanen schwärmt, ohne sie je selbst gekostet zu haben: Bärenkoteletts.

Dann aber macht der Hunger alle gleich, Reiche wie Arme. Es gibt nur noch Hunde- und Katzenfleisch, und schließlich – Ratten. Aber auch dabei behalten die Pariser ihren Humor. „Rat, goût de mouton" (Ratte, nach Hammel schmeckend) liest man auf den Speisekarten der teuren Luxusrestaurants, wo früher, fast gleichklingend, stand: „Ragoût de mouton" (Hammelragout).

Unschlüssig hockt Moltke mit dem Fernglas in der Hand auf den Kirchtürmen der Umgebung und blickt auf das im schrägen Licht der Abendsonne aufblitzende Häusermeer. Dreieinviertel Millionen Menschen leben darin. Deutlich kann man die Kuppel des Invalidendoms ausmachen. Dort liegt der erste Napoleon begraben. Von ihm haben die heutigen Sieger die Taktik des Vernichtungskrieges gelernt und weiterentwickelt. Um die großen Metropolen hat Bonaparte jedoch in der Regel einen Bogen gemacht. Dieser Tatsache sucht Moltke mit dem Grundsatz Rechnung zu tragen: „Städte über hunderttausend Einwohner erobert man nicht. Sie fallen von selbst!"

Paris hält ganze einhundertdreiundzwanzig Tage lang stand. Soll man doch dieses „Sündenbabel an allen vier Ecken anzünden", empfiehlt Roon mit einem Teil des Generalstabs. „Auf keinen Fall", schreibt von zu Hause kategorisch die Königin Augusta, lebhaft sekundiert von ihrer Schwiegertochter, der englischen Victoria: „Sind wir denn nicht *auch* eine Kulturnation?"

Dieses „auch“ spricht Bände und offenbart wie wenig anderes den tiefsitzenden Minderwertigkeitskomplex der Preußen. Die Meinung der Königin ist nicht ganz belanglos. Jeden Abend erstattet ihr Wilhelm I. über die Militär-Telegraphenleitungen genauesten Bericht. „So daß“, wie sich Bismarck ereifert, „der englische Hof viel eher über unsere Pläne unterrichtet ist als unsere eigenen Minister.“ Aber auch der Kronprinz macht sich die Meinung seiner Mutter zu eigen. Seit seinen glänzenden Siegen in der Anfangsphase des Krieges kann man ihn nicht mehr übergehen.

Wenn die Königin Augusta meint, man dürfe die „Hauptstadt der Welt“ (Edmond de Goncourt) auf keinen Fall bombardieren, so ist das für Bismarck schon Grund genug, dies unter allen Umständen in die Wege zu leiten. Zu Hilfe kommt ihm dabei jedoch nicht nur die „öffentliche Meinung“ in Deutschland, die sich in entzückenden Briefchen an Moltke artikuliert („Lieber Moltke, mach doch endlich bumm!“), sondern die internationale Politik.

34. Kapitel

DER PREIS FÜR DEN „BLUTZOLL“

Bismarck gerät unter Zeitdruck. Bislang haben England, Rußland und Österreich Neutralität gewahrt. Nun aber reist der angesehene Historiker und einstige Premierminister des Bürgerkönigs, Adolphe Thiers, in halboffizieller Mission nach München, Wien, St. Petersburg und Florenz, um den dortigen Regierungen deutlich zu machen: der Kriegsgrund für die Preußen in Gestalt des revanchelüsternen Kaisers Napoleon III. sei entfallen, das republikanische Frankreich wünsche nichts als den Frieden.

Im Tête-a-tête mit seinem deutschen Historiker-Kollegen Leopold von Ranke, den er zufällig in einem Wiener Hotel trifft, leistet Thiers auch ein Stück jener Verdrängungsarbeit, die offenbar für den Besiegten jedes Krieges unerläßlich ist. Denn nicht so sehr Napoleon III. hat zu diesem Krieg getrieben, sondern viel mehr diejenigen, die gleich ihm wußten, daß er ihn nicht gewinnen würde, und die in seiner voraussehbaren Niederlage das Mittel sahen, ihn loszuwerden. Zu ihnen gehörten nachweislich Thiers und Favre.

Auch jetzt folgt dem sondierenden Professor und „Unsterblichen“ der Académie Française sofort eine Note des Außenministers Jules Favre, worin die neue französische Regierung erklärt, sie wolle Frieden mit Preußen, vorausgesetzt, es fordere „keinen Fußbreit französischer Erde“.

Aber dazu ist Bismarck nicht bereit. Im Unterschied zu seiner maßvollen Haltung gegenüber Österreich vier Jahre zuvor will er diesmal von den Franzosen territoriale „Kompensationen“: das Elsaß und den größten Teil Lothringens.

Favre bekommt es von ihm selbst zu hören, als er am 20. September zu ersten Waffenstillstandsverhandlungen im preußischen Hauptquartier zu Ferières auftaucht. 1862 soll hier, auf dem luxuriösen Familiensitz der Rothschilds, Napoleon III. während eines Jagdausfluges ausgerechnet einen Papagei erlegt haben, der auf den Ruf „Vive l'empereur" dressiert war.

Bismarck steht mit seiner Annexionsforderung nicht allein. Je größer der Blutzoll wird, den preußische, bayerische, badische, württembergische, sächsische, thüringische und hessische Soldaten an den Hängen und Flußtälern des schon von Goethe geschätzten Landes errichten, um so vernehmlicher wird auch der in Deutschland nie ganz verstummte Ruf nach „Rückkehr" der „alten Reichslande".

In der Tat haben Elsaß und Lothringen bis 1680 und Straßburg bis 1681 zum einstigen „Deutschen Reich" gehört. Damals ließ sie der französische „Sonnenkönig" Ludwig XIV. im Zuge seiner großangelegten Expansionspolitik durch den Marschall Turenne besetzen. Nicht ohne stillschweigende Unterstützung seitens des „Großen" Kurfürsten in Preußen übrigens, der so eine ihm gefährlich werdende Koalition zwischen Frankreich und Schweden aufbrechen konnte. Ludwig XIV. verdarb sich dadurch seine Chancen bei der Kaiserwahl des Jahres 1705, bekam aber seine Beute bereits 1697 im Frieden von Ryswijk rechtsverbindlich bestätigt.

Die nächste Gelegenheit zur „Revision" machte dann 1814 beim Wiener Kongreß der französische Außenminister Talleyrand zunichte. Er persiflierte die angebliche preußische „Ländergier" so geschickt, daß die übrigen Mitsieger über Napoleon I. Angst bekamen und Frankreich nur einen Teil des Saargebietes an Preußen abtreten mußte.

Der Ärger darüber artikulierte sich in der Folgezeit in zahlreichen romantisch-patriotischen Gedichten und Liedern – ein später Reflex auf die napoleonische Theorie von den

„natürlichen Grenzen". Als politisches Programm fand man den Wunsch nach Wiedererlangung dieser Landstriche an einer alten europäischen Wetterecke aber erst gut zwei Jahrzehnte später wieder: 1848/49 in den Debatten der Frankfurter Nationalversammlung. Hier wurde er durch Verknüpfung mit der „Reichsidee" zusätzlich aufgeheizt und später von den Nationalliberalen in die Gußform konkreten wirtschaftspolitischen Kalküls gegossen: Lothringen besitzt außerordentlich reiche Vorkommen an wertvollen Minette-Erzen.

Doch die Menschen dort, in der Regel zweisprachig und urban aufgewachsen, Europäer also im besten Sinne – nicht von ungefähr ist Straßburg heute der Sitz des Europäischen Parlaments –, sie fühlen sich eher zu Frankreich gehörig. Nicht einmal so sehr im ethnischen Sinne. Aber sie sind es leid, als Spielball hegemonialer Interessen betrachtet zu werden, und sie haben eine instinktive Furcht vor der preußischen Engführung des nationalen Gedankens.

Nur mit Mühe gelingt es, ein paar elsässische Ortsbürgermeister aufzutreiben, die das preußische Steuersystem besser finden. Als jemand vorsichtig das Wort „Selbstbestimmung" in die Diskussion wirft, wettert die „Augsburger Allgemeine Zeitung": „Hübsch! Die Kinder sollen abstimmen, ob sie Kinder ihrer Mütter seien! Der Wille! Als ob es nicht auch einen schlechten Willen gäbe!"

35. Kapitel

DEUTSCHES POKERSPIEL

Mit dem „schlechten Willen" seiner eigenen Landsleute bekommt es Bismarck in den nächsten Wochen reichlich zu tun. Während sich Belagerer und Belagerte in einen unergiebigen Stellungskrieg verwickelt sehen, vollziehen sich große Teile der „deutschen Einigung" in der Villa einer geflohenen französischen Tuchfabrikanten-Witwe namens Jessé zu Versailles. Es ist Bismarcks „Hauptquartier" seit dem 5. Oktober 1870, indes der König das seine in der unter Napoleon III. erbauten Präfektur an der Avenue de Paris aufschlägt.

In die sonst so stillen Straßen des „französischen Potsdam" zieht wieder Leben ein, wie es zuletzt vielleicht zu Zeiten Ludwig XVI. geherrscht haben mag. Er war der letzte König, der in Versailles residiert hat, bis ihn und seine „Halsband"-Königin Marie Antoinette am 6. Oktober des Jahres 1789 die Pariser Marktweiber zurückholten in das unruhige, von der Revolution erschütterte Paris. Dort wartete ihrer die Guillotine.

In Marie Antoinettes Prunkgemächern drüben im Schloß, das jetzt im Herbstregen stumpf und glanzlos liegt, befindet sich ein Militärlazarett. Bismarck reitet, so oft er kann, die schnurgeraden Alleen und Gänge des von Le Nôtre im Auftrag des Sonnenkönigs angelegten Parks entlang, tummelt sich furchtlos und ungeniert an den Markttagen unter dem hier wesentlich „eleganteren" Publikum und wandert selbst nachts stundenlang im Park der Villa Jessé umher. Er trägt sich mit seiner Lieblingsidee, dem „Deutschen Reich".

Daß der Krieg zu irgendeiner Form des nationalen Zusammenschlusses der Deutschen führen müsse, war von vornherein ausgemacht und lag seit langem in der Absicht des „Gründers". Er allein hat den dreimaligen „Test", daß sich Preußen zur Kernzelle der Nation eigne, erzwungen. Und noch vor zwei Jahren hat er siegessicher prophezeit: „Setzen wir das Reich nur in den Sattel – reiten wird es schon können!"

Aber – welches „Reich"?

Zu seinem eigenen Erstaunen sieht der Kanzler, daß sich diese simple Frage gleichsam wie von selbst in den Vordergrund spielt. Alle Beteiligten haben verschiedene Auffassungen davon. Bismarck selbst denkt zunächst nur an einen durch die Südstaaten vergrößerten Fürstenbund unter ähnlichen Bedingungen, wie sie seit 1866 im Norden gelten. Vielleicht mit einigen Zugeständnissen eher folkloristischer Art an Bayern, Württemberg oder Baden.

Aber dort scheinen überhaupt keine Vorstellungen von der Gestalt des künftigen Staatswesens zu herrschen. Zwar stößt eine preußische Delegation unter Leitung des Kanzleramts-Chefs Delbrück Ende September 1870 in München auf ein wenig mehr „Reichsbereitschaft", als sie dort in den endsechziger Jahren verbreitet gewesen ist. Dafür hat eine Propagandareise der beiden nationalliberalen Politiker Rudolf von Benningsen und Eduard Lasker zu Beginn des Monats gesorgt. Auch die begeisterten Briefe der bayerischen Soldaten aus dem Feld haben das Ihrige getan. Aber nun ist es der eben noch so freudig gebende („Bis dat, qui cito dat") König, der zum entschiedenen „Reichsbremser" wird.

Die deutschen Siege haben Ludwig II. tief verdrossen. Als sein Kabinettssekretär August von Eisenhart mit dem ersten Teil der Depesche vom erfolgreichen Ausgang der Schlacht bei Wörth zu ihm eilt und ihn bittet, noch auf den Schluß zu warten, fährt er ihn an: „Ein König muß niemals warten!" Daraufhin dehnt er seine nachmittägliche Ausfahrt absichtlich aus. Auch der Münchner Siegesfeier der Schlacht von

Sedan bleibt Ludwig demonstrativ fern. Heftig widersetzt er sich auch dem Ansinnen, er solle seine Truppen in Frankreich besuchen und bei dieser Gelegenheit selbst mit Wilhelm I. sprechen.

Der Kabinettssekretär Eisenhart ist nicht irgendein Lakai, sondern, da der König die Minister selten empfängt, sein wichtigster politischer Berater. Eisenhart führt sowohl die Gespräche mit Delbrück als auch mit dem württembergischen Premier Hermann Freiherr von Mittnacht. Beiden Herren weicht Ludwig II. gleichfalls aus. Er empfängt sie wohl auf Schloß Berg, verwickelt sie aber in eine weitschweifige Diskussion über das „Unfehlbarkeitsdogma", das am Tage des Deutsch-Französischen Kriegsbeginns vom Vatikanischen Konzil angenommen worden war.

So lange auch das dezidiert preußenfeindliche Württemberg einer Ausweitung des Nordbundes auf Süddeutschland reserviert gegenübersteht, vermag man dem Drängen der Preußen noch standzuhalten. Doch das ändert sich schnell. Aus der von Anfang an brüchigen Phalanx der Anschlußgegner bricht am 3. Oktober Baden aus. Großherzog Friedrich, Schwiegersohn des preußischen Königs, springt über den Schatten des auch am Oberrhein und im Schwarzwald angesiedelten Mißtrauens gegenüber der norddeutschen „Großmacht" und bittet formell um die Aufnahme in den „Norddeutschen Bund".

Er tut das übrigens zum zweiten Mal, denn 1867 hat Bismarck mit dem Hinweis, daß man „unreife Früchte nicht abschlage", den ersten Antrag Badens abgelehnt. Dem Beispiel Badens folgt der bisher auf Anti-Preußen-Kurs fahrende hessen-darmstädtische Premierminister Dalwigk. Wenig später bringen die württembergischen Landtagswahlen auch dort eine „reichsfreundliche" Mehrheit in die Kammern.

Nun ist kein Halten mehr. Die mit getrennten Zügen in Versailles anreisenden süddeutschen Exzellenzen geben sich in der Villa Jessé die Klinken in die Hand. Bei gleichermaßen opulenten wie betäubenden Frühstücken kann der Kanzler den ganzen hinterhältigen Charme seiner oft erprobten Teile-und-herrsche-Mentalität spielen lassen und sich nebenbei auch ein bißchen als Erbe des „genius loci“ betrachten. Nicht viel anders war vor zweihundert Jahren der „Sonnenkönig“ mit seinen deutschen Anbetern verfahren. Jeder wird in dem Glauben gelassen, gerade er habe einen Vorteil über seine Nachbarn errungen. Und über allem steht die Lockung mit der großpreußischen Wirtschaftskraft.

Graf Otto von Bray-Steinburg, der bayerische Erstminister, pokert mit dem neuen Sonnenkönig, als er sich mit seinem Modell eines bayerischen Sonderbündnisses mit einem erweiterten Nordbund nicht durchsetzen kann, schließlich nur noch um – Geld. Am 31. Oktober hat ihn Eisenhart entsprechend instruiert:

„Seine Majestät der König haben mich wiederholt beauftragt, Euer Exzellenz mitzuteilen, daß Allerhöchstdieselben der angenehmen Hoffnung leben, es werde Euer Exzellenz gelingen, für seine Majestät (gemeint ist *Ludwig II.*) zwei Millionen zu ermitteln. Ferner bin ich von meinem allergnädigsten Herrn angewiesen, Euer Exzellenz wiederholt die Frage einer ‚mäßigen Territorialvergrößerung‘ im Allerhöchsten Namen recht nachdrucksam ans Herz zu legen, und möchte Sie diese Angelegenheit recht bald mit dem Grafen Bismarck zur Besprechung bringen.“

Bismarck hält nun den Hebel in der Hand, um alles in seinem Sinne regeln zu können. Belanglose Zugeständnisse an territoriale Eigenarten erhalten so den Charakter von Dotationen für die zukünftigen „Zaunkönige“ des „Deutschen Reiches“. Beinahe ist er ein wenig enttäuscht, daß ihm die Früchte, die er so geduldig von selbst reifen ließ und um derentwillen er so viel behutsame Staatskunst aufgewendet hat, nun von selbst entgegenfallen.

36. Kapitel

ZANGENGEBURT ODER KAISERSCHNITT?

Mit dem deutschen Pokerspiel um bayerische oder württembergische Reservatrechte, um Münz-, Post- oder Eisenbahnhoheiten, um eigene Uniformen oder Gesandte ist das „Reich" noch nicht geboren. Oder: Wenn ein Kokon platzt, kriecht daraus nicht eine vergrößerte Raupe hervor, sondern ein schillernder Schmetterling.

Die Idee, nicht lediglich einen erneuerten „Deutschen Bund", sondern gleich ein „Deutsches Kaiserreich" auf den Schild der siegreichen Truppen zu heben, hat Wurzeln, die tiefer reichen als bis zum demokratisch eingefärbten Reichsföderalismus der Frankfurter Nationalversammlung.

Schon in den Befreiungskriegen brach in den Dichtungen Max von Schenkendorfs oder Ernst Moritz Arndts, aber auch in den Predigten Daniel Schleiermachers oder Johann Gottlieb Fichtes ein romantisch verstiegener Kaiserkult auf. Er kreiste teils um den Kyffhäuser im Harz, in dem Schenkendorf den 1190 im Saleph ertrunkenen Kaiser Friedrich Barbarossa auf die „Rettung" der Nation warten sah, teils um die Person des kauzigen Reichsfreiherren vom Stein, den Ernst Moritz Arndt „von hohenstaufischen Kaisererinnerungen umleuchtet" sein läßt (Franz Herre) – wofür Arndt später freilich unter Polizeiaufsicht gestellt wurde. Denn diese Art von „mittelalterlich verbrämtem Jakobinismus" (wieder Franz Herre) war auf eine gefährliche Weise mit der Hoffnung auf die Erfüllung des von Friedrich Wilhelm III. mehrfach gegebenen Verfassungsversprechens verbunden.

In die „richtige" Richtung dachte damals nur Fichte, der im

preußischen König den künftigen „Zwingherrn zur Deutschheit“ sah. Doch der, eben jener Friedrich Wilhelm III., ließ sich beim Wiener Kongreß von dem Duo Metternich-Talleyrand so geschickt an die Wand spielen, daß von einem irgendwie gearteten politischen Führungsanspruch Preußens im „Deutschen Bund“ zunächst nicht die Rede sein konnte. Europa hatte sich für ein Föderativsystem spätabsolutistischer Monarchien entschieden, in dem weder Verfassungen noch Nationalgedanken eine Existenzberechtigung besaßen.

Vollends der Kaisergedanke verkam zu einer historischen Reminiszenz wie der angebliche Barbarossa im Kyffhäuser. Die Sehnsucht nach Erneuerung des alten Kaiserglanzes konnte am Haus Habsburg als dem letzten Inhaber dieser Würde nicht so recht festmachen, fand aber auch keinen Halt an der „erbkaiserlichen“ Bewegung der Achtundvierziger. Bis angesichts des beginnenden Abdriftens Österreichs aus dem „Deutschen Bund“ 1859 zwei gänzlich verschiedene Männer die Kaiseridee wieder mit dem aufsteigenden Stern Preußen in Verbindung brachten.

Der eine war der später nationalliberale Reichstagsabgeordnete und Historiker Heinrich von Treitschke. „Als Sohn eines sächsischen Generals verehrte er Preußen mit der glühenden Ergebenheit eines Außenseiters“, schreibt E. J. Feuchtwanger von dem schwerhörigen Gelehrten, der lieber Offizier geworden wäre. Als Treitschke im Jahr des französisch-österreichischen Krieges in Italien das Kaisertum für Preußen „kraft seiner militärischen Stärke“ forderte, arbeitete er ein Programm aus, das bereits in den späten zwanziger Jahren ausgerechnet am Hof des Großherzogs Carl August von Weimar entwickelt wurde. Selbstverständlich ohne Goethe, dessen Abneigung gegen Preußen bekannt ist.

Der andere kann mit mindestens denselben Rechten wie Treitschke den Anspruch eines Außenseiters erheben. Wir trafen ihn bereits als Bismarcks überraschenden Gesprächspartner bei dessen ersten innenpolitischen Orientierungsversuchen: Lassalle, der Gründer der „Allgemeinen Deutschen Arbeitervereine".

In seiner 1859 erschienenen Schrift „Der italienische Krieg und die Aufgabe Preußens" paßte er diesem Land versuchsweise den Mantel eines sozialen Kaisertums an. Aber auch er konnte die Kommißstiefel darunter nicht verdecken. Wie denn überhaupt bis zu dem gewaltsamen Aufbrechen der Kaiserfrage im Deutsch-Französischen Krieg alle staatsphilosophischen Diskussionen darüber an der neoabsolutistischen Struktur Preußens selber scheiterten.

Ihren eifrigsten Verfechter findet die Kaiseridee nun in einem Mann, der bisher als entschiedener „Liberaler" gegolten hat: Kronprinz Friedrich Wilhelm. „Beim Betrachten der Prunkgemächer", schreibt er am 20. September 1870 in sein Tagebuch, „in welchen so viel Unheil für Deutschland beschlossen wurde und in denen die Verhöhnung seines Zerfalls bildlich dargestellt ist, hege ich die feste Hoffnung, daß gerade hier die Wiederherstellung von Kaiser und Reich gefeiert werde."

Sein Tagebuch, in dem er den Feldzug in prägnanter Kürze beschreibt und dabei auch die zuweilen amüsanten Rivalitäten zwischen politischer und militärischer Führung nicht verschweigt, gibt wichtige Aufschlüsse darüber, inwieweit er auch sich selbst und die Fortdauer seiner Dynastie im Blick hatte. Es liegt etwas Tragisches darin, wenn man bedenkt, daß er selbst erst siebzehn Jahre später an die Spitze dieses Reiches treten konnte – und dann nur für neunundneunzig knappe, von tödlicher Krankheit überschattete Tage.

Vielleicht besaß er von diesem Reich inmitten eines endlich „harmonisch" gewordenen Konzerts der europäischen Völker tragfähigere Vorstellungen als der „eiserne Kanzler", der bald schon in einem seiner vielen Angstträume dieses Reich von den Landkarten in faulenden Flecken abblättern sah.

Zumindest bemüht der Kronprinz sich frühzeitig, das „preußische Auge" abzulegen, wo eine unbefangene Sicht auf die politischen Realitäten angebracht ist. So füllt er bereits im

Entstehen des Reiches jenes gefährliche Vakuum auf, das der Kanzler auf Grund persönlicher Animositäten unbeachtet läßt: England. Er nutzt die ihm über seine Frau, die Tochter der Queen Victoria, offenstehenden Verbindungen so geschickt, daß der „Schiedsrichter Europas" angesichts derart einschneidender Veränderungen im Kräftespiel des Kontinents den berüchtigten „Kontinentaldegen" nicht zieht und wohlwollende Neutralität bewahrt.

Aber schon sein Freund und Intimus, der Historiker und Romancier Gustav Freytag, gießt dem Kronprinzen auf die erste unter dem Eindruck der preußischen Siege im Feldlager vor Metz erfolgte Andeutung der Kaiseridee Essig in den schäumenden Wein. Würde damit, durch die mit dem Kaisertum verbundene Verpflichtung zu „unablässiger Repräsentation", die „spartanische Einfachheit und Strenge" des alten Preußen nicht sehr schnell verlorengehen?

Freytag findet den einfachen Titel eines „Herzogs von Deutschland" angemessener. So habe ja auch Friedrich Wilhelm IV., wenn auch aus gänzlich anderen Gründen, die ihm angebotene Kaiserwürde abgelehnt. Freilich, was Freytag vergißt, Friedrich Wilhelm IV. hat der Delegation aus Frankfurt, die ihm das Wahlkaisertum anbot, auch hochmütig entgegnet: „Ein neues Kaisertum wird nur aus einer siegreichen Schlacht hervorgehen!"

Auch Bismarck, dem der Kronprinz dann seine „Gedankenspäne" in Form eines Memorandums übersendet (worin er für seine fürstlichen Kollegen lediglich die Befugnisse von gekrönten Regierungspräsidenten vorsieht), betrachtet diese Idee mit gemischten Gefühlen.

Einerseits hat er von Anfang an auf die monarchische Karte gesetzt und muß also jeder Vermehrung des königlichen Prestiges zustimmen. Auf der anderen Seite aber macht ihn die hohenzollerisch-zupackende Art mißtrauisch, mit der der Kronprinz die Kaiseridee als einen im Grunde längst fälligen Tribut für „sein Haus" in Anspruch nimmt.

Einen Beweis dafür bekommt er recht bald. Denn auf die

Frage, ob Königliche Hoheit denn des Einverständnisses der süddeutschen Fürsten sicher sei, antwortet der Kronprinz fast patzig: „Die können gar nichts machen. Wir haben ja ihre Truppen hier!“ Worauf der Kanzler die überraschenden Einblicke in die Schattenseiten eines Liberalen grimmig kommentiert: „Eine solche Haltung kann sich wohl ein königlicher Prinz erlauben, nicht aber ein preußischer Edelmann!“

Es ist eine der bitteren Stunden im Leben des „Machers“, in der er erkennt, daß andere seine Erfolge nur allzu bereitwillig für sich in Anspruch nehmen. Er nennt den Kronprinzen den „dümmsten und eitelsten Menschen“, der „noch einmal am Kaiserwahnsinn sterben werde“.

Doch als sein Ärger verraucht ist, beugt er sich den unbestreitbaren Vorzügen, die mit der Annahme des kaiserlichen Titels durch den König von Preußen für seine wunderlich zwischen hergebrachtem Partikularismus und preußischem Zentralismus angelegte Gründung verbunden sein könnte. Das neue Reich bekäme einen zusätzlichen Anker. Vor allem die Bayern, nach den Preußen die größte Bevölkerungsgruppe in Deutschland, würden einen mystisch über der Tagespolitik schwebenden Kaiser leichter akzeptieren als einen noch am Titel erkennbaren „Malefizpreiß'n“.

37. Kapitel

BAYERISCHES ZWISCHENSPIEL

Auf lange Sicht täuscht er sich nicht. Aber unter Berücksichtigung des 1848 so nachhaltig erschütterten Selbstbewußtseins der Hohenzollern und der nun erfolgten, glänzenden Rehabilitierung ist es unerläßlich, daß dem preußischen Wilhelm die deutsche „erneuerte" Kaiserkrone von „seinesgleichen" angeboten wird. Das kann nur heißen: von dem deutschen Souverän, der ihm an territorialem Besitz nachfolgt. Es ist König Ludwig II. von Bayern.

Nun aber bekommt die „Kaiserangelegenheit" den Charakter einer Provinzposse. Denn anstatt gerührt an den Versailler Hof zu eilen und dem preußischen Hofmaler Anton von Werner etwas „seines Pinsels Würdiges" zu bieten (mit diesen Worten hat der Kronprinz den Professor bereits herbeitelegraphiert), legt sich der bayerische Ludwig erst einmal ins Bett.

Die Zumutung, nach der Preisgabe der bayerischen Selbständigkeit nun auch noch der preußischen Verwandtschaft zur kaiserlichen Würde zu verhelfen, bringt ihn fast um den Verstand. Auch sein schon in Versailles weilender Bruder Otto und sein Onkel und späterer Nachfolger Luitpold beschwören ihn, das „Schreckliche" nicht zu tun: „Wie kann es denn für einen Herrn und König eine zwingende Gewalt geben, seine Selbständigkeit dahinzugeben und außer Gott noch einen Höheren über sich anerkennen zu müssen! Wird der Name Bayern noch geachtet, nur noch genannt werden im Ausland? Mögen wir auch für den jetzigen Augenblick Vorteile und Zugeständnisse erlangen, die vielleicht von großem Umfang sind, so wiegen sie doch gewiß nicht den hundertsten Teil von jenem Nachteil auf, den wir durch Dahingebung der Selbständigkeit erleiden."

Doch gerade das geschieht. Um seiner eigenen Bequemlichkeit willen, um nicht selbst nach Versailles reisen zu müssen – und auch um die hübsche Summe von jährlich 300 000 Mark für die hochverschuldete königliche Bauschatulle aus Bismarcks „Reptilienfonds" einzustreichen, findet sich Ludwig II. schließlich bereit, den berühmten „Uriasbrief" zu schreiben.

Oder besser: abzuschreiben. Denn Bismarck hat die so spontan klingende „Anregung", daß „die Ausübung der Präsidialrechte des Bundes mit Führung des Titels eines deutschen Kaisers verbunden werde" sicherheitshalber gleich selbst entworfen. Überbringer ist Ludwigs eigener, aber mit Hilfe des „Welfenfonds" bereits „umgedrehter" Sonderemissär, der bayerische Oberstallmeister Maximilian Graf Holnstein, in München allgemein „Roßober" genannt. Unverzüglich macht sich der „Roßober" damit nach Hohenschwangau auf den Weg, läßt den König wecken und weicht nicht eher aus dessen Schlafzimmer bis Ludwig II. den Entwurf Bismarcks Wort für Wort abgeschrieben hat.

Anders als in der entsprechenden Geschichte des Alten Testaments eilt der „Roßober" mit dem Brief aber nicht zurück an die Front, um dort zu fallen, sondern um von dem hochbefriedigten Bismarck eine stattliche Provision zu kassieren: zehn Prozent der Summe, die Bismarck Ludwig II. zugesichert hat. Außerdem wird der Kanzler, wenn er wieder zu Hause ist, sein Bier aus den Brauereien des cleveren Grafen beziehen. Lediglich Wilhelm I. tut so, als ob er keine Ahnung von dem Kuhhandel habe. „Sie wollen sich wohl Versailles ansehen?" fragt er den Stallmeister aus München leutselig.

Nun fehlt noch die selbstverständlich positiv erwartete Antwort der deutschen „Souveräne" auf die bayerische „Anregung" und die Ratifikationen seitens der Länderparlamente und des „Norddeutschen Reichstages". Erstere sind größtenteils schon in Versailles anwesend oder haben den Feldzug als „Zaungäste“ mitgemacht – wie etwa der Großherzog Carl Alexander von Sachsen-Weimar, der Bismarck und den Militärs wechselweise im Weg steht und sie mit protokollarischen Umständlichkeiten aufhält. Letztere behandeln die delikate Frage mit unterschiedlicher Dringlichkeit. Die meiste Zeit läßt sich das bayerische Parlament mit der Ratifizierung. Sie wird erst nach der für den 18. Januar 1871, dem Gründungstag der preußischen Monarchie, vorgesehenen Kaiserproklamation erfolgen, und auch nur mit einer hauchdünnen Mehrheit.

Am schnellsten wird die Angelegenheit im „Norddeutschen Bund“ erledigt, wo der Bundesrat bereits am 9. Dezember 1870 die Einführung der Titel „Deutsches Reich“ und „Deutscher Kaiser“ beschließt. Sehr nüchtern geht es einen Tag später im „Norddeutschen Reichstag“ zu, wo Kanzleramtschef Delbrück auf die Frage eines freikonservativen Abgeordneten nach dem Stand der „Kaiserfrage“ fast nebensächlich in seinen Papieren blättert, um dann das „Hohe Haus“ über die bereits gefaßten Beschlüsse zu unterrichten. „Es sah aus“, notiert ein Beobachter, „als ob Delbrück die arme alte Kaiserkrone in Zeitungspapier gewickelt aus der Hosentasche zöge.“

Eilfertig bessert der Reichstag in die Bundesverfassung die Worte „Kaiser“ und „Reich“ ein und beschließt auf Antrag des nationalliberalen Abgeordneten Eduard Lasker eine Adresse an Wilhelm I., worin der Monarch gebeten wird, die Kaiserkrone „anzunehmen“.

Überbringer der Adresse ist niemand anderes als „der arme Simson“, begleitet von einigen Abgeordneten-Kollegen. Professor Eduard Simson, Sohn eines jüdischen Wechselmaklers aus Königsberg, ist schon einmal in Sachen Kaiserkrone zu einem Hohenzollernkönig unterwegs gewesen: 1849 als Präsident der Frankfurter Nationalversammlung. Die schroffe Abfuhr, die er damals von Friedrich Wilhelm IV. erhielt, hat den „erbkaiserlichen“ Liberalen und Goethe-Verehrer nicht entmutigt, große Teile seines weiteren Berufslebens der Politik zu widmen. Er war Mitglied der Erfurter Nationalversammlung, des Preußischen Abgeordnetenhauses, des Zollparlamentes und des Norddeutschen Reichstages, dessen Präsident er seit 1867 ist. Vom entschiedenen Bismarck-Gegner – „Seiltänzer" hat er den Kanzler öffentlich genannt – ist auch er zum gehorsamen Nationalliberalen geworden.

Doch die Demütigung für den erneuten Canossagang folgt auch diesmal auf dem Fuß. „Was wollen die Kerle hier?", raunzen die in Versailles anwesenden Mitglieder des Adelsclubs. Der zukünftige Imperator empfängt sie erst, nachdem die Zustimmungserklärungen seiner fürstlichen Kollegen vollständig vorliegen. Dann präsentiert er Simson und den dreißig Parlamentariern die Rechnung: Kaiserkrone von „seinesgleichen" erhalten, dieselbe zuvor „auf dem Schlachtfeld gewonnen" – Parlament darf das nur „untertänigst zur Kenntnis nehmen". Man könnte meinen, die knappen Infinitive seines Vaters zu hören, des hochmütigen Königs Friedrich Wilhelm III. aus den Befreiungskriegen.

Allein der Kronprinz, dankbar für jeden einstigen Liberalen, der sich zum neuen Cäsarismus à la Prusse bekennt, notiert in sein Tagebuch: „Simsons Meisterrede entlockte mir helle Tränen."

38. Kapitel

„HEIL DIR IM SIEGERKRANZ“

Doch das ist noch nicht der letzte Akt des kaiserlichen Satyrspiels. Wilhelm I. selbst ist es, der schließlich ein Haar in der Suppe findet. Seine Einwände gelten weniger dem kaiserlichen Titel als solchem. Schließlich ist gerade er 1849 für dessen Annahme durch seinen Bruder gewesen. Doch die Bezeichnung „Deutscher Kaiser“ behagt ihm nicht. Er möchte lieber, muß es denn sein, „Kaiser von Deutschland“ genannt werden.

Ohnehin gilt ihm der „preußische König“ mehr. „Was soll mir der Charaktermajor?“, fährt er Bismarck in die Parade, als dieser die Titelfrage mit ihm erörtert. Charaktermajore – das sind einfache Hauptmänner, die zur Verabschiedung in den Ruhestand ehrenhalber die Majorsecken erhalten – ohne wirkliche Befugnisse.

Bismarck, nicht minder nervös, aber schlagfertig wie stets: „Eure Majestät wollen doch nicht ewig ein Neutrum bleiben: *das* Präsidium?“

Aber der Titel „Kaiser von Deutschland“ würde einen territorialen Anspruch der preußischen Krone bedeuten, welcher der Verfassungswirklichkeit des geplanten Bundesstaates zuwiderliefe. Noch am 17. Januar 1871, einen Tag vor der Kaiserproklamation, kommt es darüber zu einer heftigen Auseinandersetzung zwischen Wilhelm I., dem Kronprinzen, der noch nicht recht weiß, auf welche Seite er sich schlagen soll, und Bismarck, des Königs „kurbrandenburgischem Vasall“.

Sie ist auch der Grund, warum der neue Kaiser am nächsten Vormittag seinen Kanzler schneidet. Es ist nicht irgendein Vormittag, sondern der des „Ordensfestes vom Schwarzen Adler“.

Hinter der auf den ersten Blick belanglos erscheinenden Bezeichnung verbirgt sich ein Ereignis von höchster Tragweite und größter Lächerlichkeit zugleich. In Versailles, der steingewordenen Apotheose des Absolutismus, in dem von 1661 bis 1690 erbauten Königsschloß Ludwigs XIV. von Frankreich, läßt sich Wilhelm I. von Preußen am 18. Januar 1871 zum Deutschen Kaiser proklamieren.

Die letzte Rangerhöhung der Hohenzollern ist vor genau einhundertsechzig Jahren im ostpreußischen Königsberg erfolgt. Damals hat sich Kurfürst Friedrich III. selbst die Königskrone „in“ Preußen aufgesetzt. Doch dafür bekam er Ärger: mit dem Kaiser des noch ein Jahrhundert lang dahinsiechenden „Heiligen Römischen Reiches Deutscher Nation“ und mit dem „Heiligen Stuhl“ in Rom, den beiden Stützen der mittelalterlichen Welt, nach deren Selbstverständnis die Königskrone niemand tragen durfte, der nicht von ihnen gekrönt oder gesalbt wurde.

Doch während sich Kaiser Leopold I. in zähen Verhandlungen die Anerkennung des neuen Königtums gegen die Zusicherung brandenburgischer Waffenhilfe im Spanischen Erbfolgekrieg und die bindende Erklärung, das neue Königreich werde bei zukünftigen Kaiserwahlen immer für das Haus Habsburg stimmen, abringen ließ, verharrte der römische Papst in stillem Trotz. Fast bis zum Wiener Kongreß wurden die preußischen Könige in den „Päpstlichen Jahrbüchern“ als die „Markgrafen von Brandenburg“ geführt. Schließlich waren die Hohenzollern ja auch Protestanten, einige sogar Freimaurer.

Wilhelm I. hat seinerseits vor genau zehn Jahren, als er sich wiederum in Königsberg von seinem Generalsuperintendenten krönen ließ, keinen leichten Stand gehabt: In Preußen war „Konfliktzeit“, man konnte die „Stände“ nur schwer für eine „Huldigung“ gewinnen, wie sie am ehesten einem Ludwig XIV. zugestanden haben mochte . . .

Es ist Markttag in Versailles, Mittwoch und feuchtkaltes Nebelwetter. Die weltberühmte „galerie des glaces", der Spiegelsaal, mit dreiundsiebzig Metern Länge wie ein zu pompös geratenes Theaterfoyer, wirkt im diffusen Winterlicht stumpf und abweisend. Schnell beschlagen die siebzehn wandhohen Spiegel vom Dunst der Uniformen und Soldatenmäntel. Es riecht nach Leder, Pferdestall und Chloroform. Nebenan befindet sich ein Militärlazarett. In zwei Tagen, nach einem französischen Ausfallversuch aus dem belagerten Paris, wird sich auch der Spiegelsaal wieder mit Betten und Verwundeten füllen.

Die Gemälde an der Decke zeigen die Triumphe Ludwigs XIV., ihn selbst als Cäsar, aufblickend zur Götterschar des Olymp, indes Merkur hinüberfliegt zu drei Frauengestalten. Sie symbolisieren die Nachbarländer Deutschland, Spanien und Holland, auf deren Kosten der „Sonnenkönig" sein Gebiet „arrondierte". In Kriegen, in denen er manchmal sogar verlor, und öfter noch mitten im Frieden.

Trotzdem ist sein Wahlspruch: „Le roi gouverne par lui-même" – „Der König herrscht durch sich selbst" – und seine prunkvoll-zeremoniöse Hofhaltung in Versailles zum Vorbild eines ganzen Zeitalters geworden. Noch jetzt läßt der Bayernkönig Ludwig II. den Versailler Spiegelsaal für seine Traumresidenz auf der Insel Herrenchiemsee maßstabsgetreu kopieren. Aber der einsame Sonderling mit seiner Passion für die Musik Richard Wagners wird dort nie Hof halten. Ebensowenig befindet er sich in dieser Stunde unter den zweiunddreißig deutschen Fürsten, die auf einer holzgezimmerten und teppichbelegten Estrade an der Stirnseite des Saales Aufstellung genommen haben. Er läßt sich vertreten durch die Prinzen Otto, Luitpold und Leopold.

Das „Ordensfest", an dem fast ausschließlich Uniformierte teilnehmen, beginnt mit einer umständlichen und weitschweifigen „Hausandacht", die der Hofprediger und Felddivisionspfarrer Bernhard Rogge hält. Er ist der Schwager des preußischen Kriegsministers Roon, und er hat schon manchen Sonntag Bismarck und den königlichen Hofstaat gelangweilt. Lediglich der König lobt den Geistlichen: „Sie haben so recht die Gabe, auf den Soldaten zu wirken und ihn durch Ihre Predigten zu erbauen."

Wie Rogge aber jetzt das preußische „Königtum von Gottes Gnaden" zum Werkzeug der göttlichen Vorsehung macht und an der zu Schaden gegangenen „Hoffart" der Franzosen mißt, um dann das Ganze als „gewaltiges Gottesgericht" samt einer Soße aus biblischen Phrasen und Prophezeiungen zu servieren – das läßt in dem breitbeinig und finster wie Hagen im Vordergrund stehenden Reichsgründer Bismarck die kalte Wut aufsteigen: „Mehr als einmal dacht' ich bei mir: Warum kann ich diesem Pfaffen nicht an den Leib? Jede Thronrede muß vorher Wort für Wort beraten werden, und dieser Pfaffe darf sagen, was ihm gerade einfällt!" Auch der eher sanftmütige, bejahrte Herzog Johann Georg von Sachsen findet: „Eine taktlose Rede voll preußischer Selbstvergötterung!"

Dann betritt der König ein Podest an der Stirnseite des Saales, hinter dem ein ganzer Wald von siegreichen Regimentsfahnen aufgebaut worden ist. Mit „fester, lauter Stimme" verliest Wilhelm I. seinen „Entschluß", der Aufforderung der „Gesamtheit der deutschen Fürsten und freien Städte" zu folgen und „mit Wiederherstellung des Deutschen Reiches die Deutsche Kaiserwürde für Mich und Meine Nachfolger an der Krone Preußens zu übernehmen".

Dasselbe, nur mit anderen Worten, rezitiert gleich darauf noch einmal der Graf Bismarck, der künftige Reichskanzler. Bismarcks ein wenig bellende, obertonreiche Stimme klingt an diesem Morgen rauher als sonst, „hölzern", wie der mit der Bildberichterstattung betraute Historienmaler Anton von Werner feststellt.

Die allen spürbare, gereizte Spannung im Raum, die „morose Emotion", unter der der neue Kaiser nach seinen eigenen Worten steht („Heute tragen wir das alte Preußen zu Grabe!"), löst sich erst, als der Großherzog von Baden für das erste Kaiserhoch in der vierundsiebzigjährigen Geschichte des Zweiten Reiches der Deutschen einen salomonischen Kompromiß findet: „Seine Kaiserliche und Königliche Majestät, Kaiser Wilhelm, lebe hoch!"

Dreimal antwortet ihm das Echo aus genau 1 399 Kehlen. Mit der Hymne des soeben aus der Taufe gehobenen Reiches – „Heil Dir im Siegerkranz" – endet nach neunzig Minuten das „Ordensfest zum Schwarzen Adler".

39. Kapitel

UTOPISCHES ZWISCHENSPIEL

Wesentlich größere Schwierigkeiten mit der Neuordnung ihres Staatswesens haben die besiegten Franzosen. Zwar hat sich Bismarck entschlossen, die Republik als eine Tatsache zu betrachten. Während der Waffenstillstandsverhandlungen mit Jules Favre, die er simultan mit den Reichsgründungsgesprächen führte, hat er mehr und mehr auf die ihm immer wieder hingehaltene Karte einer napoleonischen Restauration verzichtet.

Aber die provisorische „Regierung der nationalen Verteidigung“ stand vorerst noch auf wackligen Füßen. Jedesmal, wenn Favre abends nach zermürbenden Verhandlungen mit dem „liebenswürdigen Barbaren“ (Thiers über Bismarck) in der Villa Jessé durch die deutschen und französischen Linien zurückkehrte, wußte er nicht, ob er noch irgendeine Legitimation besaß. Schon am 31. Oktober 1870 war es zum Sturm radikaler Nationalgardisten auf das Pariser Rathaus gekommen. Daraufhin hatte Thiers den Oberbefehl über die Nationalgarden dem bonapartistischen General Aurelle de Paladines übertragen, was zu neuen Spannungen führte.

Klare Verhältnisse kann nur eine regulär gewählte Nationalversammlung schaffen. Doch Wahlen können erst stattfinden, wenn die Waffen schweigen. Abgesehen von der französischen Ostarmee des Generals Charles Denis Bourbaki leistet nur noch Paris Widerstand. Die Lage der Hauptstadt wird nach dem mißglückten Ausfallversuch vom 19. Januar 1871 aussichtslos. Seit Beginn des Jahres hat Moltke die „Hungerkur“ durch „Eisenpillen“ ergänzt: Täglich gehen etwa 400 Artilleriegranaten auf die Dreieinhalb-Millionen-Stadt nieder. Am 26. Januar 1871 vereinbart Favre mit Bismarck einen dreiwöchigen Waffenstillstand. Gambetta in Bordeaux tobt vor Wut und fordert die Fortsetzung des aussichtslosen Krieges. Selbst in Paris schätzt man den Hunger geringer ein als die „nationale Schande".

Das Land aber ist kriegsmüde. Am 8. Februar wählt es eine bürgerlich-konservative Mehrheit in die Nationalversammlung. Lediglich in den Städten bilden sich „linke" Mehrheiten. Ungehindert dürfen die Menschen auch in den preußisch besetzten Gebieten abstimmen. Sie verbinden das im Elsaß und in Lothringen mit einem klaren Bekenntnis zu Frankreich.

Am 13. Februar tritt die neue Nationalversammlung in Bordeaux zusammen und wählt Adolphe Thiers zum Regierungschef, was gleichbedeutend mit einem Mandat zum Friedensschluß mit den Deutschen ist. „Bauerntheater!" schimpft Garibaldi, den man nicht reden läßt, weil er sein Abgeordnetenmandat von Nizza zurückgegeben hat. Verärgert kehrt der bärtige Revolutionsheld auf seine Ziegeninsel Caprera zurück. Gambetta ist schon vorher zurückgetreten.

Innenpolitisch gestärkt kehren Thiers und Favre, der wieder Außenminister ist, am 21. Februar für vier Tage in die Villa Jessé zurück. In der deutsch-französischen Endrunde wird den beiden betagten Herren viel abverlangt. Bismarck fordert außer dem Elsaß und dem größten Teil Lothringens fünf Milliarden Goldfranken als „Kriegsentschädigung".

Das ist mehr Geld, als sich in Deutschland und England zusammen im Umlauf befinden. Der ganze Krieg hat Preußen und die übrigen Deutschen noch nicht einmal die Hälfte davon gekostet. Deutsche Truppen werden solange in Frankreich bleiben, bis diese Summe bezahlt ist.

Schreckensbleich sinkt Thiers in seinen Fauteuil zurück. Aber ihm bleibt keine andere Wahl mehr. Am 26. Februar wird der Präliminarfrieden unterzeichnet. In Kleinigkeiten ist der deutsche Kanzler großzügig: Die Franzosen erhalten die von Vauban, dem Festungsbaumeister Ludwig XIV., erbaute Renommierfestung Belfort zurück. Ob die Franzosen die Besetzung ihrer Hauptstadt vermeiden können, soll an ihnen selbst liegen: Die Deutschen wollen aus Paris verschwinden, sobald der Friedensvertrag von der Nationalversammlung in Bordeaux ratifiziert worden ist.

Thiers schafft es, daß am 1. März nur ein paar deutsche Truppenkontingente durch den Arc de Triomphe ziehen, weitgehend unter Ausschluß der Öffentlichkeit. Nur eine, mit dem deutschen Industriebaron Henckel von Donnersmarck liierte Kurtisane soll mit dem Taschentuch aus einem Fenster an den Champs-Elysées gewunken haben.

Wilhelm I. muß sich mit einer Parade auf der Pferderennbahn von Longchamps begnügen. Dreieinhalb Jahre zuvor hatte ihm und dem russischen Zaren hier Napoleon III. von dem Gipfel seiner Macht herab huldvoll zugelächelt. Der Enkel des großen Korsen befindet sich jetzt bereits im englischen Chislehurst, wo er zwei Jahre später seinem Nierenleiden erliegen wird.

Doch im „roten" Paris sieht man ausschließlich die Schattenseiten der „bürgerlichen" Republik und ihrer „Verzichtspolitiker". Dazu kommen zwei innenpolitische Fehler: Die neue Regierung hebt die noch von Napoleon III. vor dem Krieg verfügte Stundung der Mietrückstände und Wechselschulden wieder auf. Dasselbe hätte natürlich auch der Kaiser nach einem für ihn siegreichen Ende des Krieges getan. Und – was schwerwiegender ist – sie läßt das unruhige Paris im wahrsten Sinne des Wortes links liegen und schlägt samt Nationalversammlung am 10. März ihren Sitz in Versailles auf. Thiers bezieht die Präfektur, in der bis vor kurzem noch Wilhelm I. residiert hat – eine äußerst ungeschickte Maßnahme. Erst 1879 wird die Volksvertretung in die Hauptstadt zurückkehren, wo, französischer Tradition entsprechend, auch wohnen muß, wer Frankreich beherrschen will.

Das versucht nun eine Revolutionsregierung jakobinischen Zuschnitts zugleich mit einer völligen Umgestaltung der Gesellschaft. Emphatisch schreibt Karl Marx in London: „Wunderbar in der Tat war die Verwandlung, die die Kommune an Paris vollzogen hatte! Keine Spur mehr von dem buhlerischen Paris des zweiten Kaisertums. Paris war nicht länger der Sammelplatz von britischen Grundbesitzern, irischen Absentees, amerikanischen Ex-Sklavenhaltern und Emporkömmlingen, russischen Ex-Leibeignenbesitzern und walachischen Bojaren. Keine Leichen mehr in der Morgue, keine nächtlichen Einbrüche und fast keine Diebstähle mehr. Seit den Februartagen von 1848 waren die Straßen von Paris wirklich einmal wieder sicher, und das ohne irgendwelche Polizei."

Zwar sagt die „Commune" der Prostitution den Kampf an, was noch nicht einmal die preußischen Saubermänner bei sich zu Hause schaffen. Durch Dekret wird auch die Enteignung der Produktionsmittel zugunsten von Genossenschaften und gleiches Gehalt für alle Staatsbediensteten verfügt. Vom Polizeipräfekten bis zum Straßenkehrer bekommen alle fünfhundert Franken im Monat. Aber eine politische oder militärische Konzeption können die Führer der „Commune" nicht entwickeln. Unter ihnen befinden sich viele altgediente Revolutionäre der Jahre 1830 und 1848, sowie Anhänger Pierre Joseph Proudhons oder Michail Bakunins, die einen frühen Anarcho-Kommunismus predigen. Auch die „Commune" läßt sich durch Wahlen bestätigen. Sie verfügt über eine solide Streitmacht von zweihunderttausend Nationalgardisten.

Aber anstatt den ihnen zugefallenen Spielraum entschlossen zu nutzen, geben sich die Kommunarden der typisch französischen Leidenschaft für Volksreden, lange Grundsatzdebatten, Zeitungen und revolutionäre Clubs hin. Die auch von der republikanischen Regierung geplante Trennung von Kirche und Staat praktiziert man hier, indem man die Gotteshäuser tagsüber den Gläubigen läßt und sie abends für politische Versammlungen öffnet.

Einträchtig sitzen nun Concièrgen, Arbeiter, Handwerker

und Kleingewerbetreibende, von denen Paris im Vergleich zu anderen Metropolen einen überdurchschnittlich hohen Anteil aufweist, auf den Altarstufen von Notre Dame oder Saint Sulpice. Man ißt belegte Brötchen, trinkt Rotwein, hört sich an, wie „erhaben“ der Dichter Emile Zola das Ganze findet, und vergißt vollkommen, daß man außerhalb der Hauptstadt nicht untätig bleibt.

Obwohl sich die Pariser „Commune“ peinlich genau an die Waffenstillstandsbedingungen hält und nichts unternimmt, um die Preußen zu reizen, setzt Bismarck auf die legale Regierung, weil er sie für zahlungskräftiger hält. Er schickt einen Teil der Kriegsgefangenen zurück, darunter den Marschall Mac Mahon.

Regierungstruppen gelangen am 21. Mai 1871 durch Verrat und die Sorglosigkeit der Nationalgardisten, von denen viele sich gerade eine sonntägliche Theatervorstellung im Hof des Palais Royal ansehen, in die noch immer gut befestigte Stadt. Ein Woche blutiger Straßenkämpfe beginnt. Unter dem Einfluß anarchistischer Elemente (Bakunin: „Die Lust an der Zerstörung ist eine schöpferische Lust!“) setzen die in die Enge getriebenen Führer der „Commune“ kurz vor ihrer blutigen Liquidierung auf dem Friedhof Père Lachaise noch halb Paris in Brand, darunter die Tuilerien, das Rathaus, das Palais Royal, den Justizpalast, die Polizeipräfektur und viele andere öffentliche Gebäude.

Ende Mai ist dann vorbei, was der deutsche Sozialdemokrat August Bebel – freilich aus sicherer Entfernung – im Reichstag als einen „Vorgeschmack“ dessen bezeichnet, was der Bourgeoisie auch im neuen Deutschen Reich noch blühen werde. Eine abschließende Wertung muß wohl um einige Grade nüchterner ausfallen. Der amerikanische Historiker Eric J. Hobsbawn schreibt: „Die traditionelle Linke hatte nichts dazugelernt und nichts vergessen. Einigen Extremisten in ihren Reihen fiel während des Kommuneaufstandes nichts Besseres ein, als die Ereignisse der Großen Revolution so genau wie möglich nachzustellen.“

Diese erste „euro-kommunistische" Herausforderung eines bürgerlich-parlamentarischen Staatswesens verschafft indessen der Regierung Thiers den nötigen Kredit, um die preußischen Reparationsforderungen bezahlen zu können. Sämtliche Regierungsanleihen werden von den Franzosen überzeichnet. Die zur eventuellen Pfandnahme im Lande verbliebenen Besatzungstruppen müssen ein Jahr vor Ablauf der vereinbarten Zahlungsfrist wieder abziehen.

Die Bankhäuser Alphonse de Rothschild und Gerson Bleichröder, Bismarcks Hausbankier, haben alle Mühe, das französische Gold unterzubringen. Der erst in den sechziger Jahren unseres Jahrhunderts gestorbene elsässische Dichter Otto Flake („Fortunat") schreibt, während seine Mutter ihn als Buben auf ihren Knien geschaukelt habe, seien die langen Züge mit den französischen Goldbarren in plombierten und scharf bewachten Waggons vorübergefahren.

„Hurrah! à Berlin! à Berlin!", steht unter einer Karikatur aus jenen Tagen. Sie zeigt fünf vorwärtsstürmende Milliarden-Geldsäcke im Militärhabit, vor denen ein preußischer Ulan davoneilt.

40. Kapitel

„MESSIEURS, NUN IST ES GENUG!“

Nach Berlin zieht auch Kaiser Wilhelm lobesam. Wie sehr hat sich doch die Welt verändert! Das gute, alte Deutschland der neununddreißig Kleinstaaten und Freien Städte ist über Nacht zu einem erratischen Block von einundvierzig Millionen Einwohnern geworden, zusammengehalten von den Stahlbändern der Eisenbahnschienen. Wie die Spinne im Netz befindet sich die neue „Reichshauptstadt“ Berlin mit jetzt 826 314 Einwohnern, 11 000 Obdachlosen und sechzehn Tageszeitungen in der Mitte – eine lärmende, stündlich weiter in den märkischen Sandboden ausgreifende Metropole.

Das Reich hat jetzt fast die Ausdehnung erreicht, von der 1841 der Dichter Hoffmann von Fallersleben auf der Nordseeinsel Helgoland träumte: „Von der Maas bis an die Memel . . .“ Seine Westachse von der Festung Metz im Elsaß bis zum ostpreußischen Stallupönen an der Grenze zum russischen Riesenreich ist viermal so lang wie die Westachse der heutigen Bundesrepublik Deutschland von Aachen bis Eisenach.

Etwas boshaft erscheint der Deutsche Kaiser in einer österreichischen Karikatur unter der viel zu großen Krone Karls des Großen, die sein Gesicht verdeckt und nur den preußisch gezwirbelten Schnurrbart sehen läßt. Tatsächlich fertigt man für den nun vierundsiebzigjährigen Monarchen Krone und Insignien des alten Reiches an und schleppt zur feierlichen Eröffnung des ersten Gesamtreichstages den sehr unbequemen, frühmittelalterlichen Thronsessel Heinrichs III. aus der Goslarer Kaiserpfalz herbei.

Überraschend schnell tauchen bei dieser ersten „Reichs"-Zeremonie auf deutschem Boden „Oberstschenken" und „Obersttruchsessen" auf, tragen „Reichs"-Marschälle das „entblößte Reichsschwert", begleitet von „Oberstkämmerern", die ihrerseits mit Krone und Zepter auf goldbesticktem Kissen einherschreiten. Selbst „die Generäle, welche das Reichspanier begleitet hatten, traten rechts auf die unterste Thronstufe in die Nähe desselben", heißt es im offiziellen stenographischen Bericht von der Reichstagseröffnung am 21. März 1871 im „Weißen Saal" des Berliner Schlosses.

Mißtöne gibt es nur von seiten der Sozialdemokraten, die angesichts des glänzenden Sieges preußischer Waffen vor ihrem inneren Exil als „vaterlandslose Gesellen" stehen. Ihre fünf Abgeordneten im Norddeutschen Reichstag haben bereits vor dem Krieg gegen die Bewilligung der erforderlichen Gelder gestimmt. Nach Sedan verfaßte ein in Braunschweig tagender Ausschuß der „Sozialdemokratischen Deutschen Arbeiterpartei" ein Manifest gegen die Weiterführung des „Eroberungskrieges".

Kurzerhand ließ der Militärgouverneur Vogel von Falkkenstein den gesamten Ausschuß verhaften. Verhaftet wird auch der Herausgeber der „Zukunft", der Abgeordnete Johann Jacoby. Er hat das Manifest abgedruckt und gegen die geplante Annexion von Elsaß-Lothringen protestiert.

Bismarck ist das sehr unangenehm. Vor der Reichsgründung kann er keinerlei Demonstrationen von innerer Uneinigkeit brauchen. Er ordnet an, Jacoby und die zwölf „Braunschweiger" aus der Haft zu entlassen, sobald das ohne Gesichtsverlust geht.

Als dann die „Kaiseradresse" im Norddeutschen Reichstag debattiert wird, schlägt der Abgeordnete Wilhelm Liebknecht vor, man möge die Krönung Wilhelms I. doch auf dem Berliner Gendarmenmarkt vornehmen: Das sei dafür der richtige Ort. Er kommt dafür ins Gefängnis.

Am 16. Juni 1871 kehren die siegreichen Truppen zurück.

Das heißt: Sie sind natürlich schon lange wieder im „Vaterland“. Aber der Zwischenfall mit der Pariser „Commune“ hat es noch nicht geraten erscheinen lassen, das endgültige „Halali“ zu blasen. Ohnehin ist ihre Rückführung aus Frankreich nicht ganz so reibungslos erfolgt wie ihr präziser Eisenbahnaufmarsch vor einem dreiviertel Jahr. Es hat Versorgungsengpässe gegeben, um die sich das Oberkommando nach getaner Siegesarbeit nicht mehr kümmerte.

„Unsere Leute sind in der übelsten Lage“, schreibt der Generalstabsoffizier Hans von Kretschman, „ihre Löhnung reicht nicht aus, sich etwas zu kaufen, da die Franzosen uns dreifache Preise machen. Erbswurst und wieder Erbswurst – das ist geradezu unverantwortlich, Leuten anzubieten, die am Ende eines solchen Krieges stehen.“

Ein anderes Vorkommnis von der Heimreise berichtet die Bielefelder Zeitung „Der Wächter“ am 9. Juni: „Gestern kamen heimkehrende Mannschaften vom Regiment Königin Augusta hier durch. Der Grenadier Herzog aus Bergholzhain sah seine aus der Heimat hergekommenen Verwandten . . . auf dem Perron stehen und sprang ohne Erlaubnis aus dem Wagen, um dieselben nach langer Trennung auf Tod und Leben zu begrüßen. Während die Kinder ihrem Onkel das mitgebrachte Paketchen überreichten, sprang Hauptmann von Falckenstein aus dem Wagen und ohrfeigte den Reservisten zu verschiedenen Malen vor dem gesamten Publikum und in Gegenwart seiner entsetzten Verwandten.“ Wenigstens dieser einfache Mann hat begriffen, was es heißt, wenn einer das Sprichwort benutzt: „travailler pour le roi de prusse“ . . . „Arbeiten für den König von Preußen“, was soviel heißt wie: Umsonst arbeiten . . .

Positiver sieht die Bilanz für die Führungsspitze aus. Bismarck erhält die Herrschaft Friedrichsruh, eine 2700 Morgen Land umfassende Staatsdomäne im Sachsenwald bei Lauenburg unweit der Elbe. Roon und Moltke bekommen je neunhunderttausend Mark an „Dotationen“.

Die Berliner, die der neuen Reichsherrlichkeit gegenüber

zuerst noch skeptisch gewesen sind, reißt nun die ihnen von den Hohenzollern jahrhundertelang anerzogene Lust an militärischen „Spektakeln“ mit. Man bereitet dem heimkehrenden Kaiser und seinen Soldaten am 16. Juni 1871 einen begeisterten Empfang. Zwischen Universität und Zeughaus in Berlins Renommierstraße „Unter den Linden“ und auf der Königgrätzer Straße zwischen Halleschem und Brandenburger Tor ist buchstäblich kein Platz mehr frei, auch nicht auf den Dächern der zumeist vier- oder fünfstöckigen Gebäude. Berlin erlebt einen Siegestaumel, wie ihn selbst Hitler nach seinen „Blitzsiegen“ nicht mehr auslösen wird.

Allein reitet der Imperator in sengender Mittagshitze seinen Truppen auf dem Tempelhofer Feld entgegen – dort, wo er vor sieben Jahrzehnten an der Hand seines kränkelnden Erziehers Behnisch mogens um drei zum erstenmal einem Manöver preußischer Soldaten zusah. Nun kehrt er an ihrer Spitze zurück, begleitet von seiner Generalität und der wie immer „blitzenden“ Garde, erwartet von seinen „treuen Paladinen“ Bismarck, heutigen Tags zum Fürsten „erhöht“, Roon und Moltke, die sich mit der Grafenwürde begnügen müssen. Brillantenbesetzte Marschallstäbe tragen an diesem Tag zum ersten Mal der Kronprinz, Moltke und Prinz Friedrich Karl.

Der Garde folgt ein schier endloser Zug von Infanterie, Kavallerie und Train. „Das allzu stramme preußische Wesen“ scheint der Baronin Hildegard von Spitzemberg, der Frau des württembergischen Gesandten, „etwas gelockert durch den Feldzug“ zu sein. Dazu trägt wohl auch bei, daß zum ersten Mal bayerische, sächsische, thüringische, badische, hessische und württembergische Kompanien durch Berlin paradieren. Sie werden anschließend auf Kosten des Berliner Magistrats in Kroll's Garten am Königsplatz verpflegt.

Hitze und Staub lassen den Durst in der Mittagszeit unerträglich werden. Clevere Pferdejungen schaffen in ihren Eimern Wasser und Himbeersaft heran und bieten Limonade an, fünf Groschen das Glas. Man greift gierig danach, sobald der kaiserliche „Heldengreis" vorüber ist. Auf den Balkonen der „haute volée" knallen die Sektkorken.

Dem neuen Kaiser bleibt jede Erfrischung versagt. Zweieinhalb Stunden lang muß er unter Pickelhaube und geschlossener Montur im Sattel aushalten. Dann reitet er die Prachtstraße „Unter den Linden" entlang, vorbei an einem Spalier erbeuteter französischer Kanonen und den Denkmälern der Feldherren aus dem Siebenjährigen Krieg und den Befreiungskriegen. Sardonisch lächelt Scharnhorst, neben Hegel und Fichte der Staatsphilosoph Preußens: „Ein Krieg ist die Fortsetzung der Politik mit anderen Mitteln."

Der kaiserliche „Heldengreis" will hinüber zum Hohenzollernschloß, das, wie die Monarchie selbst, aus den Eroberungen vieler Epochen ohne eigentlichen Stil zusammengesetzt erscheint, und weiter zum Lustgarten. Noch nicht ganz vollendet ist das Reiterdenkmal des 1840 gestorbenen Friedrich Wilhelm III. Einundachtzig französische Adler und Fahnen werden am Fuß des Monumentes niedergelegt. Die Preußen haben in Frankreich nur zwei verloren. Weinerlich blickt eine dreizehn Meter hohe „Germania" aus Gips. Sie wäre vor ein paar Tagen fast einem Gewitterguß zum Opfer gefallen.

Drüben an der Königsbrücke steht der wohl berühmteste Vorfahr: Friedrich der Große. Fontane läßt ihn im Gedicht „Einzug" auf seine Weise „Revue" halten:

Sie blicken auf, der Alte blickt nieder;
Er neigt sich leise über den Bug:
„Bon soir, Messieurs, nun ist es genug."

III. Teil

IM NEUEN REICH

„Mit der Wohlhabenheit fängt nicht der feine Sinn,
sondern die Protzigkeit an.“

(Theodor Fontane)

41. Kapitel

WAS IST DES DEUTSCHEN VATERLAND?

Der römische Geschichtsschreiber Tacitus schreibt: „Ein Reich kann immer nur mit den gleichen Mitteln erhalten werden, mit denen es gegründet wurde."

Aller Pomp kann nicht darüber hinwegtäuschen: Außenpolitisch steht das „Deutsche Reich" auf schwachem Fundament. Bismarcks geschicktes Ausnutzen des „Wellentals der europäischen Politik" (Ludwig Dehio), in dem die europäischen Mächte – einschließlich Rußland – durch Ereignisse an der Peripherie ihrer Einflußsphären so weit abgelenkt wurden, daß sie den staatlichen Zusammenschluß der Deutschen nicht verhindern konnten, hat zugleich auch die vordem übliche Solidarität dieser Mächte zerstört. Sie war zuvor gerade noch einmal über die Erschütterungen der napoleonischen Epoche hinweggerettet worden.

Nun geben die gedemütigten Franzosen die Parole aus: „Niemals davon reden – immer daran denken!", nimmt England den ob seiner kolonialen Angelegenheiten lange beiseite gestellten „Kontinentaldegen" wieder zur Hand, schickt sich Rußland bei der Londoner „Pontus-Konferenz" zu Beginn des Jahres 1871 an, das Honorar für sein Stillhalten einzutreiben – Mißtrauen ist an die Stelle der alten Solidarität getreten.

Nicht viel besser sieht es im Inneren des neuen Reiches aus. Es ist die totale Umwertung dieser „Synthese von nationalem Liberalismus und preußischem Etatismus" (Hans-Georg John), der auch preußenfreundliche Beobachter in Erstaunen versetzt. Man braucht nicht erst den Soziologen Max Weber zu bemühen, der 1895 die Reichsgründung als „einen

Jungenstreich, den die Nation . . . besser unterlassen hätte" bezeichnet, um sich der Schlußwertung Lothar Galls (Autor der fundamentalen Bismarck-Biographie „Der weiße Revolutionär") anschließen zu können: „Es fehlte dem neuen politischen Gebilde der Charakter einer wirklich vollzogenen inneren Einigung."

Diese wenigstens zu simulieren, scheut der persönlich eher zurückhaltende Monarch keine Mühe. Bereits einen Tag nach der Berliner Siegesfeier treffen wir ihn im Opernhaus wieder. Die Baronin Hildegard von Spitzemberg, genaue Beobachterin der politischen und gesellschaftlichen Szenerie in Berlin, notiert in ihr Tagebuch:

„17. Juni Auf siebeneinhalb Uhr waren wir zur Festvorstellung ins Opernhaus geladen. Die ganze Mittelloge war angefüllt mit Herrschaften, das übrige Theater fast ausschließlich von Militärs und ihren Familien eingenommen, darunter v. d. Tann, Hartmann, Werder, Gablenz usw. (. . .) Erst kam ein Prolog und Festspiel, mir wenig verständlich und ansprechend; dann eine Dichtung ‚Barbarossa'. Der alte Kaiser (Niemann) sitzt im Kyffhäuser und läßt wie im Traume die Hauptmomente der deutschen Geschichte an sich vorüberziehen; diese symbolisierend zeigen sich in dem sich öffnenden Berge lebende Bilder: 1189 die Kreuzfahrer, 1678 den großen Kurfürsten zu Schiffe, 1760 den Alten Fritz auf seinem Schimmel, 1813 eine Szene aus den Freiheitskriegen, 1864 und 1866 (die heikle Angelegenheit glücklich überwindend) Drakes Kriegerdenkmal, endlich 1870 Germania auf dem Schilde getragen von preußischen, bayerischen, württembergischen und anderen Soldaten. Die Bilder waren sehr schön, Niemann höchst gelungen als Repräsentant des alten, nun zur Ruhe gelangten Rotbarts. Den Schluß bildete ein mit lautem Jubel begrüßtes Bild, Kaiser Wilhelms Reiterstatue, Paris im Hintergrunde. Zwischen beiden Stükken trat man in die Gänge, wo auch der Kaiser erschien. Moltke gratulierte ich zum Feldmarschall, was ihn sehr zu freuen schien. – Die Hitze war entsetzlich."

Es bleibt dies kein Einzelfall. In den nächsten Jahren gibt es in den deutschen Landen kaum einen Ort, wo nicht „unser greiser Heldenkaiser“ Wilhelm in Stein gehauen, Bronze gegossen, Holz geschnitzt, Papier gedruckt, Leder gebunden, besungen, bedichtet und in endlosen Siegesfeiern, Gottesdiensten, Zapfenstreichen und Festspielen als „Vollender deutscher Geschichte“ gefeiert wird.

Man ist darum genötigt, die kaiserliche Selbstdarstellung genauer unter die Lupe zu nehmen. Daß schon Tacitus die permanente Neigung der deutschen Stämme zu Uneinigkeit und Zwietracht angemerkt hat, kann und konnte bereits jeden Gymnasiasten zur Hellhörigkeit gegenüber solchen Tönen veranlassen. Aber schon die Gemeinsamkeit zwischen den Kreuzfahrern des Jahres 1189 und dem „großen“ Kurfürsten Friedrich Wilhelm 1678 endete damit, daß sie sich zufällig in einer bestimmten, historisch allerdings nicht unwesentlichen Situation zu Schiff befunden haben.

Die Kreuzritter des frühen Mittelalters dienten einer Idee, der brandenburgische Kurfürst nur sich selbst. In ihrem Werk „Der Untergang des Römischen Reiches Deutscher Nation“ rechnet die Historikerin Ricarda Huch mit ihm ab: „Er war ein gewissenloser Despot, der das Recht beugte, wo es ihm paßte. Seine vielgerühmte Toleranz in Glaubensdingen entsprach wirtschaftlichem Eigeninteresse.“

Legionen von Büchern beschreiben den Weg, den das europäische Erbe nach dem Niedergang von Tacitus' Römerreich nahm, wie es an Ost- und Westgoten, an Merowinger und Karolinger fiel, bis schließlich im Frankenreich Karls des Großen zum ersten Mal jene Idee der „universitas christiana“ aufleuchtete, die das Abendland dann über Jahrhunderte hinweg im Dualismus von Macht und Ideologie, Kaisertum und Papsttum glaubte verwirklichen zu können.

Noch nicht einmal der „richtige“ Kaiser sitzt im Kyffhäuser, dem das neue Reich dann im Jahre 1896 ein Denkmal seiner vermeintlichen Kontinuität setzen wird. Bis zum Ende des Mittelalters verwies die Legende nicht „Barbarossa“, den ersten, 1190 im Saleph ertrunkenen Kaiser in jenen Sagenberg, sondern seinen Enkel, Friedrich II.

Denn der, fast schon ein aufgeklärter, absoluter Landesherr im Stil der zwei Jahrhunderte später einsetzenden Renaissance, war der Inbegriff jenes kaiserlichen Sonnenkönigtums, wie es ab 1285 dann von Philipp dem Schönen in Frankreich kultiviert wurde. Damit ging der Zwillingsbruder endgültig seine eigenen Wege. Indes in Deutschland Interregnum und Investiturstreit hereinbrachen, die Schaukelpolitik der Habsburger, der unaufhaltsame, durch Reformation und Religionskrieg nur beschleunigte Aufstieg der Territorialfürsten, des Hauses Brandenburg . . . „Eine Folge davon war, daß die deutsche Nation im Osten, zuerst der Sache, dann auch der Form nach, aus dem Reich hinauswuchs“ (Golo Mann).

Die historische Summe läßt sich auf vielerlei Weise ziehen. So sind mit dem „deutschen Erbübel“ der ständigen Teilungen und der Entstehung von Stammesherzogtümern bereits in den Zeiten der Merowinger (7. und 8. Jahrhundert) nicht nur negative Aspekte verbunden. Die dadurch geförderte Assimilations- und Erbfähigkeit der Deutschen ist von Anfang an auch ein kulturschaffendes Element gewesen.

Kultur und Weltbild der Antike wurden zum europäischen Stil weiterentwickelt, der seinerseits gerade durch seine Vielfalt in der Lage war, die Auseinandersetzung mit einer, ihrem Wesen nach orientalisch-monolithischen Ideologie – dem Christentum – zu bestehen. Der preußische Schriftsteller Hans Schwarz hat, gestützt auf Moeller van den Bruck („Der preußische Stil“), in diesem Zusammenhang von einem „von Ost nach West rollenden europäischen Bewußtsein“ gesprochen.

Man kann schließlich auch in der Herausbildung eines absolutistischen Machtstaates, dessen Prototyp Preußen nun einmal ist, eine logische Entwicklung im Sinne des englischen Staatstheoretikers Thomas Hobbes sehen. In seinem 1650 erschienenen Werk „Der Leviathan“ entwarf er einen, seiner Ansicht nach modernen und „letztgültigen“ Staatsbegriff als „höchste Macht unter der Sonne“ innerhalb einer gerade auf diesen hin zentrierten Gesellschaft. Die Staatsgewalt sei so wenig teilbar wie der geometrische Punkt.

42. Kapitel

TEILHABER UND KONKURRENTEN

Konnte dies noch uneingeschränkt für das Preußen Friedrichs des Großen gelten, der seine fünfeinhalb Millionen Untertanen mit Hilfe eines einzigen Generaldirektoriums und einigen Provinzialbehörden eigenhändig durch seine berühmten „Kabinettordres" regiert hat, so ist der moderne „Interventionsstaat", zu dem sich das „Deutsche Reich" in den Jahren nach seiner Gründung entwickelt, auf die politische Mitwirkung sehr heterogener Kräfte angewiesen.

Da sind zunächst Bismarcks Teilhaber bei der Gründung selbst, die „Nationalliberalen", die Erben des republikanischen Liberalismus von 1848. In der Geschichtsschreibung bekommen sie gewöhnlich schlechte Zensuren. „Als politische Klasse hat das liberale Bürgertum versagt", urteilt der Historiker Michael Stürmer, weil es sich seiner Ansicht nach auf den Bismarckschen Machtstaat eingelassen hat, anstatt der bürgerlichen Revolution den Vorzug zu geben.

Jacob Burckhardt, der Schweizer Ur-Liberale, schreibt: „Seit der Pariser Commune ist überall in Europa alles möglich, hauptsächlich deshalb, weil überall gute, vortreffliche liberale Leute vorhanden sind, welche nicht genau wissen, wo Recht und Unrecht sich abgrenzen, und wo Pflicht von Widerstand und Gegenwehr beginnt. Diese sind's, welche überall den entsetzlichen Massen die Tür aufmachen und die Pfade ebnen."

Vernichtende Liberalismus-Kritik übt auch Golo Mann, wenn er in seiner „Deutschen Geschichte des 19. und 20. Jahrhunderts" feststellt: „Die Liberalen predigen Freiheit, aber die Konsequenz ihres Strebens macht den Staat allmächtig. Sie verherrlichen die Nation, das gute, das unfehlbare Volk. Aber in Wirklichkeit trauen sie den Massen nicht und vertreten das Interesse der Wohlhabenden, die doch nur eine kleine Minderheit sind. Sie wiegeln die Menschen auf und scheuen schon vor dem allgemeinen und gleichen Wahlrecht zurück. Ihre Religion ist flach, undurchdacht und ungenügend; christlich, aber nicht im Ernst, vom Bösen nichts wissen, optimistisch-friedselig, und dann auch wieder kriegerisch, schönrednerisch und gewalttätig."

Friedrich Engels schlußfolgert daraus: „Es wird mir immer klarer, daß die Bourgeoisie nicht das Zeug hat, selbst direkt zu herrschen, und daß daher ... eine bonapartistische Halbdiktatur die normale Form ist." Und an anderer Stelle schreibt er: „Sie haben jetzt den Monsieur Bismarck, wie er das Programm des Nationalvereins adoptiert ..." Letzteres scheint der nationalliberale Abgeordnete Eduard Stephani in einem Brief an Treitschke zu bestätigen: „Unsere Partei schließt ja in sich so stark divergierende Richtungen und Tendenzen, daß man in vielen Punkten die feste Übereinstimmung einer politischen Partei in ihr nicht erwarten darf. Aber ein gemeinsamer Gedanke hält sie zusammen: der des Deutschen Reiches!"

Wie tragfähig dieser Gedanke in Wirklichkeit ist, kann nur feststellen, wer das seit 1848 unablässig größer gewordene Gewicht des nationalliberalen Bürgertums an dem zugleich erkennbar gewordenen Defizit an Bürgerlichkeit dieser „Klasse" mißt. In dem nicht ausbalancierten Kräftespiel einer noch nicht pluralistischen, aber auch nicht mehr feudal-aristokratischen Gesellschaft gerät auch der Staat in eine instabile Lage. Er ist nicht mehr der „geometrische Punkt" der Gesellschaft, aber auch noch nicht ganz ein reines Exekutivorgan gesellschaftlicher Prozesse, wie er das heute ist. Der preußische Staat hat mit der Reichsgründung die Grenzen der absolutistischen Ständegesellschaft hinter sich gelassen, aber auch noch nicht die von Anfang an formbare

Masse einer pluralistischen Einheitsgesellschaft vorgefunden oder selbst geschaffen.

Zusammen mit dem zum Nationalegoismus umgebogenen Liberalismus von einst hat er sich auf einen verlockenden, aber letztlich gefährlichen Umweg eingelassen. Er bietet „die Nation“, Reichtum – und eine doppelte Spanne Zeit für die jungen Männer von Achtzehnhundertachtundvierzig. Denn viele Söhne sind in Sedan, Mars-la-Tour, Vionville, Metz gefallen . . . man kann ihnen Denkmäler setzen, aber man braucht sie nicht als Konkurrenten im Geschäft zu fürchten.

Und er verschafft der in Wirklichkeit schon untergegangenen, auf tragische Weise anachronistischen preußischen Staatsidee noch eine kleine Spanne des Überlebens unter Bedingungen, die ihrem Ursprung nicht mehr entsprechen.

Schon das die ganze Bismarckzeit beherrschende Wirtschaftsbündnis von „Roggen und Eisen“ spiegelt die eigentliche „unpreußische“ Wirklichkeit wieder. Zur Stahl- und Eisenproduktion der rheinischen und schlesischen Industriellen gesellt sich eine auf Höchstleistung getrimmte Landwirtschaft. Große, beinahe fabrikmäßig bearbeitete Güter und Domänen, auf denen jährlich Tausende von polnischen Wanderarbeitern eingesetzt werden, lösen die altpreußische, patriarchalische Schollenverbundenheit heraus aus einem Staatsgefüge, dem die „Lust am Zentralisieren“, wie der Zentrumsabgeordnete August Reichensperger bitter anmerkt, allmählich selbst zur zweiten Natur wird.

Die veränderte Konstellation zeichnet sich bereits im Gründungs-Reichstag ab, wo Nationalliberale und Freikonservative zu scheinbar verläßlichen Stützen des „Systems Bismarck“ werden. Letztere, die sich selbst als die Partei Bismarcks „sans phrases“, also „ohne Wenn und Aber“, bezeichnet, vereinigt diejenigen Konservativen, denen der neue Reichtum wichtiger ist als die Bewahrung altpreußischer Biederkeit. Die „Zukunft“ nennt sie die „Mamelucken des Grafen Bismarck“.

Auf ganze 57 Sitze von insgesamt 382 sehen sich dagegen die Alt-Konservativen beschränkt. Der Dauerkonflikt zwischen Legitimismus und Pragmatismus macht es den einstigen Aufstiegspartnern Bismarcks unmöglich, sich aktiv an der Gestaltung des neuen Reiches zu beteiligen. Verächtlich spricht Ludwig von Gerlach, der einstige Freund und Taufpate des ältesten Bismarck-Sohnes, von „dieser bonapartistischen Willkürschöpfung“. Bismarck seinerseits kommentiert den vorläufigen Exodus der „geborenen Regierungspartei“ aus der deutschen Politik bissig: „Das Gros dieser Partei besteht aus Leuten, die wenig denken und gar nicht arbeiten.“

Zusammen mit dem katholischen Zentrum und den beiden Linksparteien Fortschritt und Sozialdemokratie bereiten sich die Konservativen auf die lange „Ochsentour“ einer schwierigen Opposition vor, aus der sie einmal gleichwohl der Reihe nach ein „come back“ erleben werden. Wenn auch nur um den Preis des Zerfalls dieses „Reichs“.

Die Rolle Bismarcks darin wird immer wieder überschätzt. Gewiß: Er ist „als Persönlichkeit und politische Potenz nahezu eine Institution der Verfassung“, wie der Historiker Michael Stürmer meint. Niemand anderem Rechenschaft schuldig als seinem gut kalkulierbaren, „eingefahrenen“ Kaiser, spielt er praktisch die Rolle eines „charismatischen Ersatzmonarchen“ (Stürmer).

Genau das wird sein Verhängnis. Das Schicksal Napoleons III. vor Augen, will er nicht gegen das Parlament regieren. Obwohl mit diktatorischer Machtfülle ausgestattet, fühlt er sich an die von ihm selbst entworfene Verfassung gebunden. Es ist gleichwohl eine sehr moderne Verfassung. Wesentliche Teile davon haben sich über die „Weimarer Republik“ hin bis in das Grundgesetz der heutigen Bundesrepublik gehalten. Sie spiegelt Bismarcks eigene Hinwendung zu einem modernisierten, möglichst ideologiefreien Liberalismus wieder, den er zunächst für zukunftsweisend hält.

Er glaubt vielmehr, Parlamentsarbeit, der er einen

beträchtlichen Teil seiner Zeit widmet, und Innenpolitik auf dieselbe Weise „instrumentalisieren“ zu können, wie ihm das bisher mit der Außenpolitik gelang. Seine Teilhaber sehen das eher umgekehrt. Gewiß wollen sie ihm, dem Fachmann, letzteres auch künftig als Domäne überlassen. Aber den „Ausbau des Inneren“ behalten sie sich selber vor, wie der führende Kopf der Nationalliberalen, Eduard Lasker, schon bald nach Zusammentritt des neuen Reichstages mit kühler Beiläufigkeit anmerkt.

43. Kapitel

DIE „WUNDERDROGE" GOLD

Doch ehe man überhaupt dazu kommt, über die innere Gestalt des neuen Reiches erschöpfend nachzudenken, schießt das französische Gold gleich einer „aufputschenden Droge" (Golo Mann) in das Blut der deutschen Volkswirtschaft und entfacht einen schwindelhaften „Boom" auf dem privaten Investitionssektor.

Ordentlich, wie der preußische Staat nun einmal ist, zahlt er nach Erhalt der ersten französischen Gelder und Obligationen auf der Stelle zurück, was er vor dem Krieg bei seinen eigenen Untertanen an Staatsanleihen aufgenommen hat. Er tut noch ein weiteres: Er stellt die eigene Währung auf Gold um, ohne indessen die bisherigen Silbermünzen aus dem Verkehr zu ziehen. Erst 1905 wird das im gesamten Deutschen Reich geschehen, und vor 1875 ist auch nicht an die Gründung einer Reichsbank zu denken.

Somit werden die Umlaufmittel um 774 Millionen Mark vermehrt, was zunächst zu einer enormen Erhöhung der deutschen Kaufkraft im Ausland führt, langfristig aber einen inflatorischen Effekt zeitigt. Dieser wird noch verstärkt, indem durch die teilweise Umstellung auf Goldwährung der Silberpreis fällt, was für Länder, die bei der Silbervaluta bleiben, von vornherein einen Exportvorteil bedeutet.

Damit das Gold auch richtig fließen kann, hat man bereits im Vorjahr die Wirtschaftsgesetzgebung liberalisiert. Die Gründung von „Aktiengesellschaften" ist seit dem 11. Juni 1870 nicht mehr genehmigungspflichtig. Die Einlage- oder Aktiengesellschaft ist keine Erfindung der Gründerzeit, wohl aber deren „Sesam-öffne-Dich".

Man kennt Aktiengesellschaften bereits seit dem Mittelalter oder dem Zeitalter der italienischen Renaissance. Ab 1600 hatte sie ihren festen Platz im Kolonialhandel. Nur in den deutschen Staaten, wo niemand Kolonialhandel trieb, war sie vor 1848 noch politisch diskriminiert. Noch in Thomas Manns Roman „Buddenbrooks“ ist ein „ehrbarer“ Kaufmann nur, wer alles sofort und ganz allein finanziert.

Bei der Aktiengesellschaft sind beliebig viele Geldgeber am Gründungskapital eines Unternehmens beteiligt und empfangen dafür Anteile vom Erlös je nach Höhe ihrer Einlage und der erzielten Gewinne. Der Nominalwert ihrer jederzeit wieder veräußerbaren Aktien steht und fällt mit der Ertragslage des Unternehmens.

Fabriken und Industrieunternehmungen haben einen hohen Bedarf an mobilem Umlaufkapital. Für sie stellt die Aktiengesellschaft die geeignetste Form der Finanzierung dar. Der rheinische Industrielle Gustav Mevissen sieht in ihr gar „eine gruppenbildende, in ethisch-sozialem Geist wirkende und dem zerstörenden Radikalismus widerstreitende soziale Einrichtung“.

Man macht von dieser Einrichtung einen so ausgiebigen Gebrauch, daß der Anteil der jährlichen Investitionen schlagartig von neun auf siebzehn Prozent des Volkseinkommens steigt. In einem einzigen Jahr werden 762 neue Aktiengesellschaften gegründet, doppelt so viele wie in den siebzig Jahren zuvor. 1874 sind es schon 982. Ihr Nominalkapital beträgt 2,8 Milliarden Mark. Insgesamt werden in den ersten drei Jahren des neuen Reiches 5,2 Milliarden Mark in Aktiengesellschaften angelegt – eine bis zum Ende dieses Reiches nie wieder erzielte Summe.

Schrittmacher des Gründerbooms ist der neue Typ der Großbank, der sich – anders als in Frankreich und England – neben seiner klassischen Funktion als Depositenkasse auch als Kapitalbeschaffer großen Stils für Industriefinanzierungen versteht. 1871 werden 48, im nächsten Jahr sogar 50 neue Banken mit einem Kapital von zusammen 585 Millionen Mark gegründet. In Berlin, wo es 1870 nur neun Banken gibt, bestehen zwei Jahre später 52 Bank-Aktiengesellschaften. Zwischen 1870 und 1872 wächst die Gesamtzahl der deutschen Bank-Aktiengesellschaften von 31 auf 139. Darunter sind heute noch existierende Großbanken, wie die „Deutsche Bank“ (1870 gegründet) und die „Dresdner Bank“ (1872).

Mit ihrer Hilfe werden allein in Preußen während der stürmischen Periode des industriellen „take-off“ von 1871 bis 1874 ebenso viele Eisenhütten, Hochöfen und Maschinenfabriken gegründet wie in den ersten siebzig Jahren des Jahrhunderts. Obwohl die Periode der ersten Gründerzeit zwischen 1848 und 1866 auch bereits einen Zuwachs der Roheisenproduktion um 250 Prozent zu verzeichnen hat. Dividenden zwischen 12 und 25 Prozent sind bei gut florierenden Unternehmen der Gründerzeit keine Seltenheit.

„Leitsektor“ des Booms ist – wie in den Jahren vor dem Krieg – noch immer der Eisenbahnbau. Aber auch hier sind erste Alarmzeichen nicht zu übersehen. Zwar nimmt das deutsche Eisenbahnnetz zwischen 1870 und 1875 noch einmal um neuntausend Kilometer zu. Weltweit hat sich jedoch die allzu stürmische Ausbreitung des Verkehrsmittels, das dem Zeitalter in vielen Publikationen sogar seinen Namen gegeben hat, nach dem Deutsch-Französischen Krieg drastisch verlangsamt. Von 8,8 Prozent jährlich in der Zeit zwischen 1850 und 1870 sinkt die Zunahme des Streckennetzes auf 4,7 Prozent in den Jahren 1870 und 1874. Danach erfolgt eine weitere Halbierung der Zuwachsraten.

44. Kapitel

„GRÜNDEN SIE, MEINE HERREN ...“

Mit dem Bewußtsein, einen Krieg gewonnen zu haben, und dem neuen Reichs- und Kaiserkult verbinden sich die täglich sichtbaren und im Dunst der neuen Industriestädte auch mit der Nase wahrnehmbaren Beweise deutscher Tüchtigkeit zum Wunderglauben an ein ewiges Schlaraffenland.

Man gründet auch dort, wo es eigentlich nichts zu gründen gibt.

Das plötzlich im Überfluß vorhandene Geld verführt den Großteil der „Gründer“ zu der Annahme, jedes Unternehmen müsse geradezu zwangsläufig Gewinn abwerfen, wenn man nur genügend Kapital hineinstecke. Damit sind Spekulation und Betrug Tür und Tor geöffnet. Je mehr der jedesmal „kolossal“ überzeichneten Neugründungen schon in diesen Jahren nach kurzer Zeit wieder pleite gehen, um so hartnäkkiger investieren selbst Leute, die nach der ersten Gründerkrise von 1857 schon einmal ihr Geld verloren haben, ihr Geld in völlig sinnlose und überflüssige Unternehmungen.

In Berlin werden zum Beispiel dutzendweise Brauereien und Vergnügungsetablissements gegründet – weit über den tatsächlichen Bedarf hinaus. Im Ruhrgebiet stürzt man sich im wahrsten Sinn des Wortes „ohne Rücksicht auf Verluste“ auf die sogenannten „Kuxentische“ in den Gastwirtschaften. Dort bieten Spekulanten Beteiligungen an Zechen an, die noch im Abteufen begriffen sind. Niemandem scheint aufzufallen, daß neue Bergwerkszechen eine besonders lange Anlaufzeit haben, in der erst einmal ständig Zuschüsse nötig sind.

Bald gibt es in Berlin und anderswo keine Hinterhofdestille mehr, die nicht von geschäftstüchtigen „Gründern“ aufgespürt, ihrem Besitzer abgekauft und durch Umwandlung in eine Aktiengesellschaft an der Börse zu einem Objekt hemmungsloser Spekulation gemacht worden wäre.

Sind genügend „Aktionäre“ gefunden, die ihr Geld in das mit den glänzendsten Aussichten offerierte Unternehmen gesteckt und dadurch dessen Kurswert an der Börse künstlich überhöht haben, springen die Gründer ab, um mit dem gewonnenen Geld weiterzuspekulieren.

Der Kurszettel in den Zeitungen wird zur beliebtesten Lektüre, nicht nur für die professionellen Gründer, sondern für Zehntausende kleiner Leute, die ihre letzten Ersparnisse in die sinnlosesten und absurdesten Gründungen stecken.

„Es war“, schreibt ein Journalist aus dem gleichfalls vom Gründerfieber heimgesuchten Wien, „die Zeit, da Aktiengesellschaften gegründet wurden, um das Nordlicht in unterirdischen Röhren auf den Stephansplatz zu leiten und unserer Stiefelwichse neue Absatzwege unter den Südseeinsulanern zu gewinnen.“

Mittelpunkt des täglichen Tanzes um das goldene Kalb ist in Berlin die 1863 im schönsten Neo-Renaissancestil errichtete Börse an der Burgstraße. Schon von weitem kann man die überlebensgroße Borussia über dem Säulenportal erkennen, wie sie ihre Arme den jeden Mittag heraneilenden Scharen von „Gläubigern“ entgegenstreckt. Mit jedem Schub der gewaltigen Drehtür wird ein Viertelhundert Menschen in Berlins größten Innenraum befördert – er bietet fünftausend Personen Platz, doppelt soviel wie der Berliner Dom, und er ist um die Mittagszeit immer noch zu klein, wenn das aufgeregte Treiben der „Börsenjobber“ einen der Meeresbrandung vergleichbaren Lärmpegel erreicht.

Anders als der etwas boshafte, stark antisemetische „Gartenlauben“-Reporter Otto Glagau, der selbst erfolglos an der Börse spekuliert hat und seiner Wut in einer mehrteiligen Fortsetzungsserie in dem damals meistgelesenen Familien-Magazin freien Lauf läßt, nimmt der Berlin-Chronist Robert Fischer einige der „Börsentypen“ mit feiner Ironie auf seine Feder:

„Hier kommt eine jener berühmten oder berüchtigten Persönlichkeiten, die man in neuester Zeit mit dem schlichten Namen ‚Gründer‘ bezeichnet. Dieser Mann sieht so ehrlich aus, daß er Zutrauen erweckt, und ist so einfach gekleidet, daß man sich bei seinem Anblick der Rührung nicht erwehren kann. Und bei vielen gilt er für ein Wohltäter. Niemand versteht das ‚Petern‘ so gut wie er: Statuten aufzusetzen, Subscriptionen zu eröffnen, Promessen unter die Leute zu bringen, das Publikum in eitle Hoffnungen zu wiegen. Dieser Gründer ist noch bei keinem Unternehmen beteiligt gewesen, welches den Mitgründern und Verwaltern nicht wenigstens fünfzig Prozent und den ‚Commanditairen‘ mehr als drei Prozent abgeworfen hätte. Wurde die Schuld für die beteiligten Actionäre drückend, so schafft der Menschenfreund neue Actien.

Der geschäftigte Graukopf, der scheinbar hin und her rennt – denn im Grunde verläßt er seine Stelle nicht, wo ihn die Mitverschworenen immer antreffen –, dieser unstäte Graukopf ist wie ein spekulativer Philosoph, wie Spinoza, Kant und Fichte: nur mit Gedankendingen beschäftigt. Diese Gedankendinge sind die Fonds und Effecten, die er kauft und verkauft, ohne sie nur zu Gesicht zu bekommen.“

45. Kapitel

EIN MANN NAMENS STROUSBERG

Ungekrönter König der „Gründer" ist Bethel Henry Strousberg. Wir trafen den Sohn eines verarmten jüdischen Advokaten aus dem ostpreußischen Neidenburg, der ursprünglich Baruch Hirsch hieß, bereits in den fünziger Jahren. Damals schickte sich der Bundestagsgesandte Otto von Bismarck an, mit Österreich „reinen Tisch" zu machen, gestützt auf das erste preußische Wirtschaftswunder. Es stand bereits im Zeichen der Eisenbahn.

Die Karriere des Bethel Henry Strousberg ist ebenso erstaunlich wie typisch für die preußisch-deutsche Gründergesellschaft. Als junger Mann ist er nach England gegangen, weil er „das Bedürfnis hat, etwas Großes zu leisten", wie er in seinen Lebenserinnerungen schreibt. In den dreißiger und vierziger Jahren des vorigen Jahrhunderts besitzt England genausoviel Anziehungskraft wie heute vielleicht Amerika. Zudem haben die Brüder seiner Mutter in London ein kleines Ex- und Importgeschäft. Der junge Mann weiß sich gefällig, wenn auch ein wenig hochtrabend, auszudrücken, und so kann er eines Tages als Wirtschaftskorrespondent für einige kleinere Zeitungen arbeiten.

Aber seine Begabung ist das Gründen. Er betätigt sich als Verleger, gründet eine Wirtschaftszeitung mit dem Titel „The Merchand's Magazine" und kauft ein zweites Blatt dazu. Als ihm die Kosten davonlaufen, läßt er in Deutschland drucken – und erleidet seinen ersten Schiffbruch. Die Herstellung ist zwar billiger, aber es dauert auch viel länger, bis die Exemplare in London ankommen. Dort aber gilt bereits der Wahlspruch des ganzen Zeitalters: „Time is money!“

Strousberg wird darauf Versicherungsagent und Kunsthändler, erwirbt zehntausend Pfund Sterling, führt einen „vornehmen“ Hausstand und übersiedelt nach Berlin, als er hört, daß es dort aufwärtsgehe. Und er gelangt zielsicher mitten hinein in das Zentrum der Geschäfte.

Eisenbahnen werden damals noch privat gebaut und größtenteils auch privat betrieben. Kein Staat, noch nicht einmal das russische Riesenreich, aber auch kein Einzelunternehmer kann die gewaltigen Kosten im voraus aufbringen. Die Lösung ist – nach englischem Vorbild – die sogenannte „General Enterprise“. Dabei überträgt der Staat einem Unternehmer den kompletten Bahnbau, einschließlich der Grundstücksbeschaffung, und bezahlt ihn dafür mit Aktien, die er dann selbst an der Börse zu Geld machen kann.

Zuerst als Generalbevollmächtigter britischer Finanziers, dann auf eigene Rechnung baut Strousberg die Tilsit-Insterburger Bahn, die Ostpreußische Südbahn, die Berlin-Görlitzer Bahn, die Rechte-Oder-Ufer-Bahn, die Märkisch-Posener Bahn, die Halle-Sorauer Bahn und die Hannover-Altenbekener Bahn.

Das sind schon über tausend Streckenkilometer. Nun steht der unternehmerische Dampfkessel des Herrn „Dr. Strousberg“, der in Berlin und auf seinen schnell erworbenen Gütern bei Posen und in Oberschlesien wie ein Fürst residiert, vollends unter Hochdruck, so daß er weiter ins Ausland expandiert. Für den russischen Zaren baut er die Eisenbahnlinie Brest-Grajewo, in Ungarn die Nordostbahn. Auf dem Höhepunkt seiner Karriere ist Strousberg nach Alfred Krupp der zweitmächtigste Industrielle in Deutschland, verfügt über eigene Kohlengruben, Bergwerke und Lokomotivfabriken und ist auch für ein paar Jahre Abgeordneter des Norddeutschen Reichstages.

Der Mann, der alles kauft, was ihm in die Quere kommt, Minister, Staatsbeamte und Journalisten mit Pensionen besticht und selbst hochadlige „Gönner“ als Kompagnons in seine gigantischen Geschäfte einspannt: Dieser Mann verliert zuletzt die Übersicht und scheitert am Bau einiger Eisenbahnlinien in Rumänien.

Auf einen Punkt hat es Günter Ogger gebracht, wenn er in seiner Wirtschaftsgeschichte der Gründerzeit schreibt: „Er baute so schlecht wie nur möglich und so teuer wie denkbar.“ Der Superspekulant wird schließlich selbst übers Ohr gehauen durch künstlich hochgetriebene Grundstückspreise und durch nicht eingehaltene Staatsbürgschaften. Er kann Verträge nicht rechtzeitig erfüllen und muß schließlich gegenüber einem bis dahin unbekannten Konkurrenten aufgeben. Es ist der Österreicher Ofenheim, Ritter von Pontensin, der noch schneller bauen kann.

Das Ganze ist von einiger Brisanz. Der erste Akt von Strousbergs Niedergang spielt sich während des Deutsch-Französischen Krieges ab. Ehe noch nicht heraus ist, wer siegt, herrscht an der Börse „Baisse“. Dann ziehen die Eisenbahnaktien wieder an, aber für Strousberg zu spät. Am 1. Januar 1871, als alle Welt mit Kanonenschlägen und Böllerschüssen die Geburt des neuen Reiches feiert, muß er seine Zahlungsunfähigkeit eingestehen. Bitter beschwert er sich, von seiner eigenen Regierung im Stich gelassen worden zu sein. Nun ist es damals noch völlig unüblich, in Schwierigkeiten geratene Konzerne staatlicherseits zu stützen, um Arbeitsplätze zu retten. In diesem Fall aber würde Bismarck nur zu gern einspringen. Handelt es sich doch mit Rumänien um ein Land, an dessen Spitze ein Hohenzoller, Carol I., steht, in dem es aber eine starke antideutsche, nationalistische Partei gibt. Das Scheitern einer preußischen Firmengruppe muß deren Position zwangsläufig stärken und kann das für Deutschland wichtige Hinterland im Osten zu einem riskanten Partner werden lassen.

Aber die nationalliberalen Minister in Bismarcks erstem Kabinett widersetzen sich einer Finanzhilfe des Staates für Strousberg und können dafür Bismarcks eigene, freihändlerischen Parolen in Anspruch nehmen. Der Kanzler jedoch möchte mitten in den Reichstags-Debatten um die Verfassung und den nun endlich fälligen Dauerkompromiß um das Heeresbudget einen erneuten Kurswechsel vermeiden.

Es kommt tatsächlich im Gefolge des Strousberg-Zusammenbruchs in Rumänien zu antideutschen Ausschreitungen. Man stört eine Geburtstagsfeier der deutschen Kolonie für Wilhelm I.; die rumänische Polizei sieht tatenlos zu. Der nun doch ergrimmte Bismarck verlangt von Carol I. die Entlassung seiner Regierung. Dann beauftragt er seine beiden Finanzspezialisten Gerson Bleichröder und Adolf Hansemann, kaum, daß sie die Modalitäten der französischen Reparationszahlungen geregelt haben, mit der Gründung einer Auffang-Aktiengesellschaft für das zerbrochene Strousberg-Unternehmen. Damit die Bahn doch noch gebaut werden kann und die Deutschen in Rumänien nicht „ihr Gesicht verlieren“.

46. Kapitel

„LASKERHAFTIGKEIT“

Sein Gesicht verliert indes um ein Haar kurze Zeit später der eben noch für allmächtig gehaltene Fürst Bismarck. Wieder ist es der wie ein Ire aussehende, aber aus Jarotschin bei Posen stammende Rechtsanwalt und Abgeordnete Dr. Eduard Lasker, der als „berüchtigter Kampfhahn seiner Partei“ – so die „Gartenlaube“ – zum unverhofften Rundumschlag ausholt.

Am 14. Januar 1873 nimmt der temperamentvolle Linksaußen der Nationalliberalen im Preußischen Abgeordnetenhaus die Beratungen zu einer Regierungsvorlage über die Vergabe weiterer Eisenbahnkonzessionen zum Anlaß, um gegen die dabei geübte Praxis zu Felde zu ziehen. Lasker wirft dem preußischen Handelsminister, Graf Itzenplitz, vor, er habe die schwindelhaften Unternehmungen des Dr. Strousberg gefördert. Bei der Verleihung von Eisenbahnkonzessionen bevorzuge er Persönlichkeiten mit Beziehungen.

Der nationalliberale Abgeordnete nennt Roß und Reiter. Es sind Männer aus den ersten Hofkreisen, die an dem Handel mit Eisenbahnkonzessionen beteiligt waren. So der Fürst Putbus, der nach dem Zusammenbruch seiner Gründungen von den Berlinern spöttisch „Fürst Kaputtbus“ genannt wird, und der Prinz Biron von Curland, der für den Weiterverkauf seiner Aktien allein 100 000 Taler kassiert hat. Gar nicht zu reden von dem zwielichtigen Strousberg-Compagnon Ujest. Sein voller Titel: Fürst Hugo zu Hohenlohe-Öhringen-Ingelfingen. 1867 ist er zum Herzog von Ujest befördert worden. Nach Laskers Enthüllungen begrüßt ihn der alte Kaiser bei der nächsten Hofsoirée mit eisiger Kälte: „Guten Abend, Herr Dr. Ujest. Wie geht es dem Herzog von Strousberg?"

In grellen Konturen entsteht vor den Abgeordneten, den Teilhabern des „Systems Bismarck", dessen Zerrbild als „System Strousberg". Lasker läßt keinen Zweifel daran, wen er eigentlich meint, wenn er sich zum Schluß seiner aufsehenerregenden Rede auf Männer in der Nähe des großen Kanzlers selbst einschießt. Zielgenau nimmt er außer dem preußischen Handelsminister Itzenplitz auch noch den Bismarck-Intimus Hermann Wagener ins Visier, den der Kanzler vom Chefredakteurssessel der „Kreuzzeitung" in sein Auswärtiges Amt geholt hat. Man hört förmlich den schneidenden Refrain: „... aber Brutus ist ein ehrenwerter Mann!"

Die anschließende Verteidigungsrede des Grafen Itzenplitz „ist kaum als der Versuch einer Rechtfertigung zu bezeichnen", wie ein Beobachter notiert. Noch schlimmer ergeht es dem durch eines der vielen Bismarck-Manöver vor einem Monat unvermutet zum preußischen Ministerpräsidenten avancierten Albrecht von Roon. Als der bärbeißige Generalfeldmarschall weisungsgemäß versucht, den Geheimrat Wagener aus dem Feuer zu ziehen, setzt Lasker drei Wochen später in seiner zweiten, berühmten „Gründerrede" zum radikalen Kahlschlag an. Nicht nur die Vergabe der Konzessionen, sondern auch die Vergabe von Aufträgen an die mit dem Eisenbahnbau beschäftigten Firmen erfolge mit Wissen und Billigung des Handelsministeriums aufgrund überhöhter Kostenvoranschläge, so daß der Wert der unter solchen Verhältnissen hergestellten Bahnen um ein Drittel oder gar die Hälfte höher erscheine, als er in Wirklichkeit sei. Das Schlimmste aber: Der Handelsminister lasse dieses Treiben zu und begünstige es auch noch, indem er von vornherein übertriebene Kostenvoranschläge und ein viel zu großes Aktienkapital in der zweifellos gut gemeinten Annahme genehmige, daß die Bezahlung der aufgewendeten Leistungen dann doch nur in Aktien erfolge und diese hierbei weit unter Nennwert verrechnet würden.

Der Reichstag beeilt sich, dem Verlangen Laskers nach einem parlamentarischen Untersuchungsausschuß stattzugeben. Der kommt nach 56 Sitzungen zu der Überzeugung, daß der Abgeordnete Dr. Lasker vollkommen Recht habe. Damit ist der Geheimrat Wagener nicht mehr zu halten, obwohl ihm der Kanzler demonstrativ und in voller Uniform einen Besuch macht. Itzenplitz ist bereits zurückgetreten.

Nur zwei Jahre nach der triumphalen Reichsgründung hat ein jüdischer Abgeordneter dem mächtigen Reichskanzler die tiefste innenpolitische Niederlage bereitet. Der Humor des überlebensgroßen „Goliaths" klingt doch recht gezwungen, wenn er scheinbar gelassen grollt: „Sie haben so nahe bei mir vorbeigeschossen, daß Sie mich auch auf ein Haar getroffen hätten!", als der über seinen eigenen Mut erschrockene „David" später höflich sein Bedauern ausdrücken will.

Der Schaden ist nicht zu reparieren. Denn natürlich ist die Laskerrede nicht der Aufschrei eines empörten Herzens, wie es die „Gartenlaube" vermutet. Sie ist ein wohlberechnetes Manöver. Warum sonst würden ausgerechnet die Nationalliberalen, die selbst nicht wenig korrumpierten Teilhaber des „Systems Bismarck", so lautstark Krawall schlagen, wenn sie nicht sicher wären, dieses System und seinen Gründer – kurzum: das ganze neue „Reich" – auf seine Unzulänglichkeiten zu fixieren und sich gleichzeitig nach der Methode: „Haltet den Dieb!" von jeder Mitverantwortung freizusprechen?

47. Kapitel

DER GROSSE GRÜNDERKRACH

Denn während Lasker noch redet, steht das Gewitter bereits am Himmel. Österreich ist 1873 Gastgeber der fünften großen Weltausstellung. Nebenher findet noch eine Eisenbahnmesse statt. Diese führt zu einer geradezu wahnwitzigen „Hausse“ am Aktienmarkt. Doch unter der Last immer weiter hochgereizter Aktienkurse bricht am 9. Mai die Wiener Börse zusammen. Während des Sommers sinkt der Kurswert aller österreichischen Industrieaktien um neunundvierzig Prozent. Man hält es zunächst für eine lokal begrenzte „Börsenkrise“ in einem Land, das ohnehin nur über eine mangelhafte Wirtschaftsstruktur verfügt. Zudem begeht man in Wien den Fehler, durch ein „Schuldengestundungsgesetz“ und den Druck ungedeckter Banknoten im Wert von 200 Millionen Gulden (!) sozusagen Öl in das erst mäßig aufflackernde Feuer der Krise zu gießen. In Preußen werden während des Sommers noch 196 neue Aktiengesellschaften mit einem Grundkapital von 498 Millionen Mark gegründet.

Doch dann kommen beunruhigende Nachrichten über den Atlantik. In Amerika gehen viele der großen Eisenbahnlinien mit einer Gesamtschienenlänge von 21 000 Meilen bankrott. Damit ist der „leading sector“, der Leitsektor des industriellen Aufschwungs, weltweit empfindlich angeschlagen. Für die eisenproduzierenden Länder – an erster Stelle England – gibt es keine Abnehmer mehr. Auf der ganzen Welt erlöschen fast die Hälfte aller Hochöfen.

Vor diesem Dammbruch muß am 20. September 1873 auch die New Yorker Börse kapitulieren. Am 10. Oktober erreicht die Woge der Bankzusammenbrüche die Quistorpsche Vereinsbank in Berlin. Dort konzentrieren sich die meisten Bauunternehmungen der Reichshauptstadt. Ein paar Wochen früher, und das am 2. September, dem dritten „Sedanstag", eingeweihte Siegesdenkmal an der Charlottenburger Chaussee wäre unvollendet geblieben. Ohnehin hat ein Streik der mit Einschalungsarbeiten beschäftigten Zimmerleute die Fertigstellung verzögert. Nun bleiben auch viele der gerade erst begonnenen Häuser im Tiergartenviertel und der großen Mietskasernen im Osten halbfertig stehen, weil ihre Bauherren nicht mehr zahlen können.

Der Quistorpschen Bank folgen sechzig weitere sowie 116 Industrieunternehmen und vier Eisenbahngesellschaften – ein vergleichsweise milder Zoll an die Krise, die inzwischen auch London, das Zentrum der internationalen Finanzwelt, erreicht hat. Zeitweise findet – wie zum Beispiel von der Essener Börse berichtet – überhaupt kein Geschäftsverkehr mehr statt, weil keine Kurszettel mehr ausgegeben werden. Wo eben noch nervöse Hektik herrschte, breitet sich gähnende Leere aus . . .

Otto Glagau schreibt in der „Gartenlaube": „Der ‚Berlin-Charlottenburger Bau-Verein' z. B. hat Großartiges geleistet – im Abstecken von Straßen und Plätzen. Eine unabsehbare Riesenstraße zieht sich von Steglitz bis Charlottenburg. Sie heißt die ‚Kaiserstraße', ist über eine halbe Meile lang, breit und prächtig – nur fehlen ihr noch die Häuser, und die Baugründe sind einstweilen hier, wie in dem Gewirr der Quer- und Nebengassen, als Viehweide verpachtet. Auch die beiden ‚Baubureaux' in Berlin und in Wilmersdorf sind geschlossen; trotzdem hat die ‚Verwaltung' im letzten Jahr über 11 000 Thaler Unkosten verursacht. Ein Rätsel, das nur ‚Aufsichtsrath' und ‚Direction' zu lösen vermögen. Aber Beide verbergen sich jetzt wie Adam und Eva nach dem Sündenfall . . ."

Das Preußische Statistische Büro beziffert den Verlust von 444 Aktiengesellschaften, deren Kurswert Ende 1872 noch 4528 Milliarden Mark betragen hat, zwei Jahre später auf genau 2084 Milliarden Mark. Von 139 Kreditanstalten mit einem Kapital von 1132 Milliarden Mark müssen im gleichen Zeitraum 73 mit 473 Millionen Mark kapitulieren. Die Disconto-Gesellschaft des Ex-Ministers David Hansemann, die bei der letzten Wirtschaftskrise 1857 am Rhein gleich ein halbes Dutzend in Schwierigkeiten geratener Bergwerksunternehmungen aufgekauft hat und in der restlichen Gründerzeit „überall dabei war, wo es eine schnelle Mark zu verdienen gab“ (Günter Ogger), notiert ultimo 1872 noch 335 Punkte, ein Jahr später bei einer Dividende von nur 4 Prozent lediglich 179 Punkte. Die wohl rasanteste Talfahrt unter den Eisenhütten macht Phönix Ruhrort, deren Kurs im gleichen Zeitraum von 440 auf 46 sinkt.

Konjunktur haben nur noch die Zeitungen, deren Spalten sich mit Berichten von bankrott gegangenen Firmen und geprellten Spekulanten füllen. Im Anzeigenteil versammeln sich die Porträts steckbrieflich gesuchter Hauptkassierer, deren Griff in fremde Kassen bei der Gelegenheit offenbar wird. Theodor Lessing schreibt in seinen Jugenderinnerungen, seine Eltern hätten sich nicht, wie beabsichtigt, scheiden lassen können, weil der Vater die Mitgift seiner Frau verspekuliert habe.

Eine gigantische Umverteilung des Volksvermögens ist im Gange. Der Ideologe des großpreußischen Freihandels-Kapitalismus, Kanzleramtschef Rudolf Delbrück, kommentiert sie mit den Worten: „Die Regierung kann die Leute nicht daran hindern, sich zu ruinieren.“ Delbrück vertraut auf die bisher noch nicht unter Beweis gestellten Selbstheilungskräfte des Marktes. Nebenher hat er durchaus die Vorteile im Blick, die der Regierung aus der Krise erwachsen. Ihre wirtschaftsliberalen Teilhaber unter der wohlfeilen Flagge des Nationalismus sind erst einmal etwas gedämpft worden. Viele nationalliberale Parteiführer, wie etwa Wilhelm von

Kardorff, sind von der Aktienkrise sogar persönlich betroffen und müssen alle Anstrengungen darauf verwenden, ihre eigenen Vermögensverhältnisse wieder in Ordnung zu bringen.

Der absolutistische Staat, der unter dem Trauma der 1848 geweckten Revolutionsfurcht seine vor dreißig Jahren noch einmal gerettete Grenzen verlassen hat, um auf bonapartistische Weise das Reich neu zu gründen, erblickt auf einmal Chancen, verlorenes Terrain zurückzugewinnen. Von der Flaute des Aktienmarktes kann der Obligationsmarkt profitieren und eine „Ära billiger, leicht zu plazierender Staatsanleihen" (Hans-Ulrich Wehler) einleiten.

Delbrück, der Architekt des Freihandels, sieht den modernen Interventionsstaat bereits jetzt aufsteigen. Da Delbrück erst 1903 stirbt, wird er ihn auch noch erleben. Aber nur Bismarck ist im Stande, ihn ein Stück weiter zu denken und schon sehr frühzeitig Nutzen aus der Krise von 1873 zu ziehen. Vielleicht ist sie sogar tauglich, den monarchisch-republikanischen Antagonismus in seiner Staatsgründung, den Zwang zum fortgesetzten Kompromiß, eines Tages wieder aufheben zu können. Durch eine zweite, diesmal konservativ-autokratische Neugründung des Reiches unter Ausschluß der nunmehr lästigen nationalliberalen Teilhaber.

48. Kapitel

DOCH EIN WIRTSCHAFTSWUNDER?

Das Deutsche Reich ist im Bewußtsein seiner Menschen noch kein typisch „hochkapitalistisches“ Land wie England und Amerika. Es gelten noch vorkapitalistische, feudale Wertbegriffe. Fritz Stern schreibt: „Der Kapitalismus lebte natürlich weiter, aber er wurde auf merkwürdige Weise suspekt und erfuhr eine moralische Abwertung.“

In seinem Roman „Buddenbrooks“ gibt Thomas Mann, der selbst einer Lübecker Kaufmannsfamilie entstammt, die Empfindungen der Tony Buddenbrook bei der Nachricht vom Bankrott ihres Mannes so wieder: „Bankrott . . . das war etwas gräßlicheres als der Tod; das war Tumult, Zusammenbruch, Ruin, Schmach, Schande, Verzweiflung und Elend . . .“

Doch gerade im Fall Preußen-Deutschlands wäre es vollkommen falsch, die jetzt geknickte, von Anfang an ungesunde Scheinblüte schon für die ganze Wirtschaftspflanze zu nehmen. Deren Wurzeln sind durchaus gesund.

Das neue Reich ist keineswegs nur auf märkischem Sand oder Spekulationen mit französischen Milliarden gebaut. Preußen-Deutschland verfügt über einen durchaus soliden Hintergrund, über ein gut sortiertes Portefeuille an Rohstoffen. Zielstrebig hat sich der „preußische Ölfleck“, wie schon Talleyrand die damals noch kärgliche Soldatenmonarchie nannte, seit den Tagen Friedrichs des Großen genau zu den richtigen Stellen hin ausgebreitet. Der große König selbst hatte Schlesien mit seinem Reichtum an Eisen- und Zinkerzen erobert und mit Rußland halbpart bei der Aufteilung des polnischen Bodens im Osten gemacht. Seine Nachfolger arrondierten dieses Gebiet in zwei weiteren polnischen Teilungen und vergrößerten ihren Besitzstand an Rhein und Ruhr. Nach dem Wiener Kongreß kam ein Stück an der Saar hinzu. Auf dem Höhepunkt des kalten Zollverein-Krieges mit Österreich stellte der „Centralausschuß der österreichischen Industriellen" nicht ohne resignierenden Unterton fest: „Das Gros seiner (Preußens) alten Provinzen, an einer langgestreckten, leicht zugänglichen Seeküste gelegen, von natürlichen und künstlichen Wasserstraßen durchschnitten und noch zum Überfluß mit Eisenbahnen bedeckt, findet auf diesen Wegen leichten Absatz für die Produkte seines hochentwickelten Ackerbaus."

Und nicht nur für diese. Schon im Zollverein hatte Preußen mit 95 Prozent an der gesamten Roheisenerzeugung eindeutig dominiert. Durch geschickte Industriespionage und schnelle Auswertung eigener und fremder Erfindungen (Bessemer-Verfahren 1856 und Siemens-Martin-Herdfrischverfahren 1864) konnte es bald schon von der traditionellen Erzeugung vom Schmiedeeisen zur Stahlproduktion übergehen und den noch immer gewaltigen Vorsprung Englands etwas verringern.

Auch an der Kohleförderung, die zwischen 1860 und 1870 um einhundert Prozent anstieg und im Reichsgründungsjahr 26,4 Milliarden Tonnen jährlich betrug, war Preußen mit dem Löwenanteil beteiligt, gefolgt von Sachsen. Bis 1878 wird sich diese Menge noch einmal verdoppeln.

Kein Wunder, daß das Bruttosozialprodukt in diesem Jahrzehnt ebenfalls um 22,7 Prozent steigt, woran Preußen wiederum einen Anteil von 48,5 Prozent erwirtschaftet. Jetzt beschleunigt der Erwerb Lothringens mit seinen Erz- und Kalivorkommen das Tempo des preußisch-deutschen Aufschwungs noch einmal.

Dieser Trend hält auch nach dem Rückgang des Eisenbahnbaus an. Dessen Ablösung als „dynamischen Leitsektor der Volkswirtschaft" (Sombart) verzögert sich noch eine

Weile. Kriegsbedingte Reparationen und Streckenerneuerungen sorgen bis etwa 1877 für gefüllte Auftragsbücher.

Daß auch dann – trotz nun voll durchschlagender Rezession – die deutsche Wirtschaft noch nicht ins Leere fällt, ist nicht zuletzt auf die gesunde Struktur des deutschen Mittel- und Kleingewerbes zurückzuführen. Wiederum ist Preußen „Branchenführer“. Hier haben die liberalen Städte- und Gewerbeordnungen der Reformzeit und die rechtzeitige Befreiung von einengenden Zunftgesetzen ein ebenso solides Fundament gelegt, wie das auf dem Agrarsektor geschehen ist.

Den besten Beweis für die Standfestigkeit der preußischen Volkswirtschaft im Sturm der Gründerkrise von 1873 lieferte die Tatsache, daß die Preußische Staatsbank im gleichen Jahr mit einem Reingewinn von fast acht Millionen Talern abschließen und zwanzig Prozent (!) Dividende ausschütten kann.

Mit einem Wort: Das Deutsche Reich verfügt über eine zu solide Wirtschaftsstruktur, um von der nun angebrochenen Periode weltweiter Rezessionserscheinungen ernsthaft gefährdet zu werden. Der Deutsch-Amerikaner Gerhard Masur stellt fest: „Der Börsenkrach des Jahres 1873 setzt der deutschen industriellen Expansion weder ein Ende noch hält er sie auf. Er bremst lediglich die Hektik für ein paar Jahre etwas ab und zwingt Deutschland zu mehr Maßhalten und neuer Anpassung, aus der es dann mit unverminderter Kraft hervorgeht.“

Die preußische „Gründerzeit“ ist wirklich eine Art „Wirtschaftswunder“.

49. Kapitel

WELTWEITES AUF UND AB

Doch der europäische Markt ist weltweit geworden und muß bereits seit geraumer Zeit zum Beispiel auf die bislang vom dortigen Bürgerkrieg noch einigermaßen gebremste Überproduktion von amerikanischem Weizen oder den ersten Start Japans als Billig-Lohn-Land (!) in das Industriezeitalter Rücksicht nehmen.

In einer New Yorker Börsenzeitung lesen wir zu den ersten Anzeichen einer weltweiten Rezession: „Ihre bemerkenswerteste Besonderheit ist ihre Universalität; wodurch sie sowohl Nationen, die in Kriege verwickelt waren, in Mitleidenschaft zieht, als auch solche, die Frieden bewahrten; solche, die eine stabile Währung haben . . . und solche, die keine stabile Währung haben . . .; solche, die in einem System des freien Warenhandels leben, und solche, bei denen der Handel mehr oder weniger eingeschränkt ist. Sie lastet gleichermaßen drückend auf alten Gemeinschaften wie England und Deutschland wie auf Australien, Südafrika und Kalifornien, die Vertreter der neuen Gemeinschaften sind. Als ein überaus schweres Unheil betrifft sie die Einwohner im unfruchtbaren Neufundland und Labrador ebensosehr wie diejenigen der sonnigen, fruchtbaren Zuckerinseln von Ost- und Westindien. Und sie bringt den Zentren des Welthandels keine Bereicherung, deren Gewinne gemeinhin am größten sind, wenn die Geschäfte am schwankendsten und ungewissesten sind."

Mit viel Akribie haben der amerikanische Wirtschaftswissenschaftler russischer Abstammung Rostow oder der Russe

Kontratieff Trendperioden wirtschaftlicher Auf- und Abschwünge seit Beginn der Industrialisierung herausgearbeitet. Demzufolge brechen ab 1790 größere Rezessionserscheinungen etwa alle zwanzig bis fünfundzwanzig Jahre herein, während sich der normale konjunkturelle Auf- und Abschwung ungefähr auf Zehnjahresperioden einpendelt.

Nach Rostows Analyse der aus dem Vergleich von Warenpreisen, Kapitalzinsen, Löhnen und Außenhandelsumsätzen gewonnenen Indexzahlen gibt es in Europa wirtschaftliche Aufschwungphasen von 1790 bis 1815, von 1850 bis 1873 und von 1898 bis 1914. Daraus ist ohne Mühe ersichtlich, daß viele Kriege am Ende konjunktureller Aufstiegsphasen, Revolutionen aber eher am Tiefpunkt solcher Zyklen ausgebrochen sind.

Der Historiker Hans Rosenberg glaubt einen ähnlichen Synchronismus auch auf dem Agrarsektor beobachten zu können, während andere Autoren wiederum vor zu viel Kaffeesatzleserei in den Geheimnissen der Nationalökonomie warnen. Immerhin läßt sich aber die Ursache wirtschaftlicher Wechsellagen in einem dem kapitalistischen System immanenten Mißverhältnis zwischen Erzeugung und Verbrauch bestimmen. Sobald ein Markt gefunden ist, zwingt der sofort um ihn ausbrechende Konkurrenzkampf sämtliche Anbieter dazu, ihn mit Waren so zu übersättigen, daß die Preise fallen und die schwächeren Produzenten aufgeben müssen. Das ist der Preis für die Ablösung merkantilistischer Wirtschaftssysteme, wie sie der Absolutismus kennt. Noch Friedrich der Große konnte die Aufstellung mechanischer Webstühle in Schlesien kurzerhand verbieten, „um seine treuen Handweber nicht um ihr Brot zu bringen“. Eine solche Verfahrensweise hält die wirtschaftliche Expansion in engen Grenzen und verschafft jeder Mißernte, Hungersnot oder dem ohnehin immer drohenden „Populationszuwachs“ einen unheilvollen Einfluß.

Anders der Wirtschaftsliberalismus, wie ihn zum Beispiel der Engländer Adam Smith in seinem bereits 1776 erschienenen Werk „Der Wohlstand der Nationen" fast wie ein Credo der Neuzeit definiert hat. Dahinter steht auch eine durchaus religiöse, kalvinistisch geprägte Hochschätzung der Arbeit, die nach Smiths unbestreitbar richtiger Ansicht den Volkswohlstand schafft. Karl Marx leitet daraus den Begriff des „Mehrwertes" ab. Der Güterwert dagegen hängt vom Tauschwert ab. Lohn, Kapitalgewinn und Grundrente, die drei noch heute gebräuchlichen Einkommensarten, werden in ihrer Höhe durch die jeweilige Marktlage bestimmt.

Smith überläßt die Regelung dieser Faktoren und den Antrieb der gesamten Volkswirtschaft in aufklärerischer Gelassenheit dem „Selbstinteresse des Menschen", das „jeden das tun läßt, was dem Wohl des Ganzen nützt" – sogar über Ländergrenzen hinweg, in internationaler Arbeitsteilung, weswegen er auch den Freihandel als das „natürliche Klima" des Wirtschaftsliberalismus bezeichnet.

Damit ist man in der Tat – wenigstens vorläufig – den langen Arm des absolutistisch-autarken Staates los. Aber noch lange nicht den ebenso „natürlichen" Egoismus des Menschen.

Nur ein halbes Jahrhundert später hat sich die schöne Idee vom strebsamen und doch rücksichtsvollen Bienenfleiß in den radikalen Gruppenegoismus des „Manchester-Liberalismus" verwandelt. Er fordert nicht nur die Systemkritik der sozialistischen Theoretiker heraus, allen voran Marx und Engels, sondern auch berechtigte Zweifel an dem ebenfalls von Smith formulierten Dogma von den angeblichen Selbstregulierungskräften des Marktes.

Der englische Wirtschaftshistoriker Eric J. Hobsbawn konstatiert eine durchgehende Unfähigkeit, eroberte Märkte auch zu halten oder zu erweitern. Bis heute folgt dem Export die technische Innovation der Aufnahmeländer selbst. Die Industrien anderer Länder werden durch den Import von Rohstoffen und Fertigwaren nicht gebremst, sondern beschleunigt.

Das „kapitalistische System“ ist also auf die Eroberung immer neuer Märkte angewiesen. Es ist niemals „saturiert“, wie Bismarck das nach den beiden Kriegen von 1866 und 1870/71, gewiß mit den besten Vorsätzen, von seinem Reich meint.

50. Kapitel

IM SCHLARAFFENLAND

Wie gesagt, auch nach dem Gründerkrach ist man noch reich genug. Selbst der Herzog von Ujest wird bald wieder an dritter Stelle auf der Liste der hundert reichsten Männer Preußens stehen. Angeführt wird die illustre Riege lange Zeit vom Hause Krupp – „ein Name, der wie das rauhe Bellen einer nicht mehr allzu fernen Haubitze klingt, hart und drohend", wie der Schriftsteller Bernt Engelmann meint. „Hart wie Kruppstahl" wird dann, viel später, auch zum Wahlspruch eines „Dritten", bisher letzten Reiches der Deutschen.

Dieser Krupp, der lange, hagere und ein wenig sonderbare Alfred Krupp, der drei Jahre älter als Bismarck ist, hat bei Sedan mitgesiegt. Seine Gußstahlgeschütze sind nicht mehr so oft zerplatzt wie noch 1866, und sie erwiesen sich als viel treffsicherer. Zudem haben seine Ingenieure für die Belagerung von Paris ein Ballongeschütz entwickelt, das mit nur geringfügigen Verbesserungen als „Flak", als Fliegerabwehrkanone, in zwei weiteren Weltkriegen seine Tauglichkeit unter Beweis stellen wird.

Angesichts der deutschen Siege und der nun voll ausgelasteten Kapazität seiner Essener Fabrik konzentriert sich Krupp auf seinen nunmehrigen Hauptabnehmer Preußen. Pathetisch schreibt er mit hohen, weitausladenden und im höchsten Grade zerrissen wirkenden Schriftzügen auf alle sein Briefe: „Gott schütze Preußen!" In der eben im Bau befindlichen „Villa Hügel" ist eine ganze Suite für Kaiser Wilhelm I. bestimmt.

Trotzdem wird seine Zuneigung nicht von der gesamten preußischen Führungsspitze erwidert. Eigensinnig beharrt der konservative Flügel des Generalstabes auf der Ansicht, die schon seit der Antike verwendeten Kanonen aus Bronze seien besser. Kriegsminister Roon schlägt sogar vor, die von Krupp gelieferten Gußstahlgeschütze wieder zu verschrotten.

Ein weiteres Mißgeschick passiert Krupp im nachfolgenden Gründerboom. Er will möglichst schnell expandieren, zugleich aber alle Fäden in seiner Hand behalten. Was andere nur mit Hilfe der neuen Großbanken schaffen, soll ihm aus eigener Kraft gelingen. Beim großen Krach verfügt er jedoch über zu wenig finanzielle Reserven, um durchhalten zu können. Der Mann, dessen Name dank einer geschickten Firmenpropaganda und ständiger Präsenz auf allen Industrieausstellungen in der ganzen Welt fast schon zu einem Synonym für die neue deutsche Tüchtigkeit geworden ist, muß den Kaiser um Hilfe bitten. Er will sein Lebenswerk in ein „Deutsches Nationalwerk" umwandeln.

Aber etwas Ähnliches wird der Firma Krupp erst vierundneunzig Jahre später gelingen, wenn auch unter ganz anderen Bedingungen. Jetzt scheut sich der eben erst auf Freihandel programmierte Bismarck, ein Exempel zu statuieren: „Gewährte man eine Ausnahme, hieße es, einen Damm öffnen."

Eines hat der Essener Sonderling mit dem deutschen Reichskanzler gemein: Auch er legt sich krank zu Bett, wenn er nicht weiter weiß. Das Bett von Krupp, des wohl prominentesten Bronchitis-Opfers frühindustrieller Umweltverschmutzung, befindet sich über einem Luftschacht, der die Schlafräume mit einem eigens dafür installierten Kuhstall verbindet.

Schließlich einigt man sich auf einen Dreißig-Millionen-Kredit, den die „Deutsche Seehandlung" gewährt – ein sorgfältig getarntes Staatsunternehmen mit fast unbegrenzten Barmitteln – und eine milde Form der Aufsicht durch einen Krupp genehmen Buchprüfer. Gleichwohl verdächtigt Krupp „Judenschwindler", zu seinem „Ruin" beigetragen zu haben.

Erfolgreicher im neuen Montangeschäft ist man dort, wo man sich rechtzeitig zusammenschließt und die Hilfe der auf Industriefinanzierung spezialisierten Großbanken nicht verschmäht. Schon in den sechziger Jahren hat sich der Chef der „Diskonto-Gesellschaft", Adolf Hansemann, mit dem Essener Eisenhändler Friedrich Grillo zusammengetan. Hansemann ist der Sohn des einstigen preußischen Finanzministers David Hansemann, den Friedrich Wilhelm IV. 1848 als liberales Aushängeschild in sein Kabinett berufen hatte. Mit Unterstützung der Oppenheim-Bank in Köln gründen Hansemann und Grillo die „Dortmunder Union", den ersten modernen Großkonzern der Montanindustrie. 1872 beschäftigt das riesige Firmenkonglomerat aus Kohlezechen, Stahlschmelzen, Walzwerken und Verarbeitungsbetrieben schon 12 400 Arbeiter, knapp zweitausend mehr als Krupp.

Nicht minder zielstrebig und verbissen in den exorbitanten Erfolgszwang der Gründer boxt Grillos ehemaliger Angestellter Emil Kirdorf die „Gelsenkirchener Bergwerks AG" in den Kreis der industriellen Großmächte hinauf, steuert August Thyssen, der erst 1871 in das Stahlgeschäft einsteigt, seinen Konzern durch die schon hoch aufschlagenden Wogen der Krise, indem er sich rechtzeitig Exportaufträge besorgt. Er vermutet richtig, daß Preußen in den nächsten Jahren keinen Krieg führen wird.

Genau derselben Ansicht ist „König Stumm von Saarabien". So wird den Freiherrn Carl Ferdinand von Stumm-Halberg eines Tages der jetzt erst zwölfjährige Kaiserenkel Wilhelm nennen, der Erbe des Reiches. So wird es kolportiert. Aber diese Wendung könnte auch von Wilhelm I. selbst stammen. Denn wenn es sich um Neureiche handelt, die er allesamt nicht ausstehen kann, bringt der „letzte Preuße", wie ihn nicht ohne Berechtigung sein Biograph Franz Herre nennt, ein beträchtliches Potential an Ironie zustande.

Stumm-Halberg, konservatives Reichstagsmitglied, ist als einziger Gründer an Ruhr und Saar Sproß einer bereits seit 1715 im Hunsrück und dann im Saargebiet ansässigen Unternehmerdynastie. In seinen Berg- und Hüttenwerken regiert er absolut wie ein Fürst der Barockzeit. Seine Arbeiter dürfen ohne seine Erlaubnis noch nicht einmal heiraten, geschweige denn, eine andere Partei im Reichstag wählen, als sie dem Herrn Baron genehm ist. Aber was das Geschäft betrifft, hat Stumm die Nase um mehrere Pferdelängen voraus. Als die preußische Kriegsmaschinerie in den Jahren nach 1871 endlich zur Ruhe kommt und auch die meisten der durch den Kriegseinsatz zerschlissenen Eisenbahnen ersetzt sind, baut der „König von Saarabien" weiter. Panzerplatten, immer härtere. Dadurch ist Krupp wiederum gezwungen, immer schlagkräftigere Geschütze zu entwickeln.

Eines Tages muß Wilhelm II., der von solchen Zwangsläufigkeiten keine Ahnung hat und sich durch rauchende Schornsteine und den schönen Schein von des Reiches Größe täuschen läßt, den Herren Stumm und Krupp eine Marine bauen. Dort braucht man die dicksten Panzerplatten und die stärksten Geschütze. Freilich provoziert man damit auch besorgte Nachbarstaaten, die die preußische Reichsgründung gerade noch hinzunehmen bereit sind, wenn sie auf dem Lande bleibt ...

Dem „Gründertypus" Stumm entspricht am ehesten noch, wer zum Club der oberschlesischen „Magnaten" gehört. Im sogenannten „Goldenen Dreifluß" ist man von Natur aus reich – reich an Eisen, Zink und Steinkohle. Der „alte Fritz" hatte sieben Jahre Krieg darum geführt. 1796 brannte in Gleiwitz der erste Kokshochofen Europas. 1825 war die oberschlesische Zinkindustrie schon die bedeutendste der Welt.

Bereits in den vierziger Jahren tauchten neben hochadligen „Magnaten", wie dem Fürsten zu Pless oder den Grafen

Lehndorff Steinort, Schaffgotsch und Hohenlohe-Ingelfingen-Öhringen, ganz und gar unebenbürtige, aber so zäh und fanatisch zum Hochkommen entschlossene Naturen auf, wie man sie nur in Schlesien findet. Ein Bauernsohn namens Karl Godulla, Gutsverwalter der Grafen von Ballestrem, stieg während einer Flaute auf eigene Rechnung ins Zinkgeschäft ein, wurde steinreich, kaufte die Konkursmasse seiner Konkurrenten auf, baute Schlösser und adoptierte eine Häuslingstochter namens Johanna Gryczik. Reichste Partie weit und breit, vermählte sie sich 1859 mit dem Grafen Hans Ulrich Schaffgotsch, der selbst Erbe einer alten Bergwerksdynastie war. Zu diesem Zweck mußte König Friedrich Wilhelm IV. („Nur mit meinesgleichen!") die Häuslertochter „standesgemäß" hinaufadeln. Sie hieß nun: Johanna Gryczik von Schomberg-Godulla!

Kann die Gryczik wenigstens noch ein – nach damaligen Vorstellungen – tadelloses polizeiliches Leumundszeugnis vorweisen, so handelt es sich bei der „Païva" schlichtweg um eine Luxusdirne aus Paris, wie sie schon Balzac in seinem Roman „Glanz und Elend der Kurtisanen" beschrieben hat und wie sie über Gautier und Zola bis zu dem Deutschen Heinrich Mann („Professor Unrat") zur literarischen Chiffre für die „Gründerzeit" und die moralische Verkommenheit der „Bourgeoisie" wird. Diese Païva, natürlich „Marquise", aber in Wirklichkeit als Theres Lachmann in Moskau geboren, wird in den sechziger Jahren von dem in Paris alle Vorzüge der „Belle époque" und seines Reichstums genießenden Grafen Guido Henckel von Donnersmarck geheiratet. Fast im selben Moment verwandeln sich der Playboy und die Kokotte in ein Gespann zielstrebiger und gerissener Geschäftsleute, denen im Unterschied zu ihren größtenteils noch im patriarchalischen Stil wirtschaftenden „Standesgenossen" die Geschäftspraxis der neuen Zeit schon im kleinen Finger steckt.

Sie finden es nicht mehr anstößig, Kredite aufzunehmen, unrentable Projekte abzustoßen und sich am „Agio" neugegründeter Aktiengesellschaften goldene Nasen zu verdienen. 1871 zieht Bismarck den erfolgreichen Industriellen zusammen mit seinem Hausbankier Gerson Bleichröder zu den Verhandlungen über die französischen Reparationszahlungen hinzu, nicht zuletzt auch wegen seiner intimen Kenntnisse der französischen „haut-finance“.

51. Kapitel

DIE KEHRSEITE DER MEDAILLE

Die wirklichen Schwierigkeiten liegen eher auf anderen Gebieten. Dem plötzlichen Reichtum der Gründer steht das neue Elend der kleinen Leute gegenüber. Rein statistisch sind auch sie reicher geworden. Die Nominallöhne bleiben in diesen Jahren ziemlich gleich, während die Preise fallen. Die sich nun herausbildende „Klasse" der Proletarier sieht gutbezahlte „Stars" an ihrer Spitze. So können es sich zum Beispiel die mit dem Bau der Siegessäule und anderen Projekten beschäftigten Berliner Maurer leisten, mit der Droschke erster Klasse zur Arbeit zu fahren.

Am unteren Ende der Lohnskala stehen die Dienstboten: Etwa vierzigtausend junge Mädchen vom Lande strömen jährlich in die Metropole. Aber viele von ihnen müssen lange auf einen Job warten. Eine Reporterin der „Frauenzeitung" vergleicht die Treppe des Berliner Schauspielhauses – der traditionelle Ort der Dienstbotenvermittlung – mit dem Sklavenmarkt in Konstantinopel. Wahrscheinlich hat die engagierte Dame diesen nie zu Gesicht bekommen. Aber hier wie dort ist die Grenze zur Prostitution wohl mit gleicher Schnelligkeit überschritten. Dreiundzwanzigtausend Damen des „horizontalen" Gewerbes zählt die Berliner Statistik des Jahres 1872, eine für fünfzig Einwohner.

Hinter der Prostitution, die auch durch die Wohnungsknappheit gefördert wird, dem Alkoholismus und den anderen Folgeerscheinungen des durch die rasche Industrialisierung in Gang gebrachten Entwurzelungsprozesses steht eine Bevölkerungsumschichtung bisher nicht bekannten Ausmaßes. Hielt sich die Zahl der Deutschen zwischen dem

Dreißigjährigen Krieg und den Befreiungskriegen ziemlich konstant auf knapp 30 Millionen, so bevölkern das neue Reich 1871 bereits 41 Millionen Menschen. Lebten 1830 noch vier Fünftel aller Deutschen auf dem Land, so war es dreißig Jahre später schon ein Fünftel weniger. Zur Jahrhundertwende wird nur noch jeder fünfte Deutsche kein Stadtbewohner sein.

Noch lange aber ist das „flache Land" Produzent eines bis etwa um das Jahr 1910 anhaltenden Geburtenüberschusses. Er hat seine Ursache im Rückgang der Kindersterblichkeit, nachdem der Budapester Arzt Ignaz Semmelweis den Erreger des Kindbettfiebers entdeckt hatte. Besonders aus den weiten Gebieten Ost- und Westpreußens setzt sich seit den fünfziger Jahren ein fortwährender Strom von Arbeitskräften in Bewegung. Er überschwemmt die großen Städte und Industriezentren. Aber viele finden auch dort keine Bleibe und wandern aus, größtenteils nach Amerika. 1871 kehren 76 224 Deutsche ihrer Heimat den Rücken. Bis zum Ersten Weltkrieg werden es dreieinhalb Millionen sein.

Die Städte wiederum – jahrhundertelang festgefügte Gemeinwesen, eingegrenzt durch Stadtmauern, Wälle und nicht minder einengende Gewerbeordnungen – explodieren förmlich im gründerzeitlichen Bauboom. Berlin wächst in diesen Jahren um fast dreihunderttausend Einwohner und erreicht 1877 die Millionengrenze. Mit rasender Schnelligkeit verwandeln sich Wiesen und Kartoffeläcker in morastige Baugruben, aus denen die trostlose Einöde der „Mietskasernen" emporwächst. Gleichzeitig muß der urban gewachsene Lebensraum im Inneren protzigen Geschäfts- und Kaufhäusern, Bahnhöfen oder den für die Epoche typischen Stahlrippen-Konstruktionen ganzer Einkaufspassagen weichen.

Der Berliner Stadtbaumeister James Hobrecht entwirft mit preußischer Gründlichkeit ein Parzellierungsschema, um möglichst viele Menschen auf möglichst wenig Raum unterzubringen. Während man im Berlin des Jahres 1861 nur 167 Häuser zählt, in denen sich pro Haus mehr als dreißig

Wohnungen befinden, gibt es zwanzig Jahre später bereits 2786 Häuser, in denen mehr als hundert Personen wohnen. 1871 leben zwei Drittel der Berliner, fast sechshunderttausend, in Kleinwohnungen mit einem, höchstens zwei beheizbaren Zimmern. Einhundertzwanzigtausend müssen mit Kellerwohnungen vorliebnehmen, von denen neunzigtausend so tief liegen, daß ihr Bezug nach Erhebung der städtischen Gesundheitsbehörden einem sicheren Abonnement auf die Volkskrankheit Nummer eins, die Tuberkulose, gleichkommt.

Rekordhalter unter den Mietskasernen – als „maison caserne" ursprünglich eine Pariser Erfindung – ist „Meyers Hof" in der Ackerstraße. In einem Vorderhaus und fünf Hinterhäusern drängen sich zweitausend Menschen zusammen. Der letzte Hinterhof ist nur noch ein etwa eineinhalb Meter breiter Gang mit einem Fetzen Himmel ganz oben. Statistisch gesehen leben pro Haus in Berlin (also einschließlich der weitläufigen Villen im Westen der Stadt) 77 Einwohner, während es in London nur knapp acht sind.

Die Wohnungsnot treibt die Preise in die Höhe. Um die Miete zahlen zu können, sind im Reichsgründungsjahr 1871 fast 45 000 Berliner Familien gezwungen, ihre Wohnungen mit „Schlafleuten" zu teilen. Das sind alleinstehende Arbeiter oder Handlungsgehilfen, die sich eine eigene Wohnung oder ein ganzes Zimmer nicht leisten können. Für ein paar Kreuzer pro Nacht mieten sie ein Bett oder auch nur ein Teil eines Bettes, das sie am anderen Morgen frühzeitig verlassen müssen.

Paul Göhre, ein Leipziger Handwerksbursche, erinnert sich: „Das Ärgste von Wohnungsnot aber, was ich erlebte, war bei einem anderen Mann aus meiner Fabrik. Das war tatsächlich nicht mehr menschenwürdig. Der Mann war ein alter, langjähriger Arbeiter und hatte eine Maschine zu bedienen. Er war nicht mehr jung, knapp über fünfzig, ein kleiner, bied'rer, guter Kerl, mit dem ich mich besonders viel und gern unterhielt. Er hatte eine kränkliche, halbgelähmte, blutflüssige Frau, deren Lebens- und Liebesgeschichte er mir wie seine eigene in der ganzen Massivheit, wie sie sich unter diesen Leuten abspielt, und mit der ganzen naiven Offenheit und kameradschaftlichen Vertrautheit, wie sie da unten auch zwischen Älteren und Jüngeren schnell entsteht, doch nicht ohne poetischen Schimmer ausführlich erzählte. Ihre Kinder waren bereits erwachsen und verheiratet; sie hatten nur eine von ihnen herzlich gepflegte Enkelin noch bei sich, dagegen fünf Schlafleute! Dieses Mannes Wohnung nun bestand aus folgenden Gelassen: aus einer Stube, einem wirklichen Alkoven, einer einfenstrigen Kammer und einer Dachkammer. In der einfenstrigen Kammer standen zwei Betten, in deren einem ein Pferdebahnkutscher und in deren anderm zwei böhmische Maurer nächtigten. Im Alkoven, in einem Bette für sich, schlief die kränkliche Frau allein; ihr Mann seit drei Jahren, seit seine Frau niemand mehr neben sich liegen haben konnte, auf dem Sofa derselben Wohnstube, die vom frühen Morgen bis nach zehn Uhr abends, das heißt für diese Leute bis tief in die Nacht und die Schlafenszeit hinein, von sämtlichen schwatzenden, essenden, rauchenden Haushaltungsmitgliedern frequentiert wurde. Denn die beiden Männer mußten schon früh einhalbfünf Uhr weg und vorher noch ihren in eben dieser Stube gekochten Kaffee getrunken haben, und der Pferdebahnkutscher kam erst abends einhalbzehn Uhr von seinem schweren Dienst zurück und wollte dann noch Abendbrot essen. Wo war da eine wirklich erquickende Nachtruhe für Mann und Frau möglich? – Aber das Ärgste kommt noch. In der noch übrig bleibenden Bodenkammer standen ebenfalls zwei Betten: in dem einen schlief ein ganz junges Ehepaar, das hier zur Aftermiete wohnte, tagsüber auf Arbeit war und wohl nichts sein Eigen nannte, und in dem andern das zwölfjährige Mädchen, das Enkelkind. Man macht sich leicht ein Bild von dem, was dies Kind nächtlicherweile hören und erleben konnte, wie es überhaupt in diesem und ähnlichen Haushalten selbst bei dem besten Willen aller Bewohner zugehen mußte . . .“

Doch auch diesen unbemittelten Quartiergästen muß ihr Dasein noch komfortabel erscheinen im Vergleich zu den sechshundert Berliner Familien, die im Frühjahr 1872 ihre Miete nicht mehr zahlen können. Die Lebensmittelpreise sind um durchschnittlich 20 Prozent gegenüber den Vorjahrespreisen gestiegen, die für Kohle sogar um 50 Prozent. Unbarmherzig werden sie an den berüchtigten „Ziehtagen" – Ostern und Martini – auf die Straße gesetzt. Sie beziehen ausrangierte Eisenbahnwaggons, Zelte oder Bretterbuden.

Auf dem Tempelhofer Feld, wo heute Militärflugzeuge starten und landen, entsteht eine wilde Obdachlosensiedlung, die „Freistadt Barackia". Die Notleidenden müssen sich dafür noch den Spott des offiziellen „Reichshistorikers" Heinrich von Treitschke gefallen lassen: „Diese eingewanderten Desperados sind darauf gefaßt, sich mit jeder Art Quartier abzufinden."

Weil das Berliner Zucht- und Arbeitshaus, der „Ochsenkopf", ebenfalls schon mit Obdachlosen überfüllt ist, drükken die Behörden alle Augen zu und sorgen nur dafür, daß sich Fremde nicht dorthin verirren. Aber die Berlinbesucher dieser Jahre haben ohnehin mehr Spaß an der sich langsam zum Ritual entwickelnden Wachablösung, Punkt zwölf Uhr vor der Schinkelschen Hauptwache, bei der der „alte" Kaiser an seinem Fenster erscheint und der Menge „gütig" zunickt.

In der „Freistadt Barackia" gibt es wenigstens noch genügend Luft zum Atmen, wenn auch so gut wie nichts gegen die Kälte. Zum Ersticken ist es dagegen in den Obdachlosenasylen. Der Hamburger Sozialdemokrat Wilhelm Blos schildert eines davon in seinen Erinnerungen:

„Der Hausknecht verließ das von dicken Dünsten erfüllte Gemach, die Besucher hinter ihm drein. Man durchschritt einen hallenden Gang, wo die Luft etwas weniger mit mephitischen Dünsten geschwängert war, und betrat dann eine Treppe, die zu den eigentlichen Schlafräumen des tiefen Kellers führte, zu dem Hauptquartier des Jammers und des

Elends. Der Schlafraum, den man nun betrat, war nicht verschlossen, die Treppe führte direkt hinein. Das flackernde Licht fiel in einen dunkeln, großen Raum, dessen Ventilationsapparat unbekannt blieb, denn wir erinnerten uns nicht, Fenster gesehen zu haben. Vielleicht waren einige Luken im alten Gemäuer angebracht. Der Dunst in diesem Raum war ein unbeschreiblicher; man fühlte sich mehr als einmal von einer Art Schwindel erfaßt. Soviel bei der mangelhaften Beleuchtung zu übersehen war, befanden sich etwa hundert Betten in diesem Raum, die alle besetzt waren, und zwar meistens von zwei Personen; Männer, Frauen und Kinder lagen bunt durcheinander. Die Gesellschaft wurde von dem Hausknecht zwischen den Reihen der Betten hindurchgeführt, wobei man den Hut abnehmen mußte, um nicht an die Decke zu stoßen. Die Betten bestanden aus einem Strohsack und aus einer groben wollenen Decke, alles so abgenutzt, daß es von Schmutz starrte. Der Hausknecht warnte wiederholt, den Betten nicht zu nahe zu kommen, wegen etwaigen Ungeziefers.

Da lagen sie nun, wohl zweihundert an der Zahl, die Ausgestoßenen. Hier drehte sich einer um und sah mit stierem, gläsernem Blick nach den Ankömmlingen; dort streckte ein Weib den nackten knöchernen Arm nach einer Gabe aus; hier begann ein Kind zu wimmern; dort wälzte sich ein Mensch, vielleicht im Traume, auf seinem Lager umher, laut aufstöhnend; dort lag ein nackter Körper, stumm und unbeweglich wie ein Leichnam – vielleicht war es einer. Ein altes Weib bat um Geld und versuchte dann, einen neben ihr in tiefem Schlaf liegenden Mann aufzuwecken, ein jüngeres Weib bat um Schnaps – für ihr Kind, das nicht schlafen wollte. Man mußte starke Nerven haben, um nicht von einer Ohnmacht befallen zu werden in diesem Raum des entsetzlichen Dunstes, voll Lumpen, Ungeziefer, Gewimmer und Gestöhn . . .“

52. Kapitel

EIN DORF WIRD ZERSTÖRT

Dem städtischen Elend korrespondiert ein tiefgreifender sozialer Erosionsprozeß auf dem Lande. In seinem autobiographischen Roman „Der junge Tobias“ schildert Karl Scheffler die Verstädterung eines Dorfes bei Lübeck nach 1870:

„Bald nach dem deutsch-französischen Kriege und nach der politischen Einigung der deutschen Staaten begann eine Wandlung. Zuerst war die Veränderung kaum merkbar, weil das in Jahrhunderten langsam Gewordene Widerstandskraft hatte. Im ersten Jahrzehnt nach dem Kriege sah es in der Stadt und im Dorfe nicht viel anders aus als vorher. Dann aber setzte das Neue sich um so schneller und vollständiger durch. Jedes Jahr brachte Veränderungen, und bald konnte sich keiner mehr den neuen Lebensbedingungen entziehen. Im Dorfe sogar spürte man die Baulust, die jenen Jahren eigen war.

Zuerst wurden weiter oben am Flusse einige große Fabriken gebaut. Sie standen zunächst ganz kurios da mit ihren hohen Ziegelschornsteinen inmitten der Viehweiden. Aber es dauerte nicht lange, bis daneben Häuser entstanden, die zu dem Fabrikstil paßten, bis das Grün der Weiden unter großen Haufen von Kohlen, Schutt und Abfall verschwand. Mit den Fabriken kamen Menschen ins Dorf, die dort früher nie zu sehen gewesen waren, es sei denn in Feiertagskleidern als Ausflügler. Es waren Scharen jener Arbeiter und Arbeiterinnen, die sich von den ländlichen und handwerklichen Arbeitern auf den ersten Blick unterschieden, weil sie nichts gelernt hatten als ein paar Handgriffe, weil kein Berufsgeist in ihnen war, weil sie zur Klasse derer gehörten, die in der Folge Proletarier genannt worden sind.

Da der Weg zur Stadt weit war, stellte sich bald das Bedürfnis heraus, für diese Arbeiter im Dorfe selbst Wohnungen zu schaffen. Und da etwas Passendes nicht vorhanden war, entstanden die ersten ärmlichen Mietquartiere. Einsam im Felde erhoben sich hohe, kahle Stockwerkshäuser, in denen arme Familien schmutzig und ohne Behagen nebeneinander hausten, ein ungepflegter, schnell verwahrlosender Hof schloß sich an. Die Häuser und der Raum zwischen ihnen wimmelten von Kindern. Aber es waren Kinder einer neuen Bevölkerung. Die Armut dieser Menschen war eine andere als die Armut der dörflichen Hofarbeiter, ihr Schmutz war ein anderer, es war alles häßlicher und in der Häßlichkeit frecher.

Die Industriearbeiter erschienen verkommen, auch wenn es ihnen ganz ordentlich ging; waren sie aber wirklich arm, so schien es, als sei die übelriechende Armut ihre eigenste Umwelt. Die Männer waren nicht erzogen von einem bestimmten Berufsgeist, die Frauen waren nicht Hausfrauen und Mütter, und die Kinder waren kleine Landstreicher, die in den Gärten Obst stahlen und das Korn auf den Feldern zertraten. Asche und Kehricht war verstreut, mitten im keimenden Roggen lagen rostige Blechdosen, altes Emaillegeschirr, zerbrochene Töpfe und Küchenabfall.

Die Stockwerkshäuser brauchten besondere Anlagen für Licht, Wasser und Kanalisation, weil die Zusammenballung vieler Menschen in einer Wohnkaserne eine gewisse Sorge für die Volksgesundheit erfordert. Es wurden diese neuen Häuser darum mit Wasserleitung und Gasleitung versehen. Das ganze Dorf wurde umgewühlt, um Anschluß an die weiter flußabwärts gelegenen Hauptrohre zu gewinnen. Als die Leitungen dann aber einmal lagen, ging man gleich auch zur Gasbeleuchtung der Straßen über. Und es kam schnell die Überzeugung auf, eine Wasserleitung im Hause sei bequemer als eine Pumpe im Hofe, und Gas sei vornehmer als Petroleum.

Die alten Dorfbewohner ergriffen die Gelegenheit und sprachen vom Fortschritt der Zeit. Sie begannen zu überlegen, ob sie ihren im Preis bedeutend gestiegenen Boden nicht besser ausnutzen könnten, ob sie ihr einstöckiges Bürgerhaus nicht niederreißen und an seine Stelle ein Mietshaus mit vielen Wohnungen und Stockwerken aufführen lassen sollten. Der Geist der Spekulation erwachte. Für jene Arbeiter- und Mietshäuser mußten neue Straßen angelegt werden. Sie konnten naturgemäß nur auf den Wiesen und Feldern angelegt werden, die den Bauern gehörten. Wie ja auch die Fabriken auf altem Weideboden entstanden. Der Boden mußte also den Bauern abgekauft werden. Und diese verstanden die heraufkommende Zeit, sie waren geschickt genug im Rechnen, um die Preise zu treiben. Da sie zudem in der Gemeinde Einfluß hatten, unterstützten sie eine Politik, die die Ansiedlung neuer städtischer Bevölkerungsteile förderte; sie taten, wo immer sie ihren Vorteil sahen, was in ihrer Kraft stand, um den ländlichen Grundbesitz in Bauplatz und Straßenland zu verwandeln.

Ihr Weizen begann im großen dann zu blühen, als sie überhaupt keinen Weizen mehr zu bauen brauchten, als nämlich die Regierung den Plan faßte und durchführte, in der Umgebung des Dorfes ein Zentralkrankenhaus zu errichten, einen weitläufigen Komplex von Gebäuden und Baracken, von Straßen, Beamtenwohnungen, Gärten und Parkanlagen, und als die Regierung den Bauern zu diesem Zweck viele Äcker und Felder abkaufte. Verhältnismäßig wohlhabend waren die Bauern schon vorher gewesen, jetzt wurden sie reich und wußten mit dem Reichtum nichts Rechtes zu beginnen. Sie verloren zuerst ihre Tätigkeit. In den Pferdeställen standen nur noch ein paar Kutschpferde; die Kühe wurden verkauft, weil es keine Weiden mehr gab; die Kornböden blieben leer, weil nichts mehr zu ernten war. Die Höfe lagen tot da, die Knechte waren bis auf wenige entlassen, die Hofarbeiter hatten sich anderswo, bei der Gemeinde oder in den Fabriken, Beschäftigung suchen müssen, und die Bauern gingen auf ihren weitläufigen Besitzungen umher, ohne mit sich selbst etwas anfangen zu können.

Wie aber aus dem Müßiggang die Willkür entspringt, so kam es den reich gewordenen Bauern nun in den Sinn, sie könnten und müßten die vornehmen Herren spielen. Sie fingen an, sich ihres bäuerlichen Wesens zu schämen. Es begann damit, daß sie sich neben ihr großes strohgedecktes Bauernhaus ein steinernes Wohnhaus bauten. Das war nicht mehr ein ländliches Haus, sondern es war eine Villa, von einem städtischen Architekten, der frisch aus dem Polytechnikum kam, nach der letzten Architekturmode entworfen. Zuweilen aber wurde dieses neue Haus auch an die Stelle der Wohnräume im alten Bauernhaus gesetzt. Die Diele mit den Ställen blieb stehen, das Strohdach aber wurde als Schieferdach fortgesetzt; und darunter entfaltete sich nach Kräften der Wohnkomfort der Neuzeit.

Am beliebtesten freilich war die freistehende Villa mit Palastfenstern, Freitreppe, Loggia, Säulen, Ornamenten, Schieferdach und Turm. Ringsherum legte der Landschaftsgärtner einen Ziergarten an mit geschlängelten Kieswegen, Tulpenbeeten und viel Gebüsch. Der alte Bauerngarten wich der neumodischen Anlage. Blieb dann noch ein Stück Gartenland übrig, so wurde es parzelliert und als Bauplatz für Mietswohnungen verkauft. Woraus sich ergab, daß neben der Villa des reich gewordenen Bauern geteerte Brandgiebel steil in die Höhe gingen und daß die alten Strohdächer in der neuen Umgebung ganz unwahrscheinlich anmuteten . . .

Es dauerte nicht viele Jahre, bis sich der Charakter des Dorfes von Grund auf geändert hatte. Aus dem Ackerdorf war, da die Stadt ihre Arbeitermassen nun an das Dorf abzugeben begann, ein mit der Stadt immer mehr verwachsener Vorort geworden. Früher ernährte das Dorf die Stadt, indem es Gemüse, Milch, Fleisch und Korn lieferte, jetzt mußte umgekehrt die Stadt das Dorf ernähren. Die Gemüsewagen fuhren nicht mehr vom Lande in die Stadt, sondern von den Märkten der Stadt holten die Gemüsehändler des Dorfes ihre Ware. Es wurde eine Pferdebahnlinie eingerichtet; nach zehn Jahren aber reichte sie nicht mehr aus; es wurden elektrische Leitungen gelegt, und die Straßenbahnwagen rollten in schneller Folge auf mehreren Linien hin und her. Sie fuhren an einer ununterbrochenen Reihe von Häusern vorbei, an Läden und Geschäften mit grellen Reklametafeln und an kleinen Villen; denn die Zahl derer, die ein eigenes Haus bewohnen konnten, mehrte sich jährlich.

Wo sonst an der Stelle des alten Schlagbaums der Dorfkrug gewesen war, da standen jetzt mehrere Tanzsalons. Dort versammelte sich sonntags die Arbeiterjugend und lärmte quer über die Straße von einem Tanzsaal zum andern. Der Fluß sah bald gar nicht mehr wie ein Fluß aus. Man sagte und schrieb, er müsse reguliert werden. Die Ufer wurden gerade gemacht und mit soliden Steinmauern befestigt, so daß man durch einen Kanal zu fahren meinte. Der alte Leinpfad wurde zu einer Villenstraße, und die Wiesen waren ganz zum Bauland geworden, da die Flußgrundstücke sehr begehrt waren. Die Ladeplätze wurden erweitert und angelegt, als sei in Zukunft ein Riesenverkehr zu bewältigen. Eine Landzunge, die den Fluß an der Brücke geteilt und der Landschaft etwas Reiches gegeben hatte, wurde beseitigt, so daß ein langweiliges Hafenbecken entstand.

Um so wunderlicher wirkten einige der alten strohgedeckten Scheunen, die wie vergessen stehen geblieben waren. Aber es nistete kein Storch mehr auf dem First, die Unruhe war zu groß. Alles nahm in einer künstlichen Weise städtischen Charakter an. Die alte bäuerliche Volkstracht verschwand ganz. Und mit der Kleidung wurde auch die Sprache städtisch. Das norddeutsche Platt galt bald als eine gemeine Sprache, es wich einem schlecht beherrschten Hochdeutsch. Jeder wollte gebildeter scheinen, als er war . . .“

53. Kapitel

SOZIALDEMOKRATISCHE UMWEGE

Das für die deutsche Gründerzeit typische Auseinanderdriften dieser Gesellschaft, die über keinen tragfähigen Grundkonsens verfügt und somit auch keine wirklich zukunftsweisende Perspektiven entwickeln kann, belastet Bismarcks Reichsgründung mehr und mehr und führt schließlich zum Entstehen einer strikten Zwei-Klassen-Gesellschaft, in der es nur noch Gewinner und Verlierer gibt. In seinem 1891 erschienenen Aufsatz „Der Sozialismus in Deutschland" charakterisiert Friedrich Engels die innere Struktur des damals schon zwei Jahrzehnte bestehenden Reiches zutreffend: „Das Deutsche Reich ist eine Monarchie mit halbfeudalen Formen, die aber in letzter Konsequenz bestimmt wird durch die ökonomischen Interessen der Bourgeoisie."

Auf der Seite der Verlierer stehen die Sozialdemokraten. Von Haus aus sind sie großdeutsch, antipreußisch und republikanisch. So denken sie sich auch den deutschen Nationalstaat. Der Internationalismus des „Kommunistischen Manifestes" hat unter ihnen nie recht Fuß fassen können. Auch der ideologische Umweg über eine „Diktatur des Proletariats" ist ihnen fremd. Sie zweifeln nicht, daß sich soziale Gerechtigkeit mit persönlicher Freiheit werde vereinigen lassen, und geben die Parole aus: „Durch Einheit zur Freiheit!" Eine Zeit lang fanden sie ihre politische Heimat im „Deutschen Nationalverein" und der 1861 aus einer Spaltung der Linksliberalen hervorgegangenen „Deutschen Fortschrittspartei".

Der Aufstieg Bismarcks zwang sie in mancherlei Umwege. 1863 schien mit der Gründung des von Ferdinand Lassalle inspirierten „Allgemeinen Deutschen Arbeitervereins“ endlich der Zusammenschluß aller „socialen Democraten“, wie man damals sagte, zu gelingen. Lassalle verfolgte im Gegensatz zu Marx und der zur selben Zeit gegründeten „Ersten Internationale“ nicht nur einen weniger doktrinären, pragmatischen Kurs, sondern auch sozialpolitische Vorstellungen, die man heute einer sozialen Marktwirtschaft zuordnen würde.

Geradezu nationalistisch gab sich Lassalle, wenn es um Deutschland als Nation und seine Stellung unter den Völkern ging. Dann träumte er von einem sozialdemokratischen Großdeutschland mit „imposanter Weltmachtstellung“. Für ihn wurzelte „das Recht der Nationalitäten im Recht des Volksgeistes auf seine eigene geschichtliche Entwicklung und Selbstverwirklichung“.

Die Synthese aus den damals allgegenwärtigen Lehren der Junghegelianer mit den schon etwas angestaubten nationalen Thesen Johannes Gottlieb Fichtes ergab für Lassalle eine Klassifizierung des „höheren kulturhistorischen Berufs“, welches „Kulturnationen“ sogar ein „Annexionsrecht a priori“ verschaffe. Unterlegenen Nationen, selbst, wenn sie einmal Kulturnationen waren, war es nach Lassalles Vorstellungen dagegen zugedacht, solchen Aufsteigern als „Dünger“ zu dienen. Als später auch der Philosoph Friedrich Nietzsche Kulturleistung mit Ellenbogenglück gleichsetzte, wurde diese Auffassung, so sonderbar sie uns Heutigen auch klingen mag, zum Allgemeingut der Gründergesellschaft.

1863, in seinen Gesprächen mit Bismarck, war Lassalle sogar bereit, die Republik einem „sozialen Kaisertum“ zu opfern und Preußen die Führungsrolle in Deutschland zuzuerkennen. Lassalles Positionen unterschieden sich nur noch unwesentlich von denen der „Erbkaiserlichen“ um Eduard Simson aus der Zeit der Frankfurter Nationalversammlung. Als Preis für den monarchischen Schönheitsfehler verlangte er das allgemeine Wahlrecht und die Entthronung der übrigen deutschen Fürstenhäuser.

Der mit einem ungewöhnlichen Charisma begabte Sozialistenführer erlebte nicht mehr, daß sein Gesprächspartner bereits acht Jahre später diese beiden Forderungen erfüllen sollte, zumindest de facto. Die Reichsverfassung von 1871 garantierte das allgemeine Wahlrecht, und sie schraubte die „Bundesfürsten" auf die Größe bloßer Zaunkönige hinab.

Dem „eisernen Kanzler" ging es dabei aber nicht um einen Akt der Pietät gegenüber einem „interessanten" Mann, den er „gern zum Gutsnachbarn gehabt" hätte, sondern er handelte – wie immer – aus einer momentanen Interessenlage heraus. Ganz und gar kein Interesse konnte er dagegen an einer Veränderung des eben mühsam genug nach freihändlerischen Grundsätzen ausbalancierten Wirtschaftsgefüges haben. Deshalb lehnte er die von Lassalle weiter geforderte Einrichtung von Arbeiter-Produktionsgenossenschaften oder die Aufhebung des 1854 erlassenen Koalitionsgebotes für Arbeiter rundweg ab. Kurz darauf brach er den Dialog mit Lassalle ab. „Was hätte er mir bieten können?" fragte er in seinen „Gedanken und Erinnerungen".

In der Tat hatten ja nur elf regionale Arbeitervereine Delegierte zum Gründungskongreß des „Allgemeinen Deutschen Arbeitervereins" nach Leipzig entsendet. Besonders die Arbeitervereine aus Sachsen – damals noch das Land mit der größten Industrie- und Bevölkerungsdichte – scharten sich eher um Männer wie den gerade aus dem Exil zurückgekehrten Wilhelm Liebknecht und den redegewandten Drechslergesellen August Bebel. Aus eigener, leidvoller Erfahrung sind beide leidenschaftliche Preußen-Gegner, großdeutsch orientiert und marxistisch, so weit sie sich im Labyrinth der Heilslehrer aus dem fernen London zurechtfinden.

Aber auch sie gerieten in den Sog der von Bismarck geschaffenen Tatsachen. So meinte bereits ein Jahr später, beim Ausbruch des Krieges mit Dänemark, der „Allgemeine Arbeiterverein für die Schleswig-Holsteinischen Angelegenheiten" noch gut gesamtdeutsch zu argumentieren, als er die „Befreiung" des Ländchens vom „dänischen Joch" forderte.

Bebel glaubte sogar, bei dieser Gelegenheit eine Volksbewaffnung gegen Preußen in Gang bringen zu können. Noch 1906 soll er sich als Sechsundsechzigjähriger erinnert haben, daß „doch jeder innerlich froh war, als Schleswig-Holstein für Deutschland zurückgewonnen wurde".

Im Gegensatz zu dieser anfänglichen Verwechslung der deutschen Interessen mit denen Preußens hatte sich sogar Lassalle noch kurz vor seinem Tod vom dänischen Krieg „höchst unangenehm" berührt gezeigt. Lenkte doch der erste der drei deutschen „Einigungskriege" vollständig vom Verfassungskonflikt zu Hause in Preußen ab. Eben das ist ja auch damit beabsichtigt gewesen.

Um einen Kompromiß zwischen preußisch-deutschem Nationalismus und proletarischem Internationalismus bemühte sich Lassalles zweiter Nachfolger, der süddeutsche Rechtsanwalt Jean Baptist von Schweitzer. Auch er hatte seine ursprünglich großdeutsche Überzeugung abgelegt und begründete das am 17. Februar 1865 im „Social-Demokrat", der Zeitung des ADAV, so: „Als das Ministerium Bismarck die Schleswig-Holsteinische Angelegenheit in einer Weise dirigierte, welche – wenn die preußische Regierung sich nicht vor ganz Europa lächerlich machen wollte – zur Annexion der Herzogtümer führen mußte, da setzte es, die glorreichen Traditionen preußischer Geschichte aus langem Schlummer weckend, an den innersten Kern des preußischen Staatsgeistes seine Hebel an . . . Aktionsfähig in Deutschland sind nur noch zwei Faktoren: Preußen und die Nation, preußische Bajonette oder deutsche Proletarierfäuste, wir sehen kein drittes."

Das war selbst Marx und Engels zu viel, und sie kündigten ihre ursprünglich zugesagte Mitarbeit an der von Schweitzer geleiteten Zeitung wieder auf. Rein taktisch verfolgten die beiden Londoner Chefideologen die gleiche Linie, aber sie legten Wert auf eine ideologisch lupenreine Interpretation. Nicht Elogen auf die „glorreichen Traditionen preußischer Geschichte" waren gefragt, sondern die Bewertung der

Nützlichkeit des preußischen Aufstiegs für die Einigung des Proletariats.

Freilich mußte Marx Schweitzer in einem Punkt Recht geben: Es mangelte nicht nur an einer „weltweiten Solidarität der Völkerinteressen", sondern auch an der Solidarität der Arbeiter im Inneren. „Es ist der Fluch unserer sozialen Zustände, daß ein jeder mit sich selbst beschäftigt ist", merkte der zielstrebig mit seinem eigenen Aufstieg beschäftigte Rechtsanwalt in einem weiteren Artikel an.

Prüfstein Nummer zwei: der deutsch-österreichische „Bruderkrieg" von 1866. Hier stand nun „preußische Gewalt gegen österreichische Gewalt". Schweitzer entschied sich am Tag des Kriegsausbruches für Preußen und fand – soviel Dialektik hatte er doch von Marx gelernt – auch gleich einen plausiblen Grund. Auf einmal war das „konkordatliche Verdummungs-Österreich" noch abscheulicher als der preußische Militärstiefel, das „dürfen wir, wollen wir hingeben (sogar) für das allgemeine Stimmrecht"!

Daß die österreichisch-ungarische Monarchie trotz der aufklärerischen Besinnungspause gegen Ende des 18. Jahrhunderts unter der Regierung Joseph II. eine katholische, wenn auch in diesen Dingen wenig fanatische Monarchie war, wußte die Welt seit undenklichen Zeiten – und also auch die großdeutsch schwörenden Liberalen und Demokraten aus der Paulskirchenzeit.

Den Jüngern des Sozialismus stand ganz einfach eine unüberwindliche Kräftekonstellation im Weg. Auf der einen Seite honorierte Preußisch-Blau die Anbiederung der „Lassalleaner" bis zur Grenze der liberalen Aufweichung durch keinen einzigen sozialpolitisch relevanten Kompromiß. Auf der anderen Seite hinderte die taktisch gemeinte Unterstützung, welche die Londoner Zentrale der preußisch-blauen Reichseinigung zukommen ließ, die bis in die Niederungen des sächsischen Partikularismus großdeutsch gesonnenen „Eisenacher" um Bebel und Liebknecht am entschlossenen Ausspielen der „roten Karte".

54. Kapitel

MIT DEN „REICHSNÖRGLERN“ AUF KONFRONTATIONSKURS

Auch nach 1866 blieben die deutschen Sozialdemokraten gespalten. Im Norddeutschen Reichstag nahmen vier Marxisten und drei Lassalleaner Platz. Trotz der nur ungenügend bewältigten dialektischen Auflösung des abstrakten Gegensatzes von Internationalismus und der Forderung nach dem deutschen Nationalstaat setzte August Bebel beim fünften „Vereinstag Deutscher Arbeitervereine“ die Annahme des Programms der Londoner „Internationalen Arbeiter-Assoziation“ durch.

Der langsam zunehmenden Geschlossenheit bei den Anhängern Bebels, die 1869 in Eisenach die „Sozialdemokratische Arbeiterpartei“ als Gegengruppierung zum „Allgemeinen Deutschen Arbeiterverein“ gegründet hatten, stand ein allmählich nachlassender Zusammenhalt bei den ihres Führers beraubten, doch in Preußen noch dominierenden Lassalleanern gegenüber.

Aber schon der Kriegsausbruch mit Frankreich sah statt der gewohnten zwei auf einmal vier divergierende „Fraktionen“ auf den Bänken der Sozialdemokratie: den ADAV, den in Braunschweig ansässigen Vorstand der „Eisenacher“, Liebknecht und Bebel in Berlin und die Ideologen des Londoner Hauptquartiers der „Sozialistischen Internationale“.

Der „Allgemeine deutsche Arbeiterverein“ akzeptierte Bismarcks These vom „deutschen Verteidigungskrieg“. Das gleiche taten aus ihrer speziellen Sicht Marx und Engels.

Etwas weniger enthusiastisch, manchmal zähneknirschend, aber immerhin: Auch der Braunschweiger Vorstand der „Sozialdemokratischen Arbeiterpartei" trat damals für die Bewilligung der von der Regierung geforderten Kriegskredite ein. Nur Bebel und Liebknecht widersetzten sich hartnäckig. Als einzige unter den 297 Abgeordneten des „Norddeutschen Reichstages" enthielten sie sich am 23. Juli 1870 der Stimme.

Die preußischen Blitzsiege in Frankreich und Bismarcks Annexionsabsichten dämpften jedoch den nationalen Überschwang der deutschen Sozialdemokraten schnell. Gemeinsam mit den „Eisenachern" verweigerten sich vier Monate später auch die Anhänger Lassalles einer weiteren Aufstokkung der Kriegsanleihen. Wieder einmal hatten sich die Fronten in den Augen der Sozialdemokraten total verändert. Nun gab es in Frankreich eine Republik, indes Napoleon III. als „Bruder des Königs von Preußen . . . auf Wilhelmshöhe in kaiserlichem Luxus schwelgt" (Liebknecht 1871 vor dem damaligen Norddeutschen Reichstag).

Auf einmal war auch das „Nationalitätenprinzip" (Wer hat es denn zum Prinzip erhoben?) ein „durchaus reaktionäres Prinzip", wurde die Beseitigung der Monarchie und die Begründung einer – selbstverständlich sozialistischen – Republik wieder stärker als Wunschvorstellung ins Auge gefaßt. Schließlich reimte der sozialistische Barde und Marx-Freund Georg Herwegh gar: „Der schlimmste Feind steht an der Spree . . ."

Vollends die Versailler Kaiserproklamation und die Reichsgründung werden von den Sozialdemokraten mit sehr bissigen Kommentaren begleitet. Das neue Reich sei „eine fürstliche Versicherungsanstalt gegen die Demokratie", höhnt Bebel. Verständlich, daß später auch die sozialdemokratische Mini-Fraktion im ersten Deutschen Reichstag – außer Bebel gehört ihr nur noch der Rechtsanwalt Reinhold Schraps an – Bismarcks Verfassungskompromisse völlig unzureichend findet.

Die Verhaftung des „Braunschweiger Ausschusses", dem wenig später auch die von Bebel und Liebknecht folgt, belastet das Verhältnis zwischen Reichsgründer und „Reichsnörglern" weiter. Bismarck, der 1863 in seinen Gesprächen mit Lassalle schon nahe an der Einwilligung in den rettenden Gesellschaftskompromiß gewesen ist, flüchtet sich über eine verlegene Zuckerbrot-und-Peitsche-Taktik schließlich in das große Nein der Sozialistengesetze.

Als ihm dazu 1878 zwei Attentate auf den greisen „Heldenkaiser" Wilhelm die Handhabe geben, datiert er den Beginn seiner Feindschaft zur Sozialdemokratie auf den Pariser „Commune"-Aufstand sieben Jahre zuvor. Obwohl sie ihn weder vorausgesehen noch selbst organisiert haben, findet sich in der Tat der Chorus der schon totgesagten „Internationale" von Marx bis Bebel nach dem Zusammenbruch der „Commune" zur großen Drohgebärde zusammen: das sei nur ein „kleines Vorpostengefecht" der Weltrevolution gewesen.

Bebel hätte das nicht sagen sollen. Denn die knappe Million Sozialdemokraten und ihre Sympathisanten – ohnehin nur etwa zwanzig Prozent aller Fabrikarbeiter – sind auch in der Konfrontationsphase weder revolutionär noch „vaterlandslos". So unkämpferisch klingt ihr 1875 anläßlich der endlich fälligen Vereinigung von „Lassalleanern" und „Eisenachern" in Gotha zur „Sozialistischen Arbeiterpartei Deutschlands" verabschiedetes Grundsatzprogramm, daß es sogar die beiden Londoner Patriarchen Marx und Engels „völlig saft- und kraftlos" finden.

Brav mühen sich „des Kaisers treue Sozialdemokraten" auch nach dem Verbot ihrer Partei in zahlreichen Arbeiter-Bildungs- und -Turnvereinen um ein wenig kleinbürgerliche Reputation. Ihre geheime Sehnsucht ist es, den Takt der Marseillaise mit dem der Polka zu verbinden.

55. Kapitel

HYSTERIE UND REVOLUTIONSANGST

Aber die Erneuerung des Bürgerschreck-Syndroms von 1848 schafft in der Rezessionsphase, die praktisch Bismarcks gesamte weitere Amtszeit begleiten wird, ein Klima der Hysterie und Revolutionsangst, dem auch außenpolitisch Anzeichen einer erneuten Instabilität korrespondieren.

Bismarcks Regierungsprogramm einer möglichst konfliktarmen „Saturiertheit“ läßt sich auch außenpolitisch nicht lange durchhalten. Hellsichtig hat Karl Marx bereits im Herbst 1870 prophezeit, durch den deutschen Raub von Elsaß und Lothringen werde der Krieg geradezu zu einer „europäischen Institution“. Der Balancekunst des Reichsgründers und dessen Vermögen, internationale Konflikte möglichst an die Peripherie der europäischen Szene zu drängen, ist es zu verdanken, daß sich Krisen während seiner Regierungszeit nie in blutigen Ernst verwandeln. Aber sie sind deswegen nicht aufgehoben. Sie sind nur vertagt.

Die Annexion Elsaß-Lothringens hält in der Tat nur ein nationalistisch überspitztes Revanchedenken jenseits des Rheins und die entsprechenden Gegenängste diesseits des „deutschen Stromes“ wach, die sich angesichts der französischen Wiederaufrüstung unter dem 1873 an die Macht gelangten Präsidenten Mac Mahon (einer der beiden französischen Oberkommandierenden 1870) schon bald zur ersten „Krieg-in-Sicht“-Krise entwickeln.

Der Historiker Ulrich Wehler charakterisiert das deutsche Dilemma mit dem nunmehrigen „Reichsland“ Elsaß-Lothringen: „Die verhängnisvollen Folgen der Annexion hätten durchaus eine Revision geboten, aber außenpolitisch galt das in Deutschland als selbstmörderische Aufgabe."

Sie ist ebenso tabu wie die deutsche Polenpolitik, die zwar die preußischen Interessen eng mit denen Rußlands verknüpft, auf der anderen Seite aber auch ein gegenseitiges Mißtrauen wachhält, wie es zwei, in eine unrechte Sache verstrickte Komplizen nun einmal haben. Was ist, wenn sich der russische Riese seiner bereits 1814 innegehabten und dann 1849 wieder (in Ungarn) erprobten Schiedsrichterrolle erinnert und mit Frankreich zusammen eine Einkreisungspolitik betreibt? – Eine Gefahr, die der ehrenhalber in den Reichstag gewählte alte Feldmarschall Moltke fast jedesmal, wenn er an das Rednerpult tritt, in ähnlicher Weise beschwört, wie das weiland Cato der Ältere in Rom mit seinem „Ceterum censeo" getan hat.

Nicht ohne Geschick spielen die deutschen Sozialdemokraten abwechselnd auf der polnischen und der elsässischen Klaviatur.

Die elsässisch-lothringischen Reichslande, durch einen preußischen Oberpräsidenten in Straßburg direkt vom Kanzleramt regiert, und das 2,4-Millionen-Paket polnischer Untertanen, welches Preußen in das Reich einbringt, gehören zu den Hypotheken der Reichsgründung. Trotz verzweifelter Integrationsbemühungen, besonders auf dem Bildungssektor, lassen sich diese eineinhalb Millionen Elsässer und Lothringer nicht widerspruchslos in das Reich eingliedern. Die ersten Reichstagswahlen nach dem Ende einer dreijährigen Übergangsperiode ergeben ein klares Plebiszit für Frankreich, was Bismarck indessen auf die tatsächlich vorhandene Agitation des dortigen Klerus zurückführt.

Nur einmal ziehen am 16. Februar 1874 alle fünfzehn elsässisch-lothringischen Abgeordneten, zwei Bischöfe im Ornat an der Spitze, in den Reichstag ein, um sofort eine Volksabstimmung gegen die Einverleibung ihres Gebietes und einstweilen die Zulassung der französischen Sprache als zweiter Verhandlungssprache im Parlament zu fordern.

Dann reist der größte Teil der „Protestler" wieder ab, wohl wissend, daß ihre Angelegenheit beim Zentrum, den Sozialdemokraten, der Fortschrittspartei Eugen Richters, dem Dänen Kryger, dem Welfen Ewald und dem unabhängigen Demokraten Eduard Sonnemann in den besten Händen ist.

In der Tat ergibt die noch vor der Herausbildung des Bismarck-Kartells im Reichstag erfolgte Abstimmung über den Antrag des elsässischen Abgeordneten Guerber (Französisch als zweite Verhandlungssprache) nur die hauchdünne Mehrheit von 58 Stimmen für seine Ablehnung. Nicht ohne feine Ironie ist der Antrag in der Debatte von einem Gutsbesitzer aus Wingen namens Teutsch begründet worden.

Der Kanzler sieht durch diesen Test einmal mehr die Notwendigkeit bestätigt, mit den Nationalliberalen ein parlamentarisches Bündnis einzugehen.

Ähnlich unergiebig gestalten sich die Verhältnisse in den Provinzen Oberschlesien, Posen und Westpreußen, wo über die Hälfte der Bevölkerung polnisch spricht und das auch – allen Anstrengungen in den Schulen zum Trotz – im neuen Reich nicht lassen will. Vorbei die Zeiten, in denen der preußische Oberpräsident von Flottwell um ein ideologisch entkrampftes Modell des Zusammenlebens – etwa nach österreichischem Muster – bemüht war, als Berlin die Katholische Abteilung im Kultusministerium als Geste des Entgegenkommens für den polnischen Klerus eingerichtet hat.

Gerade jener Posener Erzbischof Graf Mieczyslaw Ledóchowski, auf den Bismarck schon bald nach seinem Amtsantritt als preußischer Ministerpräsident große Hoffnungen gesetzt hat, verschließt sich nach der Reichsgründung den preußischen Integrationsbemühungen und setzt einen spezifisch polnischen Nationalismus dagegen. Der weist – anders als der preußisch-deutsche – von Anfang an soziale Komponenten auf, weshalb in ihm das ländliche Genossenschaftswesen eine nicht zu unterschätzende Rolle spielt. Hier entdecken eben auch die deutschen Sozialdemokraten, ganz abgesehen von der gemeinsamen Außenseiterrolle, Übereinstimmung mit ihren Zielen.

Es steckt schon ein Körnchen Wahrheit darin, wenn der Kanzler die Sozialdemokraten jetzt unumwunden als „Reichsfeinde“ tituliert. Sie sind sehr wohl bereit, auch mit dem außenpolitischen Gegner und dessen inneren Hilfstruppen zu paktieren, um das ungeliebte „Reich“ zu Fall zu bringen oder mindestens in ihrem Sinne zu verändern. Nur ist das angesichts der nicht minder zwielichtigen Mittel, mit denen Bismarck das Reich gegründet hat und mit denen er es jetzt am Leben erhält, nicht genug, um sie deshalb aus moralischen Gründen verurteilen zu können.

Also wendet man sich – auch dies eine typische Eigenart der Bismarck-Ära – bald schon wieder der Innenpolitik zu. Hier heizen Männer wie der nationalliberale Abgeordnete Treitschke im Reichstag die Revolutionsfurcht noch zusätzlich an. Den schwerhörigen Reichshistoriker erbittert besonders, daß die Sozialdemokraten in ihrem Gothaer Programm auch ein Mitspracherecht in kulturellen Angelegenheiten für sich reklamieren und dafür Freizeit fordern: „Die Arbeit ist die Quelle allen Reichstums und aller Kultur.“

Treitschke: „Diese Tollheit führt offenbar zu dem Schlusse, daß die höchste Gesittung nur aus der vollkommenen Faulheit erblühe ... Sobald die heutigen Arbeiter sich in eine Klasse privatisierender Gentlemen verwandeln, welche zwanzig Stunden des Tages den freien Künsten des Schlafens, Trinkens und Redehaltens widmen, muß unfehlbar zu ihren Füßen ein neuer Stand sich bilden, der durch wirkliche Arbeit die wirtschaftlichen Bedürfnisse der Gesellschaft befriedigt.“

Mit dem am 21. Oktober 1878 erlassenen „Gesetz gegen die gemeingefährlichen Bestrebungen der Sozialdemokratie“ läßt sich der Kanzler auf einen aussichtslosen Grabenkrieg ein. Anfangs versucht er es mit äußerster Härte. 1879 wird in

Berlin sogar der Belagerungszustand verhängt, werden Sozialdemokraten aus Preußen ausgewiesen. Dann wieder, 1883, winkt er mit einer für damalige Verhältnisse wirklich fortschrittlichen Sozialgesetzgebung und meint: „Etwas mehr Sozialismus wird sich der Staat bei unserem Reiche überhaupt angewöhnen müssen."

Bismarcks Vorstellungen von „etwas mehr Sozialismus" sind irgendwo in der Nähe des Stein-Hardenbergschen Reformwerkes vom Jahrhundertbeginn angesiedelt: „Wir haben dadurch einen sehr wohlhabenden, freien Bauernstand erhalten." So ähnlich denkt er sich auch einen sozial etwas mehr gesicherten und gegen revolutionäre Anfechtungen weitgehend immunen „Arbeiterstand".

Doch die Sachzwänge des Industriezeitalters lassen keinen Raum für philantropische Anwandlungen. Auch das neue Reich muß Geld verdienen, um seine Beamten und Soldaten bezahlen zu können. Auf gut wirtschaftsliberale Weise tut es das mittels indirekter Verbrauchssteuern. Im Reichstag steht eine neue Abgabe zur Debatte, eine Steuer auf Gas und Petroleum. Auf den ersten Blick scheint es, als würden dadurch vor allem die Großproduzenten der Industrie zur Kasse gebeten. In Wahrheit erweist sich die neue Steuer aber für eine Bevölkerungsschicht als existenzbedrohend, die Bismarck angeblich fördern will: die mittelständischen Handwerker und die Heimarbeiter. August Bebel verweist im Reichstag auf die Lage der schlesischen Weber, denen es auch nach der Reichsgründung nicht viel besser geht als 1847. Damals haben die ihrem Elend entwachsenden sozialen Spannungen den Ausbruch der Revolution ein Jahr später wesentlich gefördert:

„Es ist hier gestritten worden über die Verwendung des Petroleums und des Gases. Das eine steht unzweifelhaft fest, daß im großen und ganzen die Großproduzenten aller Industrien, die Fabriken meist Gas brennen. (. . .) Wie steht es nun mit unserer Hausindustrie? (. . .) Diese armen Weber sind heutzutage nur imstande, das Allernotdürftigste dadurch zu verdienen, daß sie den Arbeitstag von zwölf auf sechzehn und achtzehn Stunden und mehr ausdehnen; sie sind gezwungen, wenn es überhaupt Arbeit gibt, abends bis 11 Uhr zu arbeiten und müssen vielleicht morgens um 3 Uhr schon wieder in der Arbeit sein. Gehen Sie in einer Periode, wo halbwegs das Geschäft geht, in unsere Weberdörfer, da werden Sie meine Angaben bestätigt finden. Um 10, um 11 Uhr, wenn alles bereits im tiefsten Dunkel liegt, hören Sie die Webstühle klappern, und früh, wenn die meisten Bewohner noch nicht daran denken aufzustehen, hören Sie wiederum die Webstühle klappern. Meine Herren, alle diese Menschen brauchen bloß Petroleum und viel Petroleum. Und grade diesen Ärmsten, deren Existenzbedingungen durch die ganze moderne Entwickelung, durch das Umsichgreifen des Maschinenwesens auf allen Gebieten so höchst prekär geworden ist und es immer mehr wird, diesen Ärmsten wird das so wichtige Petroleum durch den Zoll sehr erheblich verteuert. Meine Herren, wenn Sie glauben, daß das der Weg ist, der Ihnen die Sympathien des Volkes zuführt, irren Sie sich sehr."

Trotzdem steht die deutsche Sozialdemokratie nicht auf verlorenem Posten. Ihr fließt zu, was die neue Industriegesellschaft im Übermaß produziert und bald schon in die Dauerkrise entläßt: Menschen, Entwurzelte . . . ein neues Proletariat, dem die national gestimmte Biederkeit der Väter in dem Maße verlorengeht, in dem es an den Rand der Gründergesellschaft gedrängt wird.

56. Kapitel

DAS „VERBRECHEN DER ENGEL“

Dort haben sie allerdings Gesellschaft. Mitten im „Kulturkampf“ zählt Bismarck einmal die Außenseiter seines Reiches auf: Polen, Welfen, Sozialisten und Katholiken. Der Reihe nach hat er sie selbst dazu gemacht.

Die deutschen Katholiken gehören in diesem Jahrhundert zum zweiten Mal zu den Verlierern. Schon die von Napoleon I. 1803 herbeigeführte Säkularisation der Kirchengüter und geistlichen Herrschaften hat sie aus dem konstitutionellen Gefüge eines Reiches vertrieben, das kurz darauf selber unterging.

Der Wiener Kongreß gab zwar dem Papst seinen römischen Kirchenstaat zurück. Man hütete sich aber in Metternichs „Heiliger Allianz“, die Kirche in den einzelnen Ländern wieder zum Verfassungspartner zu machen. Selbst die Donaumonarchie, deren „apostolische“ Majestät sich noch immer als der weltliche Arm des Papstes betrachtete, schloß nur ein sehr vorsichtiges Konkordat mit dem Heiligen Stuhl. Allgemein war man der Ansicht, die von der katholischen Kirche geforderte Schulaufsicht und ein Wächteramt in Moralfragen sei in einem aufgeklärten Saeculum nicht mehr zeitgemäß.

Erwartungsvoll und auch ein wenig schadenfroh schauten Minister wie der bayerische Freigeist Montgelas, aber auch einige Bischöfe der älteren, noch den Ideen der Französischen Revolution geprägten Generation nach Rom, wo die Kurie mit einer Neuordnung ihrer Verwaltungsstruktur – übrigens nach napoleonischem Vorbild – mit etwas Förderung der schönen Künste („Nazarener“) und viel missionarischem Eifer versuchte, verlorenes Terrain zurückzugewinnen. Noch während der Regierungszeit Pius’ VII., den Napoleon kurzerhand verhaftet hatte, und seines energischen Kardinalstaatssekretärs Consalvi wurde das 1776 unter dem Druck der europäischen Mächte erfolgte Verbot des Jesuitenordens wieder aufgehoben, erhielten die päpstlichen Diplomaten und Nuntien den Rang von unmittelbaren Emissären des „Heiligen Stuhls“.

Aber die politischen Verhältnisse gestalteten sich für die Päpste Pius VIII. (1829 – 30), Gregor XVI. (1831 – 46) und Pius IX. (1846 – 78) zunehmend ungünstig. Vor allem das Erwachen der italienischen Nationalbewegung verwehrte der päpstlichen Diplomatie eine aktive Rolle bei der Mitgestaltung der europäischen Politik.

Pius IX. – „Pio nono“ –, mit dessen Regierungsantritt 1846 sich viele Erwartungen der Italiener verbunden hatten, scheute die Konfrontation mit Österreich, das wesentliche Teile des italienischen Gebietes besetzt hielt, und verweigerte der italienischen Nationalbewegung seine Unterstützung. Nicht die päpstliche Tiara, die Erbin des römischen Weltreiches der Antike, sondern die Krone des Hauses Savoyen-Piemont trat an deren Spitze. Am 25. November 1848 war der Papst vor seinen enttäuschten und zunehmend revolutionsbereiten Untertanen nach Gaeta geflohen. Rom erklärte sich zur Republik.

Der Papst konnte zwar eineinhalb Jahre später unter dem Schutz französischer und österreichischer Bajonette wieder zurückkehren und den Kirchenstaat ein letztes Mal restaurieren. Aber schon 1859 gerieten sich seine beiden Schutzmächte in die Haare, während Preußen Neutralität übte und insgeheim die italienische Nationalbewegung unterstützte. Das endgültige Aus für die weltliche Herrschaft des Papstes kam dann mit dem Sieg Preußen-Deutschlands über Napoleon III.

Die französische Republik, ohnehin so gut wie machtlos,

ist dann ein rein laizistischer Staat, dessen Premier Adolphe Thiers aus dem Studium der Geschichte zu der Ansicht gelangt ist: „Das Papsttum ist eine so üble Sache, daß alle, die davon gegessen haben, daran gestorben sind." Ein derartiges Schicksal will er der Dritten Republik in Frankreich und sich selber ersparen.

Pius IX. sah eine solche Entwicklung lange voraus. Er wollte durch größere Einflußnahme auf die innenpolitischen Angelegenheiten der europäischen Länder gegensteuern. Bereits 1850 entfachte er in England eine Art „Kulturkampf", indem er zwar gesetzlich legal, aber gegen den Widerstand des Parlaments und des größten Teils der Briten versuchte, das seit Heinrich VIII. bestehende Kirchenmonopol der anglikanischen Staatskirche zu brechen und eine eigene Hierarchie einzurichten. Dasselbe geschah 1852 nach dem Sturz des liberalen Kabinetts Thorbecke in den Niederlanden, „um die Irrtümer der kalvinistischen Häresie zu bekämpfen".

Auch in Deutschland erschien ihm die Ausgangslage nach der mißglückten Revolution von 1848 instabil genug, um zugunsten der „alleinseligmachenden" Kirche zu intervenieren. Er setzte genau am vermeintlichen Drehpunkt der neuen gesellschaftlichen Kräfteverteilung an: bei der Frankfurter Nationalversammlung.

Auf den ersten Blick ist natürlich nur schwer zu erkennen, was eine frühparlamentarische, liberale und demokratische Aufbruchsbewegung mit einer Kirche gemein haben könnte, die sich theologisch auf das schärfste von den Idealen der 48er Revolution abgrenzt. Doch die Antwort ist schnell zu finden, wenn man die spezifisch deutschen Machtverhältnisse nach der Revolution von 1848 betrachtet. Die gemeinsame Niederlage spannte die liberalen Revolutionäre und Idealisten der Paulskirchenzeit und die von der Säkularisation „enterbten" Katholiken zeitweise vor denselben Wagen. Ihre Führer, unterstützt von einem großen Aufgebot der überall geschickt agitierenden Jesuiten, spornten die katholischen

Laien an, sich in die Frankfurter Nationalversammlung und in die Länderkammern wählen zu lassen. Dort sollten sie die liberalen Forderungen nach Freiheit für die Kirche reklamieren. Allerdings weniger die Gewissensfreiheit, wie sie die Paulskirchenleute verstanden. Sie wurde von den Bischöfen und Theologen des damals führenden „Mainzer Kreises" um den Kölner Erzbischof Johannes Geissel rundweg als „nichtssagende Phrase" abqualifiziert. Mit Freiheit meinten die Bischöfe in diesem Fall die Befreiung der Kirche von der staatlichen Schulaufsicht.

Das Tragische für die deutschen Katholiken war: Sie merkten nicht, wie gewissenlos sie von ihrer eigenen Hierarchie mißbraucht wurden. Denn sie hatte, ideologisch aufgeheizt durch eine thomistisch verkniffene Neoscholastik, nur die Wiederherstellung ihrer eigenen Macht im Sinn. Brav stimmten die katholischen Abgeordneten in der Frankfurter Nationalversammlung und im Preußischen Abgeordnetenhaus in kirchen-, schul- und sozialpolitischen Fragen so, wie es ihre Bischöfe wollten.

In immer neuen Prozessionen und Wallfahrten zogen katholische Bürgermeister und Honoratioren den Fahnen und Muttergottesstatuen einer auf geheimnisvolle Weise zugleich leidenden und triumphierenden Kirche nach. Reiche Gnadengaben aus Rom kamen der frommen Begeisterung zu Hilfe: 1854 verkündete der Papst das Dogma von der „unbefleckten Empfängnis" der Gottesmutter Maria. 1856 „erlaubte" der Heilige Vater den Herz-Jesu-Kult, der in Frankreich seinen Ausgang genommen hatte. Zwei Jahre später bestätigte der Rummel um die Erscheinung der Jungfrau Maria in Lourdes, was sich schon zwölf Jahre zuvor mit der Ausstellung des „Heiligen Rockes" in Trier angekündigt hat: Die katholische „Internationale" stand lange vor der sozialistischen. Auch sie setzte im beginnenden Massenzeitalter auf die Verführbarkeit der Volksmenge. Und sie gab sich nicht weniger doktrinär als die sozialistische in London. Am 18. Juli 1870, genau am Tag, an dem der Deutsch-Französische Krieg begann, ließ sich Pius IX. von den in Rom zum I. Vatikanischen Konzil versammelten Kardinälen, Bischöfen und Prälaten schließlich die „Unfehlbarkeit" in allen Dingen der katholischen Lehre bescheinigen.

Die Enttäuschung für viele Katholiken, die sich in den zahllosen „Pius-Vereinen" oder auf den ab 1848 jährlich stattfindenden Katholikentagen in Treueschwüren zur Hierarchie und gegen den Zeitgeist geübt haben, kam erst, als sie schließlich von ihren Bischöfen die Einrichtung von Diözesensynoden forderten. Mit verblüffender Eindeutigkeit platzt der preußische Konvertit und Staatsrechtslehrer Carl Ernst Jarcke – in diesem Fall leider auch ein „Laie" – heraus: „Da liegt der Krebsschaden! Erst politische Demokratie – und zuletzt kirchliche?"

Heute wird man diese Frage auch bischöflicherseits mit einem klaren Ja beantworten. Damals war sie rein rhetorisch gemeint. Beifällig nicken die Bischöfe. Quod licet Jovi, non licet bovi. Was dem Jupiter gestattet ist, darf sich nicht jeder Ochse gleichfalls herausnehmen. Die Machtverhältnisse in der Kirche und die wider die Weisung des Neuen Testamentes frühzeitig installierte Herrschaft einer Priesterkaste – das ist schließlich „Ausdruck des göttlichen Rechtes". Dagegen die gefährlichen Ideen der Demokratie ins Spiel zu bringen, ist „ungehorsam" und „selbstsüchtig", wie die Bischöfe ihre anmaßenden Schäfchen belehren. Und dann tönt von den Kanzeln wieder, was man schon immer gewußt und nur zeitweise um des höheren Zweckes willen verdrängt hat: „Die Revolution ist eine Wiederholung des Verbrechens der Engel."

57. Kapitel

ZÖGERNDES HERANTASTEN

Doch auch die Rechnung des Papstes und des deutschen Episkopates, sowohl aus der Liberalisierung um 1848 als auch aus der dann wieder einsetzenden Reaktionsperiode Nutzen zu ziehen, geht nicht auf. Obwohl sich nach den schlechten Erfahrungen des Kölner Mischehenstreites von 1837 Staat und Kirche in Preußen um ein faires Miteinander bemüht haben und auch das 1855 mit Österreich abgeschlossene Konkordat der Kirche immerhin eine eigene Rechtsordnung gesichert hat.

Der Krieg von 1866 setzte allen Hoffnungen des katholischen Episkopates auf Rückgewinnung wenigstens eines Teiles des alten Einflusses ein vorläufiges Ende. Im Norddeutschen Bund standen acht Millionen Katholiken der erdrückenden Mehrheit von zwanzig Millionen Protestanten gegenüber.

Das mußte noch nicht zwangsläufig Spannung und Feindschaft bedeuten. Obwohl inzwischen aus Rom sehr schrille Töne kamen. Die von den frommen Vätern der Gesellschaft Jesu inspirierte päpstliche Enzyklika „Quanta cura" zählte in ihrem berüchtigten Anhang, dem „Syllabus errorum", penibel genau achtzig der „hauptsächlichsten Irrtümer unserer so traurigen Zeit" auf. Es liest sich wie eine Beschreibung dieser Zeit selbst. Mit dem „Syllabus" verabschiedete sich die katholische Kirche für eine ganze Weile vom geistigen Dialog der Weltgeschichte. Damit wurde der Kampf gegen den Zeitgeist zum einzigen Inhalt der offiziellen katholischen Theologie, zur Theologie schlechthin.

Der (noch) gesamtdeutsche Episkopat mit dem Erzbischof von Salzburg, dem traditionellen „Primas Germaniae", an der Spitze bemühte sich zunächst weiter um eine „Synthese von Deutschtum und Katholizismus", wie es 1867 auf dem Katholikentag in Innsbruck gefordert wurde, dem letzten außerhalb des späteren Reichsgebietes. Die erforderliche Feinabstimmung mit den österreichischen Bischöfen mißlang jedoch infolge einer Zuspitzung der innenpolitischen Lage in der Donaumonarchie vor dem österreichisch-ungarischen Ausgleich im gleichen Jahr. Er lenkte mit seinen komplizierten staatsrechtlichen Fragestellungen nicht nur die Wiener Hofburg, sondern auch die nun durch das Konkordat wieder mit dieser verzahnte Hierarchie vorübergehend von den deutschen Angelegenheiten ab.

Blieben also nur Rom und die Jesuiten?

Bismarck konnte gegenüber allen Formen des „Ultramontanismus" zunächst Gelassenheit zeigen. Er war auch immun gegenüber jener Art von protestantischer Scharfmacherei, wie sie sich als Reaktion auf den katholischen Ultramontanismus durchaus in diesen Jahren bereits zeigte. Zur Befriedigung seiner eigenen religiösen Bedürfnisse genügten dem Kanzler zeitlebens die in Kalenderform verabreichten Losungen der „Herrenhuter Brüdergemeinde", denen er fast stets eine Bestätigung seiner Politik entnahm. Zudem war die katholische Fraktion im Preußischen Abgeordnetenhaus in den sechziger Jahren auf ein paar Mann zusammengeschrumpft. Im neuen „Norddeutschen Reichstag" war die „Speerspitze Roms" (Treitschke) über mehrere Parteien und Gruppierungen verteilt. Zwölf katholische Abgeordnete saßen sogar in den Bänken der „Freikonservativen Partei", die später die Bismarck-Partei „sans phrases" werden sollte.

Dort vertraten sie im Vorfeld der Reichsgründung das Modell eines konstitutionellen, föderalistischen Bundesstaates mit einem Höchstmaß an Presse-, Vereins- und Religionsfreiheit. Es ist – abgesehen von der monarchischen Staatsspitze – genau dasselbe Staatsbild, welches achtzig Jahre später den rheinischen Katholiken Konrad Adenauer bei seiner Gründung der „Bundesrepublik Deutschland“ leiten wird.

An der allmählichen Wandlung späterer Zentrumspolitiker – wie Hermann von Mallinckrodt oder der Brüder August und Peter Reichensperger aus Koblenz – von unbedingten Anhängern der großdeutschen Lösung zu bedingten Befürwortern des kleindeutschen Weges in das „Reich“, das auch ihnen notwendig erschien, läßt sich ein allmählicher Umdenkungsprozeß in einem Teil des katholischen Lagers erkennen.

Hauptexponent des neuen Kurses war der Bischof von Mainz, Wilhelm Emanuel Freiherr von Ketteler. 1811 in Münster geboren, Jurist und Abgeordneter der Frankfurter Nationalversammlung, wo er wortgewaltig für die kulturelle und rechtliche Autonomie der Kirchen eintrat, erst spät Priester geworden, lautete Kettelers Grundmaxime: „Wie die Religion der Freiheit bedarf, so bedarf die Freiheit der Religion.“

In seiner 1867 erscheinenden Schrift „Deutschland nach dem Krieg von 1866“ empfahl der 1850 zum Bischof ernannte Ketteler, Preußen als neuer deutschen Führungsmacht die Gefolgschaft nicht zu verweigern, dafür aber als Preis ein Höchstmaß an föderalistischer Verfassungsgarantie zu verlangen.

Ketteler war es auch, der frühzeitig die Bedeutung der sozialen Frage für das Verhältnis von Staat und Kirche erkannte. Er bezeichnete die Arbeiterfrage als „Arbeiterernährungsfrage“ und appellierte an die christlichen unter den Fabrikherren, in ihren Arbeitern die Mitbrüder zu sehen und dafür zu sorgen, daß diese ein Leben in Menschenwürde führen können. Selbst die Frage, ob man sich als Christ der organisierten Arbeiterbewegung anschließen könne, bejahte der Bischof, vorausgesetzt, man ließe sich dadurch nicht zu „antikatholischen Bestrebungen“ mißbrauchen.

Freilich gab er sich dabei der Illusion hin, der „Kampf auf dem Gebiet des Dogmas“ würde fortan ruhen zugunsten eines entschlossenen Anpackens dieser Probleme. Die sah er bei der Kirche besser aufgehoben als beim Staat, denn „je ohnmächtiger die Welt ist, um so mächtiger ist die Lehre des Christentums“. Das Volk hört gern derlei unbeweisbare, aber hervorragend klingenden Vergleiche, und also kam es bald dahin, daß Ketteler „am Rhein fast für einen Heiligen galt“, wie Lassalle auf einer seiner Propagandareisen nicht ohne Neid feststellte.

An eben diesen Lassalle wendete sich Ketteler 1864 und bat um Aufschluß, was es mit der von Lassalle vorgeschlagenen Gründung von Arbeiter-Produktivassoziationen auf sich habe. Der Bischof erklärte sich bereit, fünfzigtausend Gulden für einen solchen Zweck zur Verfügung zu stellen, wenn er dabei anonym bleiben könne.

Einen Sonderfall im komplizierten innenpolitischen Spannungsfeld vor der Reichsgründung stellten die süddeutschen Staaten dar, Bayern an ihrer Spitze. Dort gab es viel mehr Katholiken als Protestanten. Doch sie waren – wie auch ihre Regierungen – alles andere als eine „fünfte Kolonne“ des römischen Pontifex jenseits der Berge. Am ehesten noch dem alten, reichständischen Ideal einer komplizierten, aber doch irgendwie harmonischen Vielfalt auch in den Angelegenheiten des geistlichen Regimentes verhaftet, richtete sich ihr Mißtrauen zeitweise gegen alles zusammen: gegen den Papst mit seinen zentralistischen Gleichschaltungstendenzen, gegen den „Erbfeind“ Frankreich, der vor zweihundert Jahren Straßburg und das Elsaß geraubt und dafür nach der Revolution jenen „gottlosen Liberalismus“ über den Rhein geschickt hatte – aber auch gegen das nicht minder zentralistisch agierende Preußen im Norden, das zudem 1867 bei der Luxemburg-Krise selbst unbedenklich „altes Reichsland“ opferte.

In der Bayerischen Patriotenpartei des Joseph Edmund Jörg ging schließlich süddeutscher Partikularismus mit begeisterungsblindem Reichspatriotismus genau die Mischung ein, die Bismarck für seinen Krieg mit Frankreich brauchte. Daß der, der das Elsaß wieder zum Reich bringe, deutscher Kaiser werden müsse, tönte es dort lange, ehe sich Preußen-Deutschland mittels der „Emser Depesche“ unvermutet zum „Verteidigungskrieg“ herausgefordert sah.

58. Kapitel

SCHATTENBOXEN MIT DEM „ZENTRUM"

„Wer mich in den Kulturkampf hineingezogen hat, das ist Herr Krätzig . . ." – mit diesen Worten lüftet Fürst Otto von Bismarck am 28. Januar 1886 im Deutschen Reichstag endlich das Geheimnis um die eigentliche Ursache für sein größtes innenpolitisches Debakel. Zwar ist der Geheimrat Krätzig nur der Chef der 1841 eingerichteten und 1871 wieder aufgelösten Katholischen Abteilung im Preußischen Kultusministerium gewesen, und auch Bismarck ist es in der Regel nicht gewohnt, auf nachgeordnete Beamte sonderlich zu hören. Hier aber erscheint ihm die Existenz eines „polonisierenden Organs innerhalb der preußischen Verwaltung" immerhin noch tauglich genug, um seine eigene, radikale Germanisierungspolitik in den von Preußen seit den drei polnischen Teilungen des 17. und 18. Jahrhunderts besetzten polnischen Gebieten zu kaschieren.

Das Eintreten der katholischen Zentrumspartei für die nationalen Minderheiten im neuen Reich, woraus der Kanzler seine Munition gegen die bald zu „Reichsfeinden" hochstilisierten Zentrumsleute um den hannoverschen Ex-Minister Ludwig Windthorst bezieht, dient jedoch wiederum nur dazu, einen gehörigen Nebelvorhang vor eine ganz andere politische Interessenlage zu ziehen.

Nach seinem Bruch mit den Konservativen zugunsten des Reichsgründungs- und Regierungsbündnisses mit den Nationalliberalen besteht in seinen Augen zusätzlich zu der schon vorhandenen, wenn auch noch schwach ausgeprägten Aktionseinheiten der „Linken" die Gefahr einer konservativen Blockbildung „rechts". Zugleich muß er verhindern, daß sich der linke Flügel der Nationalliberalen, der auch nach der Reichsgründung immer noch mit Erfolg gegen die Festsetzung eines starren Heeresbudgets opponiert, auf der Suche nach „mehr Verfassung" wieder – wie in der Paulskirchenzeit – in ein überraschendes Arrangement mit der katholischen Front findet, jetzt zum ersten Mal als geschlossene Partei auftritt. Sogar ein „Bündnis der Schwarzen mit den Roten" hält der Kanzler für möglich und grollt: „Das Zentrum steigert die vom Kommunismus der Gesellschaft drohenden Gefahren."

Wie nichts anderes zeigt Bismarcks Schattenboxen mit dem „Zentrum" die Schwäche seines „Systems". In dem ehemaligen hannoverschen Minister Ludwig Windthorst (1812–1891), dem Mitbegründer und unumstrittenen Führer der Zentrumspartei, erwächst ihm sein bedeutendster parlamentarischer Gegenspieler. Windthorst ist es auch, der den irrtümlich für allmächtig gehaltenen Kanzler immer wieder schmerzlich an dessen Abhängigkeit von seinen nationalliberalen Regierungspartnern erinnert. Die Nationalliberalen brauchen ihm in Sachen „Kulturkampf" (selbst diese Bezeichnung hat einer der ihren erfunden, der bekannte Chirurg Rudolf Virchow) nur einen Köder nach dem anderen hinzuhalten, um den Kanzler bei dessen ohnehin reichlich vorhandener Lust zur „Instrumentierbarkeit" innerer Konflikte immer weiter auf ein Gebiet zu locken, wo er nichts anderes als die Spaltung seines „Reichsvolkes" gewinnen kann.

Für die Nationalliberalen wiederum ist nach der ersten Krise ihrer freihändlerischen Wirtschaftskonzeption 1873 die kulturkämpferische Beschäftigungstherapie für den Kanzler und seine Minister ein hervorragendes Mittel der Ablenkung von den tatsächlichen Schwierigkeiten im neuen Reich und ihrem Unvermögen, diese zu lösen.

Außerdem befürchten auch sie, daß eine konservativ-katholische Koalition *des Landes gegen die Stadt* ihre parlamentarische Vorherrschaft stören und liberale Errungenschaften von der Gewerbefreiheit bis zur Reform der Selbstverwaltung in Frage stellen könnte.

Politische Erwägungen stehen bei diesem sonderbaren „Kulturkampf“ so sehr im Vordergrund, daß Bismarck nichts dabei findet, gute Beziehungen zum Vatikan zu unterhalten. Bekanntlich hat er sich ja bereits vor der Kaiserproklamation in Versailles mit dem zu diesem Zweck eigens angereisten Posener Erzbischof Graf Ledóchowski getroffen, einem Mitglied der Gesellschaft Jesu übrigens. Ledóchowski sollte Bismarck dazu bewegen, gegen die Vernichtung des Kirchenstaates den Protest der zukünftigen deutschen Großmacht einzulegen. Sogar von einem möglichen Asyl des Papstes auf deutschem Boden war die Rede. Als Gegenleistung war die Einwirkung auf die französische Geistlichkeit im Sinne eines raschen Friedensschlusses vorgesehen, um eine Einmischung der anderen Mächte auszuschließen, und die Zurücknahme der katholischen Polonisierungspropaganda in den Ostprovinzen Preußens.

Als aber ein paar Monate später die Zentrumspartei im Reichstag ebenfalls eine Stellungnahme der deutschen Regierung gegen den Verlust des Kirchenstaates für den Papst fordert, ist das plötzlich eine Vermehrung der Gefahren, mit denen der Kommunismus die bürgerliche Gesellschaft bedrohe, wie es in einem Erlaß des Auswärtigen Amtes an den bayerischen Gesandten in Rom heißt.

Die Lage hat sich ja auch vollkommen verändert. Jetzt glaubt Bismarck, den Einfluß des Papstes trotz Unfehlbarkeitsdogma weit geringer als erwartet veranschlagen zu müssen: „Bei uns im Lande ist das jesuitische Zentrum . . . stärker als der Papst oder doch wenigstens unabhängig von ihm. Der germanische Fraktions- und Parteigeist unserer katholischen Landsleute ist ein Element, dem gegenüber auch der päpstliche Wille nicht durchschlägt“, schreibt er in seinen „Gedanken und Erinnerungen“, enttäuscht, daß eine von dem Kardinalstaatssekretär Antonelli schon halbwegs in

Aussicht gestellte päpstliche Distanzierung von der Zentrumspartei, den „weltlichen Jesuiten" (Bismarck), ausgeblieben ist.

Das „Zentrum" ist bei den Wahlen 1871 zweitstärkste Partei geworden und mit 58 Abgeordneten in den ersten Deutschen Reichstag eingezogen. Die für Bismarck mißliche Drei-Parteien-Konstellation läßt in ihm eine Art weitgespanntes „Revanche"-Komplott wittern, das von der Kaiserin Augusta, die „immer wieder katholischen Einflüsterungen zugänglich ist", bis in die französische Republik hinein reicht, obwohl dort die Katholiken nun wahrhaftig keinen bestimmenden Einfluß mehr haben.

Aber seine Furcht vor einer weiteren, einer katholischen Internationale mit den allgegenwärtigen Jesuiten an der Spitze veranlaßt den ersten deutschen Reichskanzler zu Ausfällen, wie man sie seit seiner anfänglichen „Eisen-und-Blut"-Periode nicht mehr gehört hat. Anläßlich der „Adreßdebatte" spricht er von einer „Mobilmachung des Zentrums gegen den Staat". Windthorst kontert geschickt: „Der Herr Ministerpräsident ist nicht der Staat, und noch hat kein Minister es gewagt, *seine* Gegner auch Gegner des Staates zu nennen!"

Es ist weniger die ohnehin fällige Ablösung der kirchlichen Schulaufsicht oder die Einführung der Zivilehe (1874) als vielmehr ein bereits 1872 verabschiedetes Gesetz, das der Regierung nicht nur das Recht gibt, alle Niederlassungen der Gesellschaft Jesu aufzulösen, sondern auch jeden einzelnen Jesuiten aus Deutschland zu verbannen, das als offener Verfassungsbruch frühzeitig Anlaß zu der Vermutung gibt, bei der Neuschöpfung des Reiches auf deutschem Boden handele es sich eben nicht um jenen makellosen Rechtsstaat, den als „Kulturfortschritt" für ganz Europa nach außen hin darzustellen die offizielle Reichspropaganda nicht müde wird. Bei der Abstimmung zu dem ersten Ausnahmegesetz des neuen Reiches, lange vor den „Sozialistengesetzen", versagte sich sogar Eduard Lasker der Parteidisziplin.

Die Mittel schließlich, mit denen sich Bismarck seines

eigenen, gegenüber den Katholiken weitgehend integren, konservativen Kultusministers Joachim Mühler entledigt, werfen ein weiteres Schlaglicht auf die Abhängigkeit Bismarcks von den Nationalliberalen, in die er sich immer wieder ohne eigentliche Not begibt. „Auf das Unbefangenste" unterhielt sich Bismarck darüber im Preußischen Abgeordnetenhaus, „wie . . . um Mühler den Rest zu geben, eine Vereinigung verschiedener Parteien zu einer Mißtrauenserklärung gegen Mühler zustande zu bringen sei", erinnert sich später der nationalliberale Parteiführer Rudolf von Bennigsen.

Es sei daran erinnert, daß Bismarck laut Verfassung weder für seine eigene Person noch für seine Minister vom Vertrauen des Parlaments abhängig gewesen ist.

Das große Schattenboxen, das allerdings viel Farbe in die Debatten der ersten drei deutschen Reichstage bringt, führt zu verbalen Exzessen, wie sie in einem heutigen Parlament undenkbar wären. In seiner Wut auf den kleingewachsenen und auch ein bißchen häßlichen Windthorst holt der überlebensgroße Reichsgründer („Zum Lieben habe ich meine Frau, und zum Hassen Windthorst!") zu immer weiteren Rundumschlägen aus. Angestachelt von einer allzu willigen Horde altgedienter Kulturkampf-Barden, der unverwüstliche Treitschke an der Spitze, übt sich der literarisch nicht unbegabte Kanzler schließlich selbst in der Erfindung „lebender Bilder":

„Die Frage, in der wir uns befinden, wird meines Erachtens gefälscht, und das Licht, in dem wir sie betrachten, ist ein falsches, wenn man sie als eine konfessionelle, kirchliche betrachtet. Es ist wesentlich eine politische; es handelt sich nicht um den Kampf, wie unseren katholischen Mitbürgern eingeredet wird, einer evangelischen Dynastie gegen die katholische Kirche, es handelt sich nicht um den Kampf zwischen Glauben und Unglauben, es handelt sich um den uralten Machtstreit, der so alt ist wie das Menschengeschlecht, um den Machtstreit zwischen Königtum und Priestertum, den Machtstreit, der viel älter ist als die

Erscheinung unseres Erlösers in dieser Welt, den Machtstreit, in dem Agamemnon in Aulis mit seinen Sehern lag, der ihm dort die Tochter kostete und die Griechen am Auslaufen hinderte, den Machtstreit, der die deutsche Geschichte des Mittelalters bis zur Zersetzung des Deutschen Reiches erfüllt hat . . . der mit Mittelalter seinen Abschluß damit fand, daß der letzte Vertreter des erlauchten schwäbischen Kaiserstammes unter dem Beile eines französischen Eroberers auf dem Schafott starb und daß dieser französische Eroberer im Bündnis mit dem damaligen Papste stand. Wir sind der analogen Lösung der Situation nahe gewesen, übersetzt immer in die Sitten unserer Zeit. Wenn der französische Eroberungskrieg, dessen Ausbruch mit der Publikation der vatikanischen Beschlüsse koinzidierte, erfolgreich war, so weiß ich nicht, was man auch auf unseren kirchlichen Gebieten in Deutschland von den ‚gestis Dei per Francos' zu erzählen haben würde."

Als er schließlich, fortgerissen vom Beifall seiner nationalliberalen und freikonservativen Anhänger, in Richtung Zentrum ausruft: „Seien Sie ohne Sorge, nach Canossa gehen wir nicht!", ist der Ausgang des Konflikts schon abzusehen. Zwar muß niemand aus Berlin wie weiland Kaiser Heinrich IV. im Büßergewand vor einem Papst im Bergschloß am Nordabhang des Apennin erscheinen. Aber um sich 1879 seiner nationalliberalen Freunde aus wirtschaftspolitischen Gründen (Übergang zur Schutzzollpolitik) entledigen zu können, wird er das heute noch erbittert bekämpfte Zentrum und seine im Grunde kompromißbereiten Abgeordneten noch dringend brauchen.

Auch persönlich muß der „eiserne Kanzler" einiges an Blessuren einstecken. Ludwig von Gerlach, der väterliche Freund und Steigbügelhalter seiner Anfangsjahre, ist gleich zu Beginn des Kulturkampfes zur Zentrumspartei übergewechselt. Und der kleine Windthorst wird 1890, bei des Kanzlers Sturz, der letzte sein, der mit welfischer Treue bei ihm ausharrt.

59. Kapitel

PROTESTANTISCHE HARFENKLÄNGE

„Der preußische Staat ist eine Riesenharfe, ausgespannt im Garten Gottes, um den Weltchoral zu leiten", schwärmte im Jahr der Reichsgründung ein Berliner Prediger namens Dietze. Die Protestanten haben allerdings allen Grund zu frohlocken: Der Zwangsexitus Österreichs und der Sieg preußischer Waffen über den „welschen" Erbfeind Frankreich hat ihnen eine solide Mehrheit von 62,31 Prozent im Deutschen Reich und ein protestantisches Kaiserhaus an dessen Spitze gebracht. Letzteres wäre vielleicht auch schon der Fall gewesen, wenn Friedrich Wilhelm IV. die „aus Dreck und Letten gebackene" Volkskaiserkrone der Frankfurter Nationalversammlung angenommen hätte.

Die neue deutsche Kaiserkrone ist eine „durch die Weihe des Existenzkampfes geheiligte Krone", wie es in einer anderen Predigt aus diesen Tagen heißt. In den Zeitungen wird Martin Luther Hand in Hand mit dem Germanenfürsten Arminius abgebildet, der die Römer erst ausgekundschaftet und dann im Teutoburger Wald mit ihrer eigenen Taktik geschlagen hat. Ebenso hat es der Wittenberger Mönch gemacht.

Der Wittenberger Mönch hat nicht nur den römischen Papst geschlagen und die Kirche gespalten, sondern auch seine eigene, freilich angesichts der schon beginnenden Religionskämpfe letzten Endes nur widerwillig gegründete Schöpfung, die evangelische Kirche, geteilt. Da Luther das Schicksal seiner Kirche mit dem der deutschen Landesfürsten verbunden hat, gibt es soviel „Landeskirchen", wie es Länder gibt, auch nach der deutschen Reichsgründung. Selbst Bückeburg hat eine eigene Kirche.

Besonders verworren ist es in Preußen, wo ein reformiertes Herrscherhaus lutherische, reformierte und französisch-kalvinistische Untertanen mittels dreier Oberkonsistorien und einem Kriegskonsistorium regiert. Das komplizierte Verhältnis von Kirchenverfassungsrecht und Staatskirchenrecht neu zu regeln, war nach dem Debakel von 1806 (Napoleons Sieg bei Jena und Auerstedt) das Anliegen Friedrich Schleiermachers (1768 – 1834). Sein Kirchenverfassungsentwurf aus dem Jahre 1808 strebte – mit dem Ziel einer Union zwischen Reformierten und Lutheranern – eine größere Unabhängigkeit vom Staat und die Ablösung des landesherrlichen „Summepiskopates" an – eben der quasi bischöflichen Aufsicht des weltlichen Souveräns über unterschiedliche Kirchen.

Aber nicht Schleiermacher wurde der Ruhm zuteil, als der Erneuerer des protestantischen Staatskirchenwesens in Preußen in die Geschichte einzugehen, sondern seinem König Friedrich Wilhelm III. Der hauptsächlich durch seine abgehackte Redeweise bekannt gewordene Monarch dekretierte 1817, anläßlich der 300-Jahr-Feier zum Gedenken an die Einführung der Reformation in Preußen, kurzerhand diese „Union" mittels Erlaß einer Kirchenverfassung und der Einführung staatlicher Zentral- und Regionalbehörden.

Als der König vier Jahre später auch noch höchsteigenhändig eine neue Agende (Gottesdienstordnung und Liturgie) zusammenstellte und dabei nicht nur theologische Unterscheidungen, sondern auch deren pietistische, orthodoxe und rationalistische Ausprägungen einzuebnen versuchte, kamen schrille Mißtöne aus der damals noch etwas kleineren „Riesenharfe". Die sonst eher botmäßige und obrigkeitsfromme Geistlichkeit war geneigt, ihre Kirchenbänke in Barrikaden zu verwandeln. Der „preußische Agendenstreit" endete erst, als sich der König herbeiließ, einer Modifizierung seines Lebenswerkes zuzustimmen.

Die Agende, nach deren Stammteilen übrigens noch heute die meisten Protestanten nördlich des Mains beten und singen, wurde durch verschiedene Anhänge so ergänzt, daß sie der „gewachsenen Vielfalt“ im preußischen Protestantismus einigermaßen Rechnung trug. Aber der König hat es – summa summarum – doch geschafft, das landesherrliche Kirchenregiment erheblich zu verstärken und das Mitspracherecht der „Laien“ in den Provinzialsynoden drastisch zu reduzieren.

Adolf von Harnack merkt die negativen Auswirkungen an: „Wir deutschen Lutheraner und Unierten sind eine Pastoren- und Theologenkirche. Das heißt: eine Kirche, in welcher die Laien alle Aktionen schließlich doch nur von den Pastoren und Theologen erwarten und ihre kirchliche Freiheit eben darin erkennen, daß sie mit der Kirche nichts zu tun haben brauchen . . .“

Noch folgenreicher als die enge Verknüpfung mit dem Staat aber war für die deutschen Protestanten das Durcheinander an theologischen Lehrmeinungen und Doktrinen. Trotz des Aufbruchs zu Beginn des Jahrhunderts, als sich die protestantischen Kirchen unter dem Einfluß Schleiermachers und Fichtes zu Wortführerinnen des Befreiungskampfes gegen Napoleon gemacht hatten, war es ihnen nicht gelungen, ihr Erbe aus dem 18. Jahrhundert abzustreifen. Die Bipolarität zwischen Orthodoxie und Pietismus mündete in die Überspanntheit einer stark katholisierenden Neo-Orthodoxie einerseits und in eine etwas süßliche Erweckungsbewegung andererseits.

Letztere zeitigte hervorragende Wirkungen, wo es zu missionarischen oder volksmissionarischen Aufbrüchen kam. Mit einem aufrüttelnden Schuldbekenntnis gegenüber der Flucht seiner Kirche in theologische Haarspaltereien verhinderte der Hamburger Johann Heinrich Wichern (1808 – 1881), daß es der Wittenberger Kirchentag von 1848 bei einem bloßen Dankgebet für die Errettung der Christenheit von der Revolution bewenden ließ.

Wichern setzte das „gegenwärtige Heidentum“ mit dem sozialen Zustand des Proletariats gleich und stellte sich gegen die von dem größten Teil der protestantischen Geistlichkeit vertretene Meinung, daß sich aus dem Evangelium keine unmittelbare Handlungsorientierung für die Bewältigung der sozialen Nöte der Gegenwart ergebe. Der damals und noch lange Zeit im neuen Reich vorherrschenden Bequemlichkeit der offiziellen Thron- und Altarkirche gab der einflußreiche hannoversche Abt Uhlhorn beredten Ausdruck, wenn er schrieb: „Wer da meint, daß die Kirche auch der sozialen Frage gegenüber eine andere Aufgabe habe als Predigt und Seelsorge, der ist auf römischem Irrwege!“

Während die Anstöße im Protestantismus zur Gründung der „Inneren Mission“ führen, der bis heute glaubwürdigsten und populärsten Form evangelischer Breitenarbeit, gehen die „Kathedersozialisten“ des Berliner Hofpredigers Adolf Stoeker (1835 – 1909) den Weg in die Politik. Zielstrebig arbeitet sich der rhetorisch geschickte Sohn eines Tagelöhners aus dem Harz, der mit einer feinen Witterungsgabe für die noch unausgefüllten Zwischenräume im schimmernden Machtgefüge des neuen Reiches ausgestattet ist, zum zweiten Hofprediger in Berlin hinauf. Er will der Sozialdemokratie die Arbeiter abjagen, „denn sie wählen weder konservativ noch liberal, sondern sozialdemokratisch, wenn man ihnen keine andere Organisation schafft“.

Diese Organisation gründet Stoeker in Form seiner „Christlich-Sozialen Arbeiterpartei“, auch „Hofpredigerpartei“ genannt, und tatsächlich kann er damit einen Teil der mit der Fortschrittspartei unzufriedenen Kleinbürger an sich binden. Den Sprung in den Reichstag aber schafft Stoeker nicht. 1884 unterliegt er dem Nationalliberalen Rudolf Virchow, dem „Kulturkampf-Virchow“, den die Sozialdemokraten als das in ihren Augen kleinere Übel in der Stichwahl unterstützen.

Der ehrgeizige Stoeker, nach dem Urteil seiner gewiß auch etwas neidischen Kollegen „unfertig wie ein noch unausgegorener Most“, versucht daraufhin, sich auf die in den späten Gründerjahren schon ziemlich hoch aufgelaufene Antisemitismus-Welle zu schwingen, was ihm nicht nur den Beifall seiner kleinbürgerlichen Anhänger einbringt, sondern auch den des Prinzen Wilhelm, des späteren Thronerben. Noch aber sind die Zeiten liberal genug: Der demagogische Hofprediger muß seinen Posten räumen.

Die Mehrheit des liberalen Bürgertums, das die Kirchen füllt und die Geistlichkeit bezahlt, bleibt indessen bei seiner spezifischen Privattheologie, die gewöhnlich etwas undeutlich als „Rationalismus“ innerhalb der Kirche bezeichnet wird. Gewiß ist Rationalismus, der Gebrauch der Vernunft, etwas, was bereits Luther als einen legitimen Bestandteil der theologischen Wissenschaft bezeichnet hat.

Als aber der Modephilosoph der ersten Jahrhunderthälfte – Georg Wilhelm Friedrich Hegel – über den „Weltgeist“ sprach, meinte er nicht mehr Gott im christlichen Sinne. An die Stelle des christlichen Erlösungsfaktors war in seiner ausschließlich retrospektiv angelegten Philosophie das organische Fortwirken eines historischen Wollens getreten. In seinen „Vorlesungen über Religionsphilosophie“ lehrte Hegel, die Aufhebung der christlichen Dogmen sei zugleich ihre Bekräftigung, und die philosophische Wendung zur „spekulativen“ Theologie sei den bisherigen, miteinander konkurrierenden Richtungen – Orthodoxie und Pietismus – an „Treue zur Überlieferung“ überlegen.

Es war kein Wunder, daß ein derartig elegantes Hantieren mit der Wucht des Paradoxons eine weitere Flut theologischer Lehrmeinungen und Privattheologien im deutschen Protestantismus zur Folge hatte. Binnen kurzer Zeit schwang das Pendel der rationalistischen und supranaturalistischen Theologien im Gefolge Hegels wieder um zu einem konservativen Luthertum mit scharfen hierarchischen und konfessionellen Akzenten, wie sie etwa der Bayer Adolf von Harleß (1806 – 1879) oder der Kurhesse August Christian Vilmar (1800 – 1868) vertraten.

Über die Brüder Gerlach, die 1827 in Berlin mit dem damals prominentesten Theologen der konfessionellen Richtung, Ernst Wilhelm Hengstenberg (1802–1869), die „Evangelische Kirchenzeitung“ gründeten, und den Staatsphilosophen Friedrich Julius Stahl („Der Protestantismus als politisches Prinzip“) floß viel von diesem hierarchisch überhöhten, theologisch aber weitgehend orientierungslosen Religionsverständnis in die „Konservative Partei“ ein. Auch dagegen zeigte sich bald schon der Reichsgründer Bismarck mißtrauisch: „Der evangelische Priester ist, sobald er sich stark genug dazu fühlt, zur Theokratie ebenso geneigt wie der katholische, und dabei ist schwerer mit ihm fertig zu werden, weil er keinen Papst über sich hat.“

Inmitten dieser verwirrenden Vielfalt bleibt – wie heute auch – der eigentliche Glaube auf der Strecke. Schon 1834 hielten von allen Absolventen des theologischen Grundkurses an der Tübinger Universität nur noch drei (!) eine individuelle Unsterblichkeit für möglich.

60. Kapitel

„WAS SICH SELBST GENUG IST ..."

Weniger den abstrakten Sinn als das konkrete Sein hat die Philosophie nach Hegel im Blick.

Am früh erspürten „Widerspruch zwischen Denken und Schreiben" verifiziert Ludwig Feuerbach (1804–1872) schon als Student seinen Emanzipationsprozeß von dem Berliner „Weltgeist"-Philosophen. Feuerbach vermißt bei Hegel das „Element der Empirie" und empfiehlt, „an die Stelle des abstrakten ‚Weltgeistes' den lebendigen Menschengeist zu setzen". Verständlich, daß aus dieser Sicht die den großen Meister imitierende Hegel-Nachfolge besonders schlecht wegkommt. „Die spekulative Philosophie, wie sie sich bisher entwickelt hat, ist ein Beispiel von den schädlichen Einflüssen der Stadtluft", schrieb Feuerbach 1839.

Er kommt schließlich zu dem Urteil: „Hegel ist der vollendetste philosophische *Künstler*. Seine Darstellungen sind unübertroffene Muster des wissenschaftlichen Kunstsinns und wegen ihrer Strenge wahre Bildungs- und Zuchtmittel des Geistes. Aber eben deswegen machte er auch ... *die Form zum Wesen,* den relativen Zweck zum Endzweck."

In einem berühmt gewordenen Aperçu faßt Feuerbach die Richtung seines eigenen Denkens zusammen: „Gott war mein erster Gedanke, die Vernunft mein zweiter, der Mensch mein dritter und letzter Gedanke." Er sucht nicht den philosophischen Antagonismus, sondern das Gemeinschaftliche der Dinge, ihre wahre Natur, auch die der Religion: „Was ist wahr? – Was nicht mehr sein will, als es sein kann, und nicht weniger, als es sein soll – *was sich selbst genug ist!*"

Klarer kann man die Absage an die spekulative Philosophie und Theologie der ersten Jahrhunderthälfte nicht formulieren. Einen regelrechten Aufruhr entfacht der im Fränkischen lebende Privatgelehrte aber 1841 mit seinem Buch „Das Wesen des Christentums". Weil er sich darin an einigen Äußerlichkeiten der kirchlichen Praxis und am Wunderglauben der Kirche festbeißt, ist das Buch von Bewunderern wie Feinden gleichermaßen zu einer Art „Bibel des Atheismus" hochstilisiert worden. Allerdings bekannte sogar der Engländer Charles Darwin, der mit seinem Werk „Die Entstehung der Arten" (1859) die zweite geistige Revolution des Jahrhunderts entfacht, er hätte es ohne die Kenntnis des Feuerbachschen Buches gar nicht schreiben können.

Aber auch Darwin hütet sich vor dem Eingeständnis, er sei ein „Atheist", obwohl er fast die ganze biblische Schöpfungsordnung über den Haufen wirft. Gefragt, wie er zu den sonstigen Aussagen der Bibel stehe, antwortet Darwin lediglich als Wissenschaftler: „Sie entbehren des tatsächlichen Beweises."

Auch Feuerbach, der „Gott entthront und den Menschen an seine Stelle gesetzt hat", wie es in einer zeitgenössischen Kapuzinerpredigt heißt, ist alles andere als ein Atheist. Schon die von ihm verwendete Nomenklatur der theologischen Begriffe müßte eine solche Annahme von vornherein ausschließen. Wenn – nach seiner Auffassung – das Christentum der Widerspruch von Monotheismus und Polytheismus ist, was er durch die Vorgabe einer „heiligen Dreifaltigkeit" als bewiesen erachtet, dann ist der Pantheismus ein Monotheismus mit dem Prädikat des Polytheismus – also eine Negation der Theologie *auf dem Standpunkt der Theologie.*

Aus dieser Logik heraus, die anspruchsvoller klingt, als sie es ist, kann man den Atheismus höchstens als das Gegenteil, als das negative Spiegelbild des Pantheismus bezeichnen, nicht aber als Agnostizismus im monotheistischen (= eigentlich theologischen) Verständnis.

Feuerbach – auch darin ein typischer Aufklärer – sieht sich genötigt, den „Gespensterglauben der Theologie" erst mit deren eigenen Denkschemata ad absurdum zu führen, um dann die Grundformeln seines eigenen Gottesverständnisses einzusetzen: „Das Bewußtsein Gottes ist das Selbstbewußtsein des Menschen ... Gott ist nirgendwo, außer in uns selbst ... Gott selber ist nichts anderes als das Wesen des Gefühls von ihm in uns ..."

Doch das ist nur die eine Seite. Feuerbach entwickelt diesen Gottesbegriff durchaus zu einer Art „Theologie der Mitmenschlichkeit" weiter, wie sie beispielsweise heute im Protestantismus und in der politischen Theologie des Katholizismus tonangebend geworden ist. Er schreibt: „Keine Religion haben, heißt: nur an sich selber denken; Religion haben: an andere denken. Und diese Religion ist die allein bleibende, wenigstens solange, als nicht ein einziger Mensch nur auf Erden ist. Denn so wie wir nur zwei Menschen wie Mann und Weib haben, so haben wir auch schon Religion. Zwei, Unterschied ist der Ursprung der Religion – das Du, der Gott des Ich, denn ich bin nicht ohne Dich. Ich hänge vom Du ab; kein Du – kein Ich."

Nach einem Jahrhundert unergiebiger Grabenkämpfe kann man nicht ohne Amüsement feststellen, daß die protestantische Kirche Feuerbachs Gottesbegriff weitgehend adaptiert hat. „Theologen wie Dietrich Bonhoeffer oder J. A. T. Robinson haben in ganz ähnlicher Weise wie Feuerbach von religionsloser Interpersonalität gesprochen und wie Feuerbach in der traditionellen Religion und Theologie einen Verlust an humanitärer Substanz gesehen", schreibt Hans-Martin Sass in seiner 1978 erschienenen Feuerbach-Monographie.

Inzwischen geht eine, auf die einflußreiche Theologin Dorothee Sölle gestützte „Gott-ist-tot"-Theologie so weit, aus der radikalen Verlagerung jeglichen transzendentalen Gottesbegriffes Erneuerung in einer interpersonalen Ich-Du-Beziehung zwischen Mensch und (vermenschlichtem) Gott zu erhoffen. Hierbei ist das Maß der Offenbarung Gottes vom Gelingen der Sozialbeziehungen des Menschen selber abhängig.

61. Kapitel

„EINEN TANZENDEN STERN GEBÄREN . . .“

Mit einer ätzenden Religionskritik beginnt auch der 1844 als Sohn eines sächsischen Landpfarrers geborene Friedrich Nietzsche seinen Weg in die von ihm halb bewunderte, halb verabscheute Gründergesellschaft. Weil er die „Gorgonenzüge der Zeit“ in einer wie Erz klingenden, dem Tonfall der Luther-Bibel entlehnten Sprache zu benennen weiß, gilt er als der eigentliche Starphilosoph der Epoche.

1872 stellt er mit seinem Essay „Die Geburt der Tragödie aus dem Geiste der Musik“ dem „Stück orientalischen Altertums, welches von den Menschen mit ausschweifender Gründlichkeit zu Ende gedacht und gehandelt wurde“, wie er das Christentum an anderer Stelle nennt, mit kühler Beiläufigkeit den Totenschein aus:

„Denn dies ist die Art, wie Religionen abzusterben pflegen: wenn nämlich die mythischen Voraussetzungen einer Religion unter den strengen, verstandesmäßigen Augen eines rechtgläubigen Dogmatismus als eine fertige Summe von historischen Ereignissen systematisiert werden und man anfängt, ängstlich die Glaubwürdigkeit der Mythen zu verteidigen, aber gegen jedes natürliche Weiterleben und Weiterwuchern derselben sich sträubt, wenn also das Gefühl für den Mythos abstirbt und an seine Stelle der Anspruch der Religion auf historische Grundlage tritt . . .“

Man wird darin jedoch nur die chiffrierte Schlußabrechnung mit dem „System Hegel“, also mit jener Art systematischer oder spektakulärer Philosophie erblicken können, die in Nietzsches Studienjahren auf den Universitäten Bonn und

Leibzig schon derart passé war, daß der angesehene Geisteswissenschaftler Eduard von Hartmann schreiben konnte, wer sie noch studieren würde, liefe Gefahr, sein Examen nicht zu bestehen.

Der erst 26jährige Nietzsche, der sich mit einer Arbeit über Homer und die klassische Philologie habilitiert und verhältnismäßig früh einen Lehrstuhl für klassische Philologie an der Universität Basel erhält, spürt, daß die wichtigsten geistigen Signale der Epoche aus einem ganz anderen, dem naturwissenschaftlichen Bereich kommen. Scheint nicht der rasante technische und industrielle Aufschwung nur einen Mann zu bestätigen, der es indessen weit von sich weisen würde, als Philosoph im klassischen Sinne in Anspruch genommen zu werden – Charles Darwin?

Unterkühlt, in der formelhaften Diktion einer neuen, „wissenschaftlichen" Sprache hat der englische Biologe den nackten „Kampf ums Dasein" wie eine materialistische Prophetie aus dem Tierreich mitten in die Wirklichkeit der Gründergesellschaft gestellt. Wie ließe sich nach Darwin noch philosophisch von Sinngebung des Un-sinns reden, wo sich der Naturwissenschaft die Sinnfrage gar nicht stellt, diese aber andererseits einen Absolutheitsanspruch erhebt, der herkömmliche Betrachtungsweisen auszuschließen scheint? Ist der „Gesamtcharakter der Welt" . . . nicht nur „ein Chaos, nicht im Sinne der fehlenden *Notwendigkeit,* sondern der fehlenden *Ordnung"?*

Nietzsche, der die klassische Philosophie an einem Wendepunkt angekommen sieht, findet keinen Schlußstein mehr, an dem er die Eckpfeiler seines Denkens zusammenführen könnte. Denn auch, wenn er den schon von Schopenhauer geübten Kulturpessimismus zu einem ganzen Zug von Bildern und Masken verdichtet, was ihm zweifellos auf literarische Weise gelingt: ein Zerstörer ist er nicht. Er ist kein Nihilist. „Ist Pessimismus notwendig ein Zeichen des Niedergangs, Verfalls, des Mißratenseins, der ermüdeten und geschwächten Instinkte?" fragt er im „Versuch einer Selbstkritik", „gibt es nicht vielmehr einen Pessimismus der Stärke?"

Einen fruchtbaren Pessimismus also, der von der „Gnade des Nullpunkts" ausgeht, der immun ist gegenüber dem Lärm von Ideologien, die einander mit Rezepten zur Zukunftsbewältigung überbieten. Der noch fähig ist, „einen tanzenden Stern zu gebären", wie es in Nietzsches Hauptwerk, dem 1883 entstandenen Epos „Also sprach Zarathustra" heißt?

Doch dazu gehört der Wille des „Übermenschen" („Ist dieser Wille da, so gründet sich etwas") und das Sezierbesteck des unbestechlichen Kultur- und Zivilisationskritikers. Es zählt zu den erregendsten Geistesabenteuern der Menschheit, wie hier an der Schwelle zum form- und gesichtslosen Massenzeitalter ein schon vom Wahnsinn bedrohter Artist die Kreation eines neuen, von Anfang an unwirklichen Menschentyps aus der philosophischen Retorte heraus versucht.

„Der Mensch ist etwas, das überwunden werden soll", läßt sich Nietzsche-Zarathustra aus der Einsamkeit seines Hochsitzes hören, den er nach Art alttestamentarischer Propheten erklommen hat: „Voll ist die Erde von Überflüssigen, verdorben ist das Leben durch die viel zu Vielen." Schließlich liefert er – eigentlich ganz im Sinne des verachteten Hegel – die Nomenklatur für die gründerzeitliche Gegenwartsverneinung großen Stils: „Ich liebe den, welcher die Zukünftigen rechtfertigt und die Vergangenen erlöst: *denn er will an den Gegenwärtigen zugrunde gehen!*"

Der Übermensch im Gewand des persischen Weisen Zarathustra, aber mit der Regsamkeit eines gründerzeitlichen Weinreisenden ausgestattet, rettet sich vor dem Chaos der Welt in die Eisregionen des Hochgebirges. Von dort aus läßt es sich bedeutend tönen. Aber unten, in der von Maschinen- und Menschenlärm erfüllten „Sumpfluft", wird man nicht mehr gehört. Um seine Lebensmitte, nach Aufgabe des Baseler Lehramtes im Jahre 1879, in der Auseinandersetzung mit gefälligeren Zeitgenossen, wie etwa dem Theologen David Friedrich Strauß („Das Leben Jesu"), werden Nietzsches Töne schriller. Obwohl er von Politik so gut wie nichts versteht, nimmt er – wie sein Kollege Johann Gottlieb Fichte in den Befreiungskriegen – bereitwillig zur Tagespolitik Stellung:

„Die öffentliche Meinung in Deutschland scheint es fast zu verbieten, von den schlimmen und gefährlichen Folgen des Krieges, zumal eines siegreich beendeten Krieges zu reden: Um so williger werden aber diejenigen Schriftsteller angehört, welche keine wichtigere Meinung als jene öffentliche kennen und deshalb wetteifernd beflissen sind, den Krieg zu preisen und den mächtigen Phänomenen seiner Einwirkung auf Sittlichkeit, Kultur und Kunst jubilierend nachzugehen. Trotzdem sei es gesagt: ein großer Sieg ist eine große Gefahr. Die menschliche Natur erträgt ihn schwerer als eine Niederlage; ja es scheint selbst leichter zu sein, einen solchen Sieg zu erringen, als ihn so zu ertragen, daß daraus keine schwerere Niederlage entsteht.

Von allen schlimmen Folgen aber, die der letzte mit Frankreich geführte Krieg hinter sich dreinzieht, ist vielleicht die schlimmste ein weitverbreiteter, ja allgemeiner Irrtum: der Irrtum der öffentlichen Meinung und aller öffentlich Meinenden, daß auch die deutsche Kultur in jenem Kampfe gesiegt habe und deshalb jetzt mit den Kränzen geschmückt werden müsse, die so außerordentlichen Begebnissen und Erfolgen gemäß seien. Dieser Wahn ist höchst verderblich: nicht etwa weil er ein Wahn ist – denn es gibt die heilsamsten und segensreichsten Irrtümer –, sondern weil er imstande ist, unseren Sieg in eine völlige Niederlage zu verwandeln: in die Niederlage, ja *Exstirpation des deutschen Geistes* zugunsten des Deutschen Reiches."

Unter dem Stichwort „Der Steuermann der Leidenschaften" karikiert er mit beißender Ironie die pragmatische Politik Bismarcks:

„Der Staatsmann erzeugt öffentliche Leidenschaften, um den Gewinn von der dadurch erweckten Gegenleidenschaft zu haben. Um ein Beispiel zu nehmen: So weiß ein deutscher Staatsmann wohl, daß die katholische Kirche niemals mit Rußland gleiche Pläne haben wird, ja sich viel lieber mit den Türken verbünden würde als mit ihm. Ebenso weiß er, daß Deutschland alle Gefahr von einem Bündnisse Frankreichs mit Rußland droht. Kann er es nun dazu bringen, Frankreich zum Herd und Horst der katholischen Kirche zu machen, so hat er diese Gefahr auf eine lange Zeit beseitigt. Er hat demnach ein Interesse daran, Haß gegen die Katholiken zu zeigen und durch Feindseligkeiten aller Art die Bekenner der Autorität des Papstes in eine leidenschaftliche politische Macht zu verwandeln, welche der deutschen Politik feindlich ist und sich naturgemäß mit Frankreich als dem Widersacher Deutschlands verschmelzen muß: Sein Ziel ist ebenso notwendig die Katholisierung Frankreichs, als Mirabeau in der Dekatholisierung das Heil seines Vaterlandes sah. –

Der eine Staat will also die Verdunklung von Millionen Köpfen eines anderen Staates, um seinen Vorteil aus dieser Verdunklung zu ziehen. Es ist dies diesselbe Gesinnung, welche die republikanische Regierungsform des nachbarlichen Staates, le désordre organisé, wie Mérimée sagt – aus dem alleinigen Grunde unterstützt, weil sie von dieser annimmt, daß sie das Volk schwächer, zerrissener und kriegsunfähiger mache."

Aber auch der Sozialismus wird in seinen ideologischen Verklemmungen dargestellt: „Der Sozialismus ist der phantastische jüngere Bruder des fast abgelegten Despotismus, den er beerben will. Seine Bestrebungen sind also im tiefsten Verstande reaktionär. Denn er begehrt eine Fülle der Staatsgewalt, wie sie nur jeder Despotismus gehabt hat, ja er überbietet alles Vergangene dadurch, daß er die förmliche Vernichtung des Individuums anstrebt: als welches ihm wie ein unberechtigter Luxus der Natur vorkommt und durch ihn in ein zweckmäßiges Organ des Gemeinwesens umgebessert werden soll."

Nietzsches Reichsschelte („Es zahlt sich teuer, zur Macht

zu kommen. Die Macht verdummt.“) ist jedoch nur eine seiner vielen Positionen auf dem Wege zum Gegenpol der anfänglichen Übermensch-Philisophie. Aus der Konstruktion eines Antagonismus zwischen Kultur und Staat gewinnt er die Kraft zur letztendlichen Willens-Verneinung. Jetzt ist dieser Wille nicht mehr das Refugium, um in einer Welt chaotischer Unfreiheit Raum für jenen Übermenschen zu schaffen, der in der Dekadenz der Gründergesellschaft natürlich ebenso unrealisierbar ist wie in den meisten anderen Gesellschaftsformationen.

Nietzsche bezeichnet den eben noch hymnisch verklärten „Willen zur Macht“ als „das an sich Unästhetische“. Scharf setzt er es gegen den Mythos ab, „ohne den jede Natur ihrer gesunden, schöpferischen Kraft verlustig gehen würde. Denn nur als ästhetisches Phänomen ist das Dasein und die Welt ewig gerechtfertigt.“

62. Kapitel

DER „FALL WAGNER“

In seiner „Geburt der Tragödie“ spricht Friedrich Nietzsche der Musik die Kraft zu, „den Mythos wieder aus sich gebären zu können“. Als Geburtshelfer hat der sächsische Philosoph seinen Landsmann Richard Wagner ausersehen. Ihn haben wir 1849 zusammen mit dem russischen Anarchisten Michail Bakunin auf den Dresdener Barrikaden angetroffen. Nach der in der Praxis mißglückten „Generalprobe“ seiner frühen Oper „Rienzi“, wo er, hört man genau hin, nicht das Volk, sondern den Diktator verklärt hat, war es eine Weile still um den quecksilbrigen Mann mit dem großen Charakterkopf. Jahre des ärmlichen Exils in der Schweiz und in Paris bauten an seinem elitären, durch den Neid auf den erfolgreicheren Kollegen Giacomo Meyerbeer verursachten, stark antisemitischen Weltbild, indes er selbst schon in den fünfziger Jahren den als Gesamtkunstwerk begriffenen Mythos vom Aufstieg und Untergang eines Göttergeschlechtes aus den Versatzstücken nordischer Heldensagen zusammengeschmiedet hat.

Ohne Feuerbach gelesen zu haben, produziert er „im *Bewußtsein,* wo allein das Kunstwerk der höchsten Bildungsperiode entstehen kann“ (1847 an den später mit ihm verfeindeten Musikkritiker Eduard Hanslick), eine Art retrospektiver Version vom Schicksal seiner, der „Gründer“-Welt.

Weil sich das Rheingold, der in der Flußtiefe ruhende Hort der Nibelungen, in *Eigentum* verwandelt, kann selbst Wotan, der Gott, die Schuld, die ihm aus der Tiefe Nibelheims entgegentritt, nicht tilgen, ohne ein neues Unrecht zu begehen. Nur ein von den Göttern selbst unabhängiger, freier Wille kann den Zauber lösen. Da das nicht geschieht, gehen Götter, Halbgötter und Menschen gleichermaßen zugrunde.

Wäre der pessimistische Schluß nicht, könnte sich Karl Marx, der Wagner verächtlich „den neudeutschen Reichsmusikanten" nennt, ebenso bestätigt sehen wie Feuerbach und Schopenhauer zusammen, deren Unterscheidungen Wagner im richtigen Gefühl für eine irgendwie stimmige Gesamttendenz zu einem unentwirrbaren Knäuel von Axiomen verknüpft. Genauso, wie es Jahre später der sich gleichfalls als Philosoph gerierende Wagner-Schwiegersohn Houston Stewart Chamberlain mit seinem Buch „Die Grundlagen des neunzehnten Jahrhunderts" unternimmt. Selbst die heutige Bewegung der „Grünen" könnte den Mann als Apologeten für sich beanspruchen, den der größte Teil seiner Zeitgenossen zunächst nur als einen Erzeuger von „obligatem Lärm" (Jacob Burckhardt) wahrnimmt.

Eine Ausnahme machte zunächst nur der Bayernkönig Ludwig II. Er holte den von seinen Gläubigern durch halb Europa gehetzten Meister im Frühjahr 1864 nach München. Ein überaus schwärmerisches Verhältnis entwickelte sich, das Wagner indessen nicht nur durch immer unverschämtere Geldforderungen mißbrauchte, sondern auch durch Einmischung in die Politik des Landes. Im Dezember 1865 mußte der extravagante Musiker München wieder verlassen, ohne daß der Bau des bereits geplanten und dem Architekten Gottfried Semper in Auftrag gegebenen Festspielhauses begonnen worden wäre.

Erst 1876, als es dem cleveren Sachsen endlich gelingt, nach dem Abschluß seiner Ring-Tetralogie ein eigenes Festspielhaus in Bayreuth zu gründen (zur Eröffnung kommt sogar Kaiser Wilhelm I.), erkennt auch die Mitwelt, daß „niemand so vollendet wie Wagner dem Quantitätsglauben des neuen Staates entspricht", wie der Bismarck-Biograph

Werner Richter meint. Die Legitimation, die nordische Sagenwelt durch eine Inszenierung im Stil der Gründerzeit selbst als Verkleidung zu entlarven, bezieht 1980 der junge Regisseur Patrice Chéreau aus der von dem Germanisten Hans Mayer eingeführten Definition, der „Ring" sei „ein sozialkritisches Zeitbild mit einer mythologischen Struktur".

Genau das stößt Friedrich Nietzsche nach der von ihm bereits als peinlich empfundenen Eröffnung des Bayreuther Festspielhauses ebenso heftig wieder von Richard Wagner ab, wie es ihn seit der 1868 erlebten „völligen Bekehrung" in die Nähe des einunddreißig Jahre Älteren gezogen hat. Damals empfand er beim Anhören der „Tristan"-Ouvertüre: „Die Lust, die der tragische Mythos erzeugt, hat eine gleiche Heimat wie die lustvolle Empfindung der Dissonanz in der Musik", sah er in Wagners reichlich konfusen theoretischen Schriften sogar „Gedanken der Würde gegen den semitischen Sündenfallmythos" verteidigt, war schließlich die in der Tat faszinierende Kompositionsweise des Meisters „nicht nur eine neue Kunst, sondern *die* Kunst selber".

Wie in einem Zerrspiegel erblickt er bei der Eröffnung des Bayreuther Festspielhauses, der er schließlich angewidert entflieht, durch die wabernden Klangvorhänge des „Rings" lediglich die Ausgeburt der Gründerzeit, den „Wagnerianer". 1878, nach dem endgültigen Bruch, ist das Gesamtkunstwerk nur noch eine nervenzermürbende „Götzen-Dämmerung", konstatiert Nietzsche beim Anhören der „Meistersinger"-Ouvertüre „ . . . eine gewisse deutsche Mächtigkeit und Überfülle der Seele, welche keine Furcht hat, sich unter die Raffinements des Verfalls zu verstecken – die sich dort vielleicht erst am wohlsten fühlt; ein echtes, rechtes Wahrzeichen der deutschen Seele, die zugleich jung und veraltet, übermürbe und überreich noch an Zukunft ist. Diese Art Musik drückt am besten aus, was ich von den Deutschen halte: sie sind von vorgestern und übermorgen – *sie haben noch kein Heute*".

Fortan kommt Nietzsche im Zusammenhang mit dem „Fall Wagner“ stets auf „die Deutschen“ zu sprechen. Aber er weiß, daß er mit Wagners Verhaftung an den Zeitgeist oder dem gar nicht oder nur in Bruchstücken vorhandenen „Nationalcharakter“ der Deutschen dem Künstler Richard Wagner genausoviel Zwang antut wie vordem mit seiner „dionysischen“ Ausdeutung in der „Geburt der Tragödie“. Deshalb rollt er 1888, fünf Jahre nach dessen Tod und ein Jahr vor seinem eigenen geistigen Erlöschen, den „Fall Wagner“ noch einmal auf, um nun – sich streng kunstkritisch gebend – eine „Entartung des rhythmischen Gefühls“ im Werk des Bayreuther Meisters zu diagnostizieren: „Der große Stil entsteht erst, wenn das Schöne den Sieg über das Ungeheure davonträgt.“

Mit seiner Kritik an Wagner reiht sich der Außenseiter Nietzsche durchaus ein in die auch nach der Bayreuther Premiere übermächtige Phalanx der Wagner-Gegner und -Neider. Vielen genügt es, die allerdings belustigenden Familienaffären in der nächsten Umgebung des nun arrivierten Tondichters immer wieder in den Klatschspalten der Zeitungen auszuschlachten. Wagner selbst trägt nach Kräften zu seinem schlechten „Image“ bei: teilt er doch 1875 mit dem ihm durchaus eigenen Zug zum seelischen Exhibitionismus mit, er habe geträumt, die Königin von Preußen gäbe sich als seine Mutter zu erkennen.

Aber auch die seriöse Musikkritik findet noch lange über den 1883 in Venedig erfolgten Tod Wagners hinaus genügend Anlässe, den mystischen Goldfluch des Nibelungen Alberich als Wagners eigene Lust zu bezeichnen, um sich an der ihm verhaßt-verhafteten Gründergesellschaft für den lange vorenthaltenen Ruhm symbolisch zu rächen.

In seiner fundamentalen, 1980 erschienenen Wagner-Biographie nimmt Martin Gregor-Dellin den Künstler Wagner aber gegen den vermeintlichen Propheten in Schutz und meint, es bedeute schon viel, die Metapher einer Epoche gewesen zu sein, die durch ihn forttöne.

63. Kapitel

DER POMPÖSE STIL

Mehr als eine bloße Metapher ist, was in diesen Jahren in Berlin und anderen Städten entsteht. Man glaubt, in eine unwirkliche Märchenwelt aus Tausendundeiner Nacht einzutreten, wenn man etwa von den „Linden“ aus, nun zu Preußens pompöser „via triumphalis“ geworden, die Behrensstraße betritt. Im gleißenden Licht der Gaskandelaber öffnet sich im Scheitelpunkt zweier, im spitzen Winkel aufeinander zulaufenden Häuserfluchten die „Kaiserpassage“, 1871 bis 1873 im Auftrag eines eigens dazu gegründeten Aktienvereins von den beiden Architekten Kyllmann und Heyden errichtet. Es ist eine einhundertachtundzwanzig Meter lange und vierzehn Meter hohe, glasüberdachte Einkaufspassage, wie sie nach dem Vorbild des Londoner Kristallpalastes von 1851 inzwischen allerorten die neuen „Tempel des Kommerzes“ (Zola) krönen.

Von weitem ähneln diese Bauwerke – zumeist in wuchtigen, unverputzten Sandstein- oder Granitquadern ausgeführt – den Palästen italienischer Renaissancefürsten. Erst beim Näherkommen entdeckt man, daß der Eindruck täuscht. Da springen, wo eigentlich Fassaden in großzügiger Linienführung hätten enden müssen, verschnörkelte Giebel und Erker heraus, fügen Türmchen und die fabrikmäßig hergestellte Dutzendware „antiker“ Gesichter und Masken gerade jenes Element des Zuviels hinzu, das Jacob Burckhardt in seinem 1859 erschienenen Hauptwerk „Die Kultur der Renaissance“ als den Anfang vom Untergang eines Stiles bezeichnet hat.

Gewiß ist „Stil“ in der Geschichte „nicht etwas, das man erzeugen kann, sondern was hinterher konstatiert wird“, wie der Kunsthistoriker Jost Hermand meint. Aber gleichwohl gibt es einen „Willen zum Stil“, um Nietzsches Wort abzuwandeln, eine geistige Disziplin, die aus der Anschauung heraus, auch des Vergangenen, den Stil einer Epoche eigenständig entwickelt – und das auch weiß!

Hier aber ist es ein schwülstiger „Verlegenheitshistorizismus“, der die Prunk- und Protzbauten des neuen Reiches auszeichnet, sich aber auch an Themse, Donau und Seine mit dem Siegeszug des Hochkapitalismus ausbreitet. Die Baumeister der Gründerzeit verzichten auf die architektonische Durchdringung ihrer Sujets und fabrizieren eine voluminöse und verlogene Scheinwelt aus Surrogaten. Sie ahmen die Baustile vergangener Jahrhunderte nach, nicht, „weil sie zuviel, sondern weil sie zuwenig Geschichte treiben. Das historisch Einmalige ist für sie immer noch das zeitlos Gültige. Es fehlt ihnen der Sinn für die historischen Zusammenhänge, die Verbundenheit eines Werkes mit Zeit und Ort und die Einsicht in das Werden und Vergehen bestimmter Stile“ (Richard Hamann/Jost Hermand).

Das Ergebnis sind Bauten „von einer noch nicht gesehenen Scheußlichkeit . . . die von der Trostlosigkeit selbst aufgerichtet scheinen in einer und für eine Regenwelt“ (Max Rychner). Die beabsichtigte, „prunkvolle“ Wirkung schlägt in ihr Gegenteil um; sie er-schlägt den Betrachter.

Ein Bahnhof wird somit nicht einfach als ein Gebäude zur Abfertigung von Zügen und Reisenden konzipiert. Er entsteht vielmehr als eine von dreifach überlebensgroßen Steingiganten getragene Halle, unter deren gewaltigen Torbogen das Reisen sich in einen Akt tragischer Dämonie zu verwandeln scheint. Von Geldscheinen und Bankpalästen wenden sich eichenlaubbekränzte Jungfrauen segnend einem Volk zu, das an die Stelle schlichter Arbeit die Raffgier auf seinen Altar gehoben hat.

Zwei „kolossale“ Säulen aus dunkelgrünem Syenit stützen

die oberen Geschosse des 1871 von Regierungsbaurat Schwatlo entworfenen Reichspostamtes in der Leipziger Straße, wo sich auch das neue Kriegsministerium und viele andere Behörden befinden. Der schon erwähnte Berlin-Chronist Robert Springer beschreibt es:

„Zu Seiten des Eingangs stehen auf hervortretenden Pfeilern Bronzeadler, welche die Laternen zur abendlichen Beleuchtung tragen. Die Wände der Vorhalle sind geziert mit dem Relief einer schreibenden weiblichen Figur und mit den Medaillonreliefs des Kurfürsten Friedrich Wilhelm I. und des jetzigen Kaisers, der Begründer der preußischen und der Reichspost. Das zweite Stockwerk ist, den Säulen und Fenstereinfassungen nach, in jonischem, das oberste Stockwerk in korinthischem Stil gehalten. Darüber tritt ein Gesims hervor, welches mit farnesinischen Löwenköpfen geschmückt und von einer Attika gekrönt ist. Die Eckpostamente der letzteren tragen vier mythologische und allegorische Figuren aus Sandstein. Die ganze Fassade ruht auf Granitgrundlage und ist aus prächtigem verschiedenfarbigem Sandstein ausgeführt."

Wohlgemerkt: Es handelt sich um ein Postamt! Aber auch beim Bau eines Privathauses läßt es, wer Geld hat, kaum an entsprechenden „Interieurs" fehlen. Wieder Robert Springer:

„Als eine originelle und glänzende Darstellung des Renaissancestils zeichnet sich das Pringsheimsche Haus aus, welches von den Architekten Ebe und Benda aufgeführt wurde. Über einem mit diamantierten Quadern geschmückten Souterrain erhebt sich das Erdgeschoß in einer Frontentwicklung von sechs Rundbogenfenstern, die sich zu beiden Seiten des Haupteinganges gruppieren . . . Zwei kolossale Rittergestalten, zu beiden Seiten des Eingangs auf Pilastern stehend, tragen den hervortretenden Erker des Obergeschosses, welches durch ein Zahnschnittgesims und konsolenartige Knäufe von dem unteren Stockwerk getrennt ist . . . Die Facadenmalerei am obersten Stockwerke, von Anton von Werner, dem Maler der Versailler Kaiserproklamation, in schönster Farbenpracht auf Goldgrund ausgeführt, soll ein Bild des menschlichen Lebens in seinen charakteristischen Momenten geben. Eine lächelnde Sphinx hält zwei junge Kinder am Busen. Im nächsten Bilde erblicken wir diese Kinder im freudigen Jugendspiel. Im dritten Bilde erscheint der Jüngling im Kreise befreundeter Genossen. Einen Jägersmann im Arme der Geliebten stellt das vierte Bild vor. Im fünften treffen wir einen Baumeister bei seiner Planarbeit, im Kreise seiner Familie. Das sechste Bild führt uns in die Werkstatt des Künstlers, eines kunstreichen Goldschmiedes, und im letzten erblicken wir endlich einen gestorbenen Fürsten auf seinem Paradebette."

So will der Mensch der Gründerzeit gesehen werden: immer auf einem „Paradebett", sich und seinen Reichtum zur Schau stellend. Kein Wunder, daß der ansonsten recht genau und nüchtern beobachtende Chronist regelrecht ins Schwärmen gerät, wenn er von dem Nonplusultra des Berliner Westens, dem Tiergartenviertel, spricht: „Da starrt es von Reichtum und Vornehmheit . . . da wirft der vornehme Reiter einen gleichgültigen Blick auf das Menschengewühl unter ihm . . . da schweben die Götter der Erde dahin . . ."

Nur der Eingeweihte weiß, wie viele Mühe es den alten „Heldenkaiser" Wilhelm I. höchstpersönlich gekostet hat, ein paar Stücke des vom Großen Kurfürsten angelegten „Thier- und Lustgartens" vor den Bauspekulanten zu retten.

Knapp zweihundert Jahre zuvor ist diese grüne Lunge Berlins übrigens schon einmal in Gefahr gewesen, abgeholzt zu werden. Damals war es umgekehrt. Der „Soldatenkönig" Friedrich Wilhelm I. wollte den Tiergarten in einen Exerzierplatz verwandeln. Nur die geharnischten Proteste der Berliner hielten ihn schließlich zurück.

Robert Springer verbindet schließlich mit seiner Darstellung einer immer rascher expandierenden Metropole – zur

Jahrhundertwende wird sie bereits die drittgrößte Stadt Europas sein – einen Kassandraruf von bemerkenswerter Eindringlichkeit: „. . . Ihr seht nicht, daß eure Haupt- und Kaiserstadt eine Pyramide ist, die nach oben prächtig glänzt und stark gefugt erscheint, aber nach unten immer mehr zerbröckelt und in ihren Grundfesten immer schwankender wird . . .“

64. Kapitel

GEHEIME LUST AM UNTERGANG?

Schwindelerregend reich macht die Gründergesellschaft, wer für ihr Verlangen nach Repräsentation die passenden Dekorationen liefert. 1879, zur Silberhochzeit des österreichischen Kaisers Franz Joseph, der sich inzwischen mit seinem preußischen Kollegen und Bismarck arrangiert hat, veranstaltete der Wiener „Malerkönig“ Hans Makart (1840 – 1884) einen großen Festumzug. Im Gepränge der „lebenden Bilder“ schreitet der Künstler selbst einher – im Kostüm Karls V. Zwei Jahre zuvor hat er dessen „Einzug in Antwerpen“ gemalt. Der wirkliche Kaiser Karl hat das nie getan, wenigstens nicht in Begleitung von leichtgeschürzten „Ehren“-Jungfrauen.

Als Makart das cinemascopartige „Kolossal“-Gemälde „vollendet“ hat, kann er sich in seinem Atelier vor Besuchern nicht retten. Robert Stiassny beschreibt die sublime Rumpelkammer, die sich Makart in der Wiener Gutshausgasse auf Staatskosten eingerichtet hat:

„Das war kein kleines Museum, wie es sich etwa Rembrandt in seinem Haus in der Amsterdamer Jedenbreetstraat aufgestapelt hatte, noch ein Sammelsurium von echtwertigen Kunstwerken und Pasticci, ein Raritätenladen im Sinne landläufiger Liebhaber. Wohl geriet man auch hier vom Hundertsten ins Tausendste und schienen sich alle Zeitalter und Völker ein kosmopolitisches wie synchronistisches Stelldichein gegeben zu haben.

Da begegnet man auf reichornamentierter, deutscher Renaissancetruhe einem chinesischen Idol oder einem hellenischen Anathema aus Terrakotta; unter einem Baldachin, getragen von zwei spätrömisch gewundenen Säulen, die Armatur eines Geharnischten. In einem Spinde altitalienischer Arbeit prunkt eine Kollektion gold- und perlenbesetzter, orientalischer Hauben . . . Smyrnaer und Gobelins verkleiden die Wände, von denen sich eine Anzahl guter Kopien nach alten Italienern und Niederländern wirksam absetzen. Abenteuerlich geformte Kronen, Ampeln, Lüsterweibchen lassen den Blick zum mächtigen Deckengetäfel emporschweifen. Antikes und mittelalterliches Gewaffen ziert hier einen Türsturz, füllt dort eine Ecke. Und auf Boulemöbeln und Intarsiengestühl sitzend, umgeben von Büsten, Tierskeletten, Mumien, Oleanderbäumen und Musikinstrumenten, kommt man erst allgemach dazu, in der scheinbar wüst durcheinander wogenden Herrlichkeit die künstlerischen Einklänge zu entdecken."

Aber nicht nur das Atelier des erfolgreichen Gründerzeit-Malerfürsten ist auf „genial" getrimmt. Auch der Künstler selbst muß genau jenen Typus darstellen, den seine Anhänger erwarten. Friedrich Pecht porträtiert in der „Gartenlaube" Makarts, Lenbachs und Marées' Lehrer, den Münchener Historienmaler Karl von Piloty:

„Ich fand mich vor einem hochgewachsenen, raschen und elastischen, eher hageren jungen Manne, dessen stark ausgearbeitete Züge und nervöses Wesen die Spuren anhaltender Anstrengung, wie rastloser Leidenschaft, ja dämonischer Willenskraft zeigten und durchaus bedeutend erschienen. Das Gesicht wäre gewöhnlich ohne das durchdringende, flackernde Auge und jene eigenthümlich hochgeschwungenen Augenbrauen, wie man sie an vielen Coloristen alter und neuer Zeit, an Corregio, Rubens, Delacroix wahrnimmt. Der unruhig gleitende Blick, die hastigen Bewegungen, die selbst unbedeutende Dinge mit plötzlich herausbrechender Leidenschaftlichkeit übermäßig pathetisch accentuirende Redeweise bewiesen, daß die italienische Abstammung mit ihrem grenzenlosen Ehrgeiz, der verhaltenen Glut immer noch in ihm wirksam war. Sie hätten einen geradezu unheimlichen Eindruck gemacht ohne den idealen Zug, der das ganze Wesen adelt."

Ganz ähnlich stellt Heinrich Mann in seinem Roman „Eugénie oder Die Bürgerzeit" den Dichter von Heines dar: „Seine Miene zeigte gefaßten Schmerz: sie sollten es für die Spur vergangener Seelenkämpfe halten, statt für alltägliche Leiden seines Leibes." – „Der Dichter warf den Kopf, sein weißer Knebelbart ward stolz gehoben, der Blick bekam Pathos." – „Alles erlebte er öffentlich."

Die Wiener „gute Gesellschaft" strömt in Makarts Atelier, weil der Maestro die Galanterie besessen hat, einige ihrer Damen in sein Riesengemälde aufzunehmen. Geschmeichelt, auf dem Vehikel der Kunst in die große Weltgeschichte befördert worden zu sein, sieht man großzügig über die Anrüchigkeit der Szene hinweg. Denn fast wie Haremsweiber im Gefolge eines Sultans bildet sie der Künstler ab, wohl wissend, daß Anspielungen auf die geheimnisvolle Welt des Orients zum „dernier cri" der Gründerzeit zählen. Dagegen malt kaum einer außer dem unermüdlichen Anton von Werner noch Kriegsszenen aus Frankreich.

Im unausgesetzten Gepränge von Aufzügen, Schaustellungen und „lebenden Bildern" vermischen sich Kunst, Dekoration und Realität zu einem ebensolchen Gemenge von Motiven, wie sie die Musik Richard Wagners enthält. Da wimmelt es auf großflächigen, den überdimensionierten Salons der Gründerarchitektur angepaßten Riesengemälden von Nereiden und Tritonen, Zentauren und Nymphen im offenen Liebesspiel, recken sich an Felsen gekettete Jungfrauen brünstig gepanzerten Rittern entgegen, die sie befreien. Indes sich erschlagene Drachen zu ihren Füßen ringeln wie psychologische Andeutungen nie gekannter, perverser Lüste. Es ist das Arsenal für den jungen Wiener Nervenarzt Sigmund Freud, das die Ateliers der Modemaler Karl von Piloty, Hans von Marées, Franz von Lenbach, Anselm Feuerbach, Franz Defregger oder Albert Keller verläßt.

Die solcherart vergewaltigte Kunst rächt sich an den Begabtesten. Wen auch immer der 1827 in Basel geborene Arnold Böcklin in seine wilden, sturmgepeitschten Landschaften stellt, in dem die unvermeindlichen Zypressen nicht fehlen dürfen: All die halbnackten Allegorien, Meerweiber, Harfenspielerinnen und Musen tragen auch im üppigsten Dekor und unter der raffiniertesten Beleuchtung die penetrant trägen Physiognomien von Kommerzienratstöchtern. Böcklins 1882 gemalter „Abenteurer“ nimmt sich aus wie ein ins Absurde verschlagener Bankdirektor.

Selbst dort, wo scheinbar gegenständlich gemalt wird, drängen sich nur oberflächlich kaschierte Allegorien in den Vordergrund. So deutet das schräg gehaltene Weinglas auf dem 1873 entstandenen Gemälde „Das ungleiche Paar“ des „Bauernmalers“ Wilhelm Leibl an: Es handelt sich in Wahrheit um eine raffiniert-lüsterne Persiflage der biblischen Geschichte von Lot und seinen Töchtern.

Ein etwas plumperes Äquivalent findet diese Art vordergründiger Bedeutungssteigerung in der Gewohnheit Makarts, Farben mit Metallstaub zu vermischen oder sie auf Asphaltpappe aufzutragen, um ihre Leuchtkraft künstlich zu erhöhen. Dem gegenüber muß Rudolf Hennebergs „Jagd nach dem Glück“, wie ein Symbol der Vergänglichkeit im Jahr der Reichsgründung gemalt, fast so unschuldig wirken wie die Kunst der Präraffaeliten oder der Nazarener, die vordem die Szene beherrscht haben.

Wo die Kunst der Gründerzeit noch nicht die Grenze zur bloßen Dekoration überschritten hat, muß sie schon im Bewußtsein des Künstlers, in seiner künstlerischen Anlage, um äußerste Formstrenge kämpfen. Denn dieser versteht sich getreu der von Nietzsche formulierten Zeitphilosophie durchaus als elitäres Wesen, unfähig, Motivwahl und Vorwurf seiner Kunst in Dialogform zu treffen, wie das noch der deutschen Klassik selbstverständlich gewesen ist.

Erst ab 1880 findet Arnold Böcklin zum Beispiel in seinem auch den Dimensionen nach nicht mehr so erdrükkend wirkenden Gemälde „Die Toteninsel“ zurück in eine Art Formstille, wiewohl er auch hier auf grelle Kontraste und den „bedeutungssteigernden“ Hintergrund des Meeres nicht verzichtet. Dagegen malt der Franzose Gustave Courbet, wie in stummem Protest gegen die Abwertung des Meeres zur bloßen Kulisse, eine „Welle“ ohne Personenstaffage und beweist damit, daß die französische Tradition der Formbändigung trotz des verlorenen Krieges ungebrochen ist.

Bereits 1871 hatte der Franzose Puvis de Chavanne sein geradezu erfrischend unschuldiges „Mädchen mit dem Friedenszweig“ nicht nur als ein hierzulande übersehenes Symbol der Versöhnung gegen das pomphafte Getöse jenseits des Rheins gestellt, sondern auch als ein Zeichen der künstlerischen Wahrhaftigkeit gegen den Gründerkitsch der ewigen Makart- und Barbarossa-Aufzüge.

Dem französischen Realisten Courbet, in seiner Heimat verfemt, weil er während der „Commune“-Herrschaft die Vendôme-Säule stürzen half, bewahrt der in Oberbayern lebende Kölner Wilhelm Leibl Verehrung und Freundschaft. Zusammen mit Hans Thoma aus dem Schwarzwald gilt Leibl inmitten der pseudo-aristokratischen Kunst seiner Zeit als Wiederentdecker des Einfachen, als Vorläufer einer naturalistischen Darstellungsweise, wie sie in den achtziger Jahren den protzigen Gründerstil ablösen wird.

Aber auch Hans Thoma verzichtet – wie Böcklin – nicht auf den Totenkopf, wenn er sich selbst abbildet. Es verrät ein tiefes Mißtrauen in die Kunst, ein unbewußtes Spiel mit der Selbstaufgabe um den Preis des Menetekels, eine geheime Lust am Untergang.

Es gibt sie auch drüben in Frankreich, wo die Schule der „Orientalisten“ auf direktere Weise versucht, was den deutschen Verehrern der klassischen Sagenwelt mißlingt: Eine Synthese von Erotik und rätselhafter Fremdartigkeit, ausschweifend bis zur blutigen Grausamkeit, wie sie mit dem Blut des Geköpften über die Treppe von Henri Regnaults 1870 gemalter „Hinrichtung ohne Urteil“ rinnt.

Wirkliche Erlösung aus dem immer schwüler werdenden Dunstkreis der Gründerkunst verspricht schließlich ein ganz anderer Stil. 1867 eröffnen Claude Monet mit der „Frau im Garten" und Auguste Renoir mit seinem Porträt des Malers und Freundes Bazille den lichtvollen Reigen der „Impressionisten".

Den ursprünglich als Spottnamen auf Monets „Impression, soleil levant" gedachten Titel prägt der Kunstkritiker Louis Leroy sieben Jahre später. 1874, anläßlich ihrer ersten großen Ausstellung in Paris, sind die Impressionisten um Monet, Renoir, Degas und Cézanne schon weithin bekannt.

Ihnen folgen auf deutscher Seite Max Liebermann (1872: „Die Gänserupferinnen"), Franz von Uhde, Max Slevogt und Lovis Corinth nach. In einigen Lexika wird auch Wilhelm Leibl als Impressionist vereinnahmt, während Adolph von Menzel, der Preußenmaler par excéllence, gern als „früher Realist" bezeichnet wird. Die meisten seiner Bilder enthalten jedoch beide Elemente: fotografische Genauigkeit und den für die Impressionisten typischen Umgang mit dem Licht.

1839 hat der ausgesprochen arbeitswütige, fast jeden Augenblick skizzierende Menzel damit begonnen, ein Buch des Historikers Franz Kugler über Friedrich den Großen zu illustrieren. 1848 malte er in Berlin die „Aufbahrung der Märzgefallenen". Da ist nur noch wenig von Hohenzollern-Verehrung zu spüren. Dreißig Jahre später ist schließlich sein berühmtestes Gemälde, das „Ballsouper", eine Art Psychogramm der Gründergesellschaft, eine Momentaufnahme von geradezu bestürzender Aktualität.

Der Kunsthistoriker Rudolf Zeitler schreibt, Menzel habe hier „nicht bloß mit dem Pinsel notiert, sondern mit trockenem Spott kommentiert, wie Kleider und Uniformen im Lichtglanz eines Festsaales die Menschen entstellen". Zeitler führt die „sarkastischen Züge" in Menzels Menschenbild auf dessen Kleinwüchsigkeit zurück. Mag sein. Aber wer das bereits 1845 entstandene, nur mit Licht angefüllte Bild

„Balkonzimmer“ betrachtet, wird noch viel mehr entdecken. Vielleicht so etwas wie die sich selbst verschaffte Erleichterung eines Künstlers, daß der Mensch, diese blonde, grün- oder blauäugige „Bestie“ (Nietzsche) des Massenzeitalters, der sich wie nie zuvor in der Geschichte zum Maß aller Dinge machen will – einmal aus der Tür heraus ist. Wenn auch nur für einen kurzen Augenblick.

65. Kapitel

ZWISCHEN GESTERN UND MORGEN

Seltsam unbehaust zwischen gestern und morgen ist der Mensch der Gründerzeit auch in der Literatur. Er existiert nicht mehr im Abendschein einer biedermeierlichen, von tränenreichem „Weltschmerz“ (Heinrich Heine) erfüllten Romantik. Er ist aber auch noch nicht in der hektischen Tristesse des Maschinenzeitalters zu Hause. Zumeist befindet er sich auf der Flucht vor beidem.

Ähnlich den Malern weichen die meisten Literaten der siebziger und achtziger Jahre des neunzehnten Jahrhunderts in eine oft mythologisch interpretierte Vergangenheit aus. Das kann sich so amüsant ausnehmen wie Paul Heyses 1870 geschriebene Novelle „Der letzte Zentaur“, artet jedoch zumeist aus in literarische Monumentalschinken, die sich lesen wie Drehbuchvorlagen für Hollywoodverfilmungen aus den fünfziger Jahren dieses Jahrhunderts. Robert Hamerlings „Ahasverus in Rom“ (1866), Adolf Wilbrandts „Aria und Messalina“ (1872) oder des unermüdlichen Bestseller-Autors Felix Dahns „Kampf um Rom“ (1876) erreichen hohe Auflagen.

Der Kunsthistoriker Jost Hermand resümiert: „Im Sinne eines literarischen Berauschtseins am Cäsarischen ist hier alles in schwindelnde Höhen stilisiert, wodurch sich das Überwirkliche ins Unwirkliche verdünnt, ägyptische Königstöchter stehen neben Nibelungenrecken, frühchristliche Märtyrer neben syphilitischen Vampiren der Renaissance . . .“

Der aus Schlesien stammende Gustav Freytag kommt mit seinen „Bildern aus der deutschen Vergangenheit" vielleicht am ehesten dem ständigen Verlangen der Gründergesellschaft nach historischer Legitimation ihres unvermuteten Aufstiegs entgegen. Bewegt sich Freytag in seinen „Bildern" noch dicht an den Schautafeln des von Treitschke größtenteils fernab der Realität entworfenen, „offiziellen" Geschichtsbildes entlang, so skizziert er in seinem anderen großen Werk, dem Roman „Soll und Haben", wiederum in der Vergangenheitsform, das Idealbild eines Kaufmannsgeschlechtes, das bürgerliche Tugenden mit einem klaren, preußisch orientierten Staatsbewußtsein zu verbinden weiß. Ganz wie von ungefähr, aber als deutlicher Reflex einer schon beginnenden Zeitströmung gesellt sich auch ein Schuß Antisemitismus in Freytags Vergangenheitsbewältigung.

Freytag, ein glänzender Stilist, muß, wiewohl vom ganzen Reich begeistert gefeiert, sein positives Bürgerbild gegen den größten Teil der seriösen Literatur seiner Zeit verteidigen. Nicht allein gegen den wie ein Seziermesser scharfen Realismus des Franzosen Gustave Flaubert. Dessen in der „Madame Bovary" (1857) geübte Abrechnung mit dem „genre épicière" fällt in den Augen der neuen Reichsdeutschen noch leicht in die bequeme Schublade: „Dekadenz des französischen Erbfeindes." Auch nicht gegen den „Traum glücklicher Schicksalslosigkeit" (Max Rychner), wie er etwa in dem 1858 erschienenen Roman „Oblomow" des Russen Iwan Alexandrowitsch Gontscharow als eine Art von Gegenwelt aufgerichtet wird. Es ist die Geschichte eines passiven Helden, dessen Idealzustand das Leben als Traum ist und der sich noch nicht einmal durch einen solchen Traum verwandeln läßt. Gegenpol in Gontscharows Roman: der „gründerzeitliche" Tatmensch Stolz, in dem der Autor ein Stück typisch russischer Auseinandersetzung mit dem westlichen Arbeitsethos vollzieht.

Hat er nicht ausgerechnet in dem Deutschen Goethe einen Verbündeten, der, selbst ein bewegtes Gegenbild am Beginn des Saeculums, um diese Sphäre wußte: „So ihr stille bliebet, würde euch geholfen?“ – Ein Gefühl des Überdrusses, des „ennui“, schien der Weimarer Olympier frühzeitig inmitten der bürgerlichen Verhältnisse zu wittern, wofür sich die nachfolgende Gründergesellschaft rächt, indem sie bedeutend weniger Denkmäler als für seinen in dieser Hinsicht unbedenklicheren Kompagnon Schiller aufstellt.

Noch nicht einmal an der grüblerischen Dämonie Fjodor Dostojewskis (1821–1881, „Schuld und Sühne“, „Die Dämonen“) zerbricht der geradezu verbissene Positivismus der deutschsprachigen Literatur nach 1871, zu deren potentesten Köpfen zwei Schweizer zählen: Conrad Ferdinand Meyer (1825–1898) und Gottfried Keller (1819–1890). Meyer liefert mit der Novelle „Jürg Jenatsch“ ein weiteres Idealbild eines tatkräftigen Renaissancemenschen und kommt mit „Huttens letzten Tagen“ sogar Bismarcks Kulturkampf zu Hilfe. Keller schraffiert in liebevoller Detailfreudigkeit ein paar der selbst noch ins Berner Oberland fallenden Gründerzeitreflexe so sorgfältig, daß man zum Beispiel die Novelle „Der Schmied seines Glückes“ schon wieder für eine geglückte Parodie halten könnte.

Wirklich gefährdender Widerspruch *von innen heraus* droht der neuen deutschen Reichsliteratur eher von Literaten, die vorgeben oder sogar willens sind, den geistigen Aufbau des neuen Staates ebenso zu fördern wie Gustav Freytag, der auch persönlich der politischen Führungsspitze nahesteht.

Da ist der 1829 in Magdeburg geborene Friedrich Spielhagen. Heute fast völlig vergessen, nimmt er vermutlich auf den Romanstil Thomas Manns (1875 in Lübeck geboren) einen bestimmenderen Einfluß als Theodor Fontane. 1861 rückt Spielhagen mit seinem Roman „Problematische Naturen“ in die vordersten Ränge eines Literaturgeschäfts auf, das eben beginnt, zwischen seriöser und trivialer Literatur zu unterscheiden.

In seinem 1876 erschienenen Roman „Sturmflut“ vergleicht er die neue Zeit mit einer schicksalhaften Naturgewalt, die mit elementarer Wucht hereinbricht und das Herkömmliche, das Gesicherte zerbricht. Es entsteht das Zerrbild einer „guten Gesellschaft“:

„Der Graf hatte das Signal gegeben; er konnte sich nicht wundern, daß in der nächsten halben Stunde ausschließlich von Geschäften gesprochen wurde, von seiner Seite so eifrig und interessiert, daß ihm das Blut in die Stirn stieg und er ein Glas nach dem anderen trank. Man war von der Kaiserin-Königin-Hütte auf die Niedersächsische Maschinenfabrik, von dieser auf die Berliner Nordbahn, von dieser auf die Berlin-Sundiner-Bahn gekommen. Die Herren wußten die interessantesten Details über die Geschichte dieser Bahn mitzuteilen, welche nach einem so gloriosen Anfang an der Grenze des Konkurses stand – in den Augen von Leuten, die nicht wußten, daß man die Kurse gedrückt hatte, um die Aktien zurückkaufen zu können – dieselben Aktien, die, sobald die Konzession für die Fortsetzung der Bahn da war, wie ein Phönix aus der Asche erstehen mußten. –

Ob der Herr Graf sich beteiligen wolle, es sei jetzt der richtige Augenblick! Der Herr Graf habe kein bares Geld? Spaß! Das Geld spiele überhaupt in der ganzen Sache gar keine Rolle! Wieviel der Herr Graf wolle? Fünfzigtausend? Hunderttausend? Einhundertfünfzigtausend? Der Herr Graf brauche nur eine Zahl zu nennen! Der Herr Graf solle ja nichts geschenkt haben! Die Erklärung des Herrn Grafen, daß er eventuell in die Direktion der Inselbahn eintreten würde, sei allein fünfzigtausend unter Brüdern wert.

Daß ich die Herren nur nicht beim Wort nehme, rief der Graf.“

Da ist Theodor Fontane. Demokratischer Anwandlungen durchaus verdächtig, wie seiner Schilderung von den dramatischen Märztagen des Jahres 1848 in Berlin zu entnehmen war. Auf der anderen Seite ein geradezu liebevoller Verehrer des alten, märkischen, landsässigen Preußentums, das er zu Fuß erwandert („Wanderungen durch die Mark Brandenburg") und dem er in seinem 1897 abgeschlossenen Alterswerk „Stechlin" ein unzerstörbares Denkmal setzt.

Voll symbolischer Kraft ist im „Stechlin" die Rückkehr des alten Dubslav von der Hochzeitsfeier seines Sohnes in Berlin, der Vermählung der nächsten Generation also mit der neuen Zeit: krank, so sterbenselend vom Tabaksqualm und dem Geschwätz der Salons, daß er sich lieber die tödliche Erkältung holt, als nur einen Augenblick auf die klare, aber eiskalte Winterluft und den Anblick des Sternenhimmels zu verzichten, den man unter der Dunstglocke in Berlin nicht mehr sieht.

Von „Dreißig bis Achtzig" hat der Autodidakt Fontane diesem seichten Geschwätz der neuen Klasse in den Salons zugehört, ohne daß er darum in der „glänzenden Pyramide" der Ränge, Reserveleutnants und Chefpräsidenten einen Zentimeter weiter gekommen wäre. Es hat etwas geradezu Tragisches, wie sich sein bedeutendes Talent verschwendet in den albernen „Causerien" oder „Berolinismen" eines Kommerzienrates van der Straaten („An der Börse galt er bedingungslos, in der Gesellschaft nur bedingungsweise"), wie er der Dekadenz all dieser Halbgebildeten in unzähligen Diners oder Landpartien wenigstens einen Funken jenes „esprits" abzugewinnen sucht, über den sie nun einmal nicht verfügen. Er sammelt „beim Spatzenflug, den uns're Adler fliegen" selbst noch die ärmlichsten Brocken auf, um am Ende vielleicht doch eher als Kritiker und Essayist zu bestehen: „Ich hasse das Bourgeoishafte mit einer Leidenschaft, als ob ich ein eingeschworener Sozialdemokrat wäre."

Dasselbe tut der Norddeutsche Theodor Storm (1817 bis 1888), dem unter den deutschen Dichtern der Gründerzeit der überzeugendste Widerspruch gelingt. Auch ihm, dem Husumer Amtsrichter, der 1853 vor der Dänenherrschaft in Schleswig-Holstein emigrierte, gerät die Abwehr gegen den überall emporbrandenden Kitsch und die penetrante Großmannssucht im neuen Reich zuweilen zu einer Überzeichnung seiner Gestalten ins Kauzige.

Aber wie er die stille Welt seiner „grauen Stadt am Meer", die alten, halbverfallenen Bürgerhäuser, Kornspeicher, Remisen und Vorwerke gegen den heranbrandenden Mahlstrom einer immer hektischer werdenden Zeit aufrichtet – das hat trotz aller Sentimentalität, mit der er seine Werke zuweilen bis zur Ungenießbarkeit würzt, die Qualität einer außerordentlich überzeugenden literarischen „Gegenwelt".

Sie verdichtet sich in seinen späten großen Novellen („Hans und Heinz Kirsch", „Ein Fest auf Haderslevhus" und „Bötjer Basch") zu einer Art Chiffre für die schicksalhafte Vergeblichkeit des Menschen, der nicht mehr überweltlichen Gewalten ausgeliefert ist, sondern nur noch seiner eigenen Natur und Erbanlage, seiner Erziehung und Umwelt.

So ist es auch bei Storms letzter Novelle, dem „Schimmelreiter". Sie sei, heißt es allerorten, eine Art Gründerzeit-Saga. Der „Selfmademan" Hauke Haien, der es durch eigene Tüchtigkeit zum Deichgrafen und zum Erfinder des zur See hin abgeflachten Deiches bringt, werde geradezu als der Prototyp des Gründerzeit-Menschen dargestellt. Selbst Bismarck, der Selfmademan, führe doch beständig das Friesenwort: „Wer nicht will deichen, der muß weichen" im Munde, bezeichne sich sogar mitunter als „Deichhauptmann".

Diese Interpretation kann jedoch nur eingeschänkt gelten. Ein Blick auf Storms eigene negative Erfahrungen mit dem gründerzeitlichen Preußentum weist einen anderen Weg zum deutschen „Nationalepos wider Willen", wie der Schriftsteller Paul Barz das aus vielerlei Quellen gespeiste Alterswerk des Husumer Dichters nennt. Während seines Potsdamer Exils schreibt Storm: „Niemand kann das spezifisch preußische Wesen mehr hassen als ich, denn ich halte es für den Feind aller Humanität . . ."

66. Kapitel

PREUSSISCHE GÖTTERDÄMMERUNG

Mit dem Bild des genialen Ausnahmemenschen feiert die deutsche Gründergesellschaft den Sieg über sich selbst, über jene Ideale, unter denen ein Jahrhundert zuvor der „Dritte Stand“, das Bürgertum also, in Frankreich in die Startlöcher der Neuzeit getreten war: Freiheit – Gleichheit – Brüderlichkeit.

1848 ist die deutsche Rezeption dieses ebenso riskanten wie für das Überleben Europas notwendigen Aufbruchs mißglückt. Natürlich war es auch dem deutschen Nachbarland nicht gelungen, die Ideale seiner Großen Revolution zur Grundlage der gesellschaftlichen Neuordnung zu machen. Jedoch rettete Frankreich den durch Männer wie Mirabeau, Marat oder Danton geweckten revolutionären Elan über die gewaltigen Umwälzungen der Napoleonischen Epoche zu Beginn des Jahrhunderts hinweg und gestaltete ihn als kulturschöpferisches Element. Auch in den Niederlagen des Staates bewahrte sich das französische Bürgertum ein Selbstbewußtsein, das für den Aufbau und den Fortbestand einer Nation unverzichtbar ist.

Davon kann in Deutschland keine Rede sein. Der nicht ohne fremde Hilfe errungene Sieg über Napoleon Bonaparte verschaffte den hier Regierenden eine bequeme Legitimation, um auch die von Napoleon – allerdings mit gewaltsamen Mitteln – präponierte und längst fällige Neuordnung Europas hinauszuschieben. Den Beginn des Industriezeitalters verschlief man in einem gleichwohl glücklichen Biedermeier.

Die Gesetze des langsam weltweit, auf jeden Fall gesamteuropäisch werdenden Marktes sprengten um die Jahrhundertmitte die Enge der deutschen Kleinstaaterei. Nach dem von Anfang an kraftlosen Paulskirchen-Experiment einer bürgerlichen, liberalen Demokratie setzte das deutsche Bürgertum auf die wirtschaftliche Dynamik Preußens und war bereit, dafür Abstriche an seinen liberalen Forderungen vorzunehmen.

Preußens genialer Kraftmeier Otto von Bismarck brachte das Kunststück fertig, sowohl die neuzeitlichen Elemente liberaler Verfassungsmäßigkeit als auch die militärisch-restaurativen der preußischen Monarchie auf einen gemeinsamen Sockel zu stellen. Frühzeitig plante er die deutsche Reichsgründung und verknüpfte damit die Interessen des auf ständige Expansion angewiesenen Marktes mit den Wünschen des Bildungsbürgertums nach Wiederherstellung des „alten Reiches" und denen der preußischen Militärmonarchie nach Hegemonie in Deutschland.

Daß er die Reichsgründung ohne direkte politische Notwendigkeit mit einem Krieg gegen die Nachbarnation Frankreich verband und dort sogar den formellen Gründungsakt vollzog, beweist eine tiefe Einsicht in den seltsam gespaltenen Charakter seines Volkes, in dem sich pseudonationale Hybris mit einem tiefgründigen Hang zur Selbstbestrafung mischt. Für den Psychologen Jörg Eikmann ergibt das geradezu die Idealkonstellation einer „schizoiden Gesellschaft".

War sie es, die den persönlich eher pragmatisch denkenden Reichsgründer innenpolitisch zu einer weitaus größeren Konzessionsbereitschaft veranlaßt hat, als sie der konkreten Situation nach erforderlich gewesen wäre? – Bismarcks vor der Reichsgründung ausgegebene Parole: „Setzen wir das Reich nur in den Sattel; reiten wird es schon können!" erscheint im Lichte dieser Frage eher wie ein frühzeitig eingeleiteter Rückzug aus der deutschen Innenpolitik.

In der Tat gelingt es Bismarck bis zum Ende seiner

Regierungszeit durch ein kompliziertes System von Bündnissen und Verträgen – letzter Triumph einer Staatskunst Metternichscher Prägung –, dem neuen Reich die preußenfreundliche außenpolitische Großwetterlage zu erhalten, die seinen Aufstieg begünstigt hat.

Jedoch kann die Allianz der konservativen Mächte in Europa – Deutschland, Österreich und Rußland – auf der Grundlage gemeinsamer Furcht vor der Revolution nur ein Bündnis sein, das eher durch ein latentes gegenseitiges Mißtrauen als durch eine wirklich verbindende, gemeinsame Interessenlage am Leben erhalten wird. Bei der tragischen Schlußbilanz 1914 bis 1918 wird sich herausstellen, daß sowohl Österreich als auch Rußland auf Kosten Deutschlands auf eine gültige Definition ihrer eigenen Nationalstaatlichkeit verzichtet haben. Weder Preußen-Deutschland als Mittelmacht noch die Flügelmächte Rußland, Österreich und Italien, das zudem noch mit seinem eigenen Staatsaufbau beschäftigt ist, können dem historischen Vorsprung Frankreichs und Englands etwas Gleichwertiges entgegensetzen. Gleichwertig aber wäre nur ein Mehr an europäischer Integrationskraft.

Bismarck, in erster Linie auf die Größe und Vormachtstellung Preußens in Deutschland bedacht, die zu erreichen er den größten Teil seiner Lebenskräfte einsetzt, versäumte nach 1871 nicht nur ein Arrangement, sondern schlichtweg den Dialog mit England. Obwohl er dort in dem konservativen Außenseiter Benjamin Disraeli (1804 bis 1881, Premierminister von 1874 bis 1880) einen seiner Denkungsart wesensverwandten Partner vorgefunden hätte.

Der Berliner Kongreß von 1878, bei dem sich der deutsche Kanzler als „ehrlicher Makler“ feiern läßt, gerät zwar zu einer beeindruckenden Selbstdarstellung des neuen Deutschland als europäischer Großmacht, hat aber außenpolitisch nicht viel mehr als einen partiellen Interessenausgleich zwischen Rußland und England auf dem Balkan zum Ergebnis. Die Gefahr einer von Bismarck stets befürchteten Dreierkoalition gegen Deutschland wird nicht aus der Welt geschafft, und der Kanzler selbst bezeichnet den Kongreß später als „die größte Torheit meines politischen Lebens". Er habe damals Politik gemacht „wie ein Stadtverordneter".

Übrig bleibt im internationalen Kräftespiel ein immer zäher werdender Wirtschafts- und Handelskrieg, der den deutschen Kanzler zur gleichen Zeit zum radikalen innenpolitischen Kurswechsel zwingt. Zusammen mit seinem Kanzleramtschef Rudolf Delbrück, dem „Macher" liberaler Freihandelspolitik, kippt Otto von Bismarck 1878 auch das nationalliberale Regierungsbündnis der Reichsgründungszeit über Bord.

Fortan stützt er sich auf ein „Kartell" neokonservativer Technokraten, auf ein Zweckbündnis zwischen Großagrariern und Schwerindustriellen, auf die „Allianz von Roggen und Eisen" im Zeichen strikter Schutzzoll- und Staatsinterventions-Politik. Der Historiker Michael Stürmer bezeichnet das sogar als eine „konservative Neugründung des Reiches". Die langanhaltende Rezessionsperiode, die praktisch seine gesamte Regierungszeit als deutscher Reichskanzler überschattet, kann Bismarck damit freilich nur kurzzeitig unterbrechen.

Von den ideologisch motivierten Umwegen, in die ihn schon die Nationalliberalen gezwungen haben – Kulturkampf und Sozialistenfurcht –, gibt er ersteren auf, um sich in letzterem um so mehr zu verrennen. Die 1878 im zweiten Anlauf nach einer abrupten Reichstagsauflösung verabschiedeten „Sozialistengesetze" werden zum beherrschenden innenpolitischen Thema der achtziger Jahre. Obwohl Bismarck andererseits für eine sehr fortschrittliche, in ihren Grundzügen noch heute gültige Sozialgesetzgebung sorgt, hindert er doch damit eine ständig wachsende Zahl der neuen Reichsbürger, sich mit diesem Reich zu identifizieren.

Der kulturelle und gesellschaftliche Dissenz, das durchgängig die Gründerzeit kennzeichnende Mißverhältnis zwischen Schein und Wirklichkeit, zwischen Anspruch und

Erfüllung einer staatstragenden Rolle seitens der dafür prädestinierten Gesellschaftsschicht trägt dazu bei, dem zweiten Reich der Deutschen auch nachträglich den Charakter einer wirklich vollzogenen inneren Einigung zu versagen.

Zuletzt bleibt Resignation. Auch die des Reichsgründers. 1890, nach einer für heutige Begriffe undenkbar langen Regierungszeit von achtundzwanzig Jahren, wird der „kurbrandenburgische Vasall" Otto von Bismarck von der übernächsten Generation im Hause Hohenzollern entmachtet und in den Sachsenwald verbannt.

Der Vorhang senkt sich über einem Stück preußischer „Götterdämmerung". Ein Sachse und Revolutionär von 1848 – es ist Richard Wagner – hat es bereits 1874, noch mitten im Aufschwung, mit visionärer Prophetie komponiert:

„Ihrem Ende eilen sie zu, die so stark im Bestehen sich wähnen."

LITERATURVERZEICHNIS

1. *Allgemeine Darstellungen:*

Andics, H.: Gründerzeit – Das schwarzgelbe Wien bis 1867, Wien 1981

Bunsen, M. v.: Die Welt, in der ich lebe, Leipzig 1929

Bussmann, W.: Das Zeitalter Bismarcks, Konstanz 1956

Croce, B.: Geschichte Europas im 19. Jahrhundert, Zürich 1935

Eyck, F.: Deutschlands große Hoffnung – Die Frankfurter Nationalversammlung 1848/49, München 1973

Herre, F.: Nation ohne Staat. Die Entstehung der deutschen Frage, Köln/Berlin 1967

Herzfeld, H.: Die moderne Welt, Teil I: Die Epoche der bürgerlichen Nationalstaaten 1789 – 1890, Braunschweig 1957

Heyderhoff, J./Wentzcke, P.: Deutscher Liberalismus im Zeitalter Bismarcks, Bonn 1925/26

Hobsbawn, E. J.: Die Blütezeit des Kapitals, London 1975/München 1977

Höfele, K. H.: Geist und Gesellschaft der Bismarckzeit, Göttingen 1967

Koch, U. E.: Berliner Presse und Europäisches Geschehen 1871, Berlin 1978

Lukácz, G.: Schriften zur Ideologie und Politik, Neuwied/Berlin 1967

Mann, H.: Ein Zeitalter wird besichtigt, Berlin 1947
Mann, G.: Deutsche Geschichte des 19. und 20. Jahrhunderts, Frankfurt 1958
Marx, K./Engels, F.: Staatstheorie. Materialien zur Rekonstruktion der marxistischen Staatstheorie, Frankfurt/Berlin/Wien 1974
Meinecke, F.: Weltbürgertum und Nationalstaat, München 1915
Metternich-Hartig: Ein Briefwechsel des Staatskanzlers aus dem Exil, Wien/Leipzig 1923
Mommsen, W. J.: Das Zeitalter des Imperialismus, Frankfurt 1969
ders.: Größe und Versagen des deutschen Bürgertums, München 1964
Müller-Jabusch, M.: So waren die Gründerjahre, Düsseldorf 1957
Ogger, G.: Die Gründerjahre, München/Zürich 1982
Rochau, L.: Grundsätze der Realpolitik, Stuttgart 1853
Schnabel, F.: Deutsche Geschichte im Neunzehnten Jahrhundert, 4 Bde., Freiburg 1948
Schoeps, H. J. (Hg.): Zeitgeist im Wandel – Das Wilhelminische Zeitalter, Stuttgart 1967
Schurz, C.: Vormärz in Deutschland – Erinnerungen, Briefe, München 1948
Sell, F. C.: Die Tragödie des deutschen Liberalismus, Stuttgart 1953
Srbik, H. v.: Deutsche Einheit. Idee und Wirklichkeit vom Heiligen Reich bis Königgrätz, München 1935–1942
Treitschke, H. v.: Ausgewählte Schriften, Leipzig 1920
Zola, E.: Der Krieg von 1870/71, deutsch: Stuttgart o. J.

2. *Deutschland, Preußen, Deutsches Reich:*

Bayer, K.: Deutschlands Wiedergeburt, Hoffnung und Erfüllung, Schweinfurt 1871

Bergsträsser, L. v./Mommsen, W.: Geschichte der politischen Parteien in Deutschland, München 1965

Binder, H. O.: Reich und Einzelstaaten während der Kanzlerschaft Bismarcks, Tübingen 1971

Blum, H.: Das Deutsche Reich zur Zeit Bismarcks, 2 Bde., Leipzig/Wien 1893

Böhme, H.: Deutschlands Weg zur Großmacht, Köln 1966

ders. (Hg.): Probleme der Reichsgründungszeit, Köln 1972

Buchheim, K.: Das Deutsche Kaiserreich 1871 – 1918, München 1969

Bühler, J.: Vom Bismarck-Reich zum zweigeteilten Deutschland, Berlin 1960

Craig, G.: Deutsche Geschichte 1866 – 1945, München 1980

Deuerlein, E.: Die Gründung des Deutschen Reiches 1870/71 in Augenzeugenberichten, Düsseldorf 1970

Dietrich, R. (Hg.): Preußen. Epochen und Probleme seiner Geschichte, Berlin 1964

Diwald, H. (Hg.): Von der Revolution zum Norddeutschen Bund. Politik und Ideengut der preußischen Hochkonservativen 1848 – 1866

Eisfeld, G.: Die Entstehung der liberalen Parteien in Deutschland, Hannover 1969

Engel, E. (Hg.): Kaiser Friedrichs Tagebuch, Halle 1919

Ernst II., Herzog v. Sachsen-Coburg-Gotha: Aus meinem Leben und aus meiner Zeit, 3 Bde., Berlin 1888/89

Falkenheiner, W.: Hohenstaufen und Hohenzollern oder Kaiser Rotbarts Erwachen im Kyffhäuser, Kassel 1888

Fehrenbach, E.: Wandlungen des deutschen Kaisergedankens 1871 – 1918, München 1969
Fenske, H.: Im Bismarckschen Reich 1871 – 1890, Darmstadt 1978
Feuchtwanger, E. J.: Preußen – Mythos und Realität, Frankfurt 1972
Frantz, C.: Das neue Deutschland, Leipzig 1871
Freytag, G.: Der Kronprinz und die deutsche Kaiserkrone, Leipzig 1889
Friedjung, H.: Der Kampf um die Vorherrschaft in Deutschland 1859 – 1866, 2 Bde., Stuttgart 1918
Hintze, O.: Geist und Epochen der preußischen Geschichte, Leipzig 1943
Hocker, N.: Das Kaisertum der Hohenzollern, Köln 1871
ders.: Kaiser Wilhelm und Fürst Bismarck, 2 Bde., Berlin 1879
Kellner, W.: Der neue deutsche Kaiser und die Hohenstaufen, Hanau 1871
Lorenz, O.: Kaiser Wilhelm und die Begründung des Reichs, Jena 1902
Marcks, E.: Der Aufstieg des Reiches, Stuttgart 1936
Masur, G.: Das Kaiserliche Berlin, New York 1970
Meinecke, F.: Preußen und Deutschland im 19. und 20. Jahrhundert, München 1918
Patzig, A.: Die nationalliberale Partei 1867 – 1892, Leipzig 1892
Plessner, H.: Die verspätete Nation, Stuttgart 1959
Ponsonby, F.: Briefe der Kaiserin Friedrich, Berlin 1929
Ranke, L. v.: Preußische Geschichte, neu zusammengestellt von Hans-Joachim Schoeps, Mühltal 1981
Reichold, H.: Bismarcks Zaunkönige, Duodez im 20. Jahrhundert, Paderborn 1977

Rein, G. A.: Die Reichsgründung in Versailles 18. Januar 1871, München 1958

Reiners, L.: Bismarck gründet das Reich, München 1957

Richter, E.: Im alten Reichstag, Berlin 1894 – 1896

Ritter, G. A.: Die deutschen Parteien vor 1918, Köln 1973

ders.: Die preußischen Konservativen und Bismarcks deutsche Politik, Heidelberg 1913

Schieder, T.: Das deutsche Kaiserreich von 1871 als Nationalstaat, Köln 1967

ders./Deuerlein, E.: Reichsgründung, Stuttgart 1970

ders.: Vom Deutschen Bund zum Deutschen Reich, Stuttgart 1970

Schmidt, S.: Zur Frühgeschichte der bürgerlichen Parteien in Deutschland, ZfG 13, 1965

Schoeps, H. J.: Preußen – Geschichte eines Staates, Frankfurt/Berlin 1981

ders.: Der Weg ins deutsche Kaiserreich, Berlin 1970

Schweitzer, J. B. v.: Österreichs Sache ist Deutschlands Sache, Frankfurt 1859

Seeberg, G.: Zwischen Bebel und Bismarck. Zur Geschichte des Linksliberalismus in Deutschland, Berlin 1965

Stoltenberg, G.: Der deutsche Reichstag 1871 – 1873, Düsseldorf 1955

Stürmer, M.: Regierung und Reichstag im Bismarckstaat, Düsseldorf 1974

ders. (Hg.): Das Kaiserliche Deutschland – Politik und Gesellschaft 1870 – 1918, Düsseldorf 1970

ders.: Das ruhelose Reich, Deutschland 1866 – 1918, München 1981

Sybel, H. v.: Die Begründung des Deutschen Reiches durch Wilhelm I., 7 Bde., München 1889 – 1894

Syben, F.: Preußische Anekdoten, Berlin 1942

Treitschke, H. v.: Deutsche Geschichte im 19. Jahrhundert, 5 Bde., Leipzig 1879 – 1894
Venohr, W.: Dokumente deutschen Daseins, Frankfurt/Berlin 1983
Wehler, H. U.: Das Deutsche Kaiserreich 1871 – 1918, Göttingen 1980
Wentzcke, P. (Hg.): Im neuen Reich 1871 – 1890, Politische Briefe aus dem Nachlaß liberaler Parteiführer, Osnabrück 1970
Wilhelm I.: Briefe aus den Kriegsjahren, Leipzig o. J.

3. *Biographien und Memoiren:*

Abeken, H.: Ein schlichtes Leben in bewegter Zeit, Berlin 1898
Bamberger, L.: Erinnerungen (hg. v. Paul Nathan), Berlin 1899
Barkeley, R.: Die Kaiserin Friedrich, Dortrecht 1959
Bebel, A.: Aus meinem Leben, Stuttgart 1910 – 1914, neu: Frankfurt 1964
Beust, F. Graf v.: Aus Drei-Viertel-Jahrhunderten, Erinnerungen und Aufzeichnungen, Stuttgart 1887
Bienek, H.: Bakunin – eine Intervention, München 1970
Blake, R.: Disraeli, London 1967
Blunt, W.: Ludwig II., König von Bayern, London/München 1970
Bokelberg, W. (Hg.): Sisis Familienalbum – Private Photographien aus dem Besitz der Kaiserin Elisabeth, Dortmund 1980
Bray-Steinburg, O. Graf v.: Denkwürdigkeiten aus seinem Leben, Leipzig 1901
Bülow, B. v.: Denkwürdigkeiten, Berlin 1930
ders: Deutsche Politik, Berlin 1916

Bussmann, W.: Heinrich v. Treitschke. Sein Welt- und Geschichtsbild, Göttingen 1952

Conte Corti, E. C.: Ludwig I. von Bayern, München 1937/79

ders.: Elisabeth v. Österreich, Tragik einer Unpolitischen, Graz 1975

Cowles, V.: Wilhelm II., Frankfurt 1963

Decaux, A.: Jacques Offenbach – Komponist der Belle Epoque, München 1960

Delbrück, R. v.: Lebenserinnerungen, Leipzig 1905

Du Moulin-Eckart, R. Graf: Cosima Wagner, Ein Lebens- und Charakterbild, Berlin 1929

Eyck, E.: Gladstone, Zürich 1938

Friedenthal, R.: Karl Marx – Sein Leben und seine Zeit, München 1980

Fröbel, J.: Ein Lebenslauf, Stuttgart 1891

Gerlach, Ernst Ludwig v.: Aufzeichnungen, 2 Bde., Schwerin 1903

Gerlach, Leopold v.: Denkwürdigkeiten, Berlin 1891/92

Gregor-Dellin, M.: Richard Wagner, München 1980

Gutmann, R.: Richard Wagner – Der Mensch, sein Werk, seine Zeit, München 1970

Hacker, R.: Ludwig II. von Bayern in Augenzeugenberichten, Düsseldorf 1966

Hamann, B.: Rudolf – Kronprinz und Rebell, Wien 1978

Hartmann, L. M.: Theodor Mommsen, eine biographische Skizze, Gotha 1908

Herre, F.: Wilhelm I., Köln 1980

ders.: Kaiser Franz Joseph von Österreich – Sein Leben, seine Zeit, Köln 1978

ders.: Radetzki, Köln 1980

Herzfeld, H.: J. v. Miquel, Detmold 1938

Heuß, A.: Theodor Mommsen und das 19. Jahrhundert, Kiel 1956
Hirsch, H.: Engels in Selbstzeugnissen und Bilddokumenten, Hamburg 1968
Hüsgen, E.: Ludwig Windthorst, Köln 1911
Johann, E. (Hg.): Reden des Kaisers (W. II.), München 1966
Kardorff, S.: Wilhelm von Kardorff, Berlin 1936
Korn, K.: Zola in seiner Zeit, Frankfurt 1983
Künzli, A.: Karl Marx. Eine Psychographie, Zürich 1966
Ludwig, E.: Lincoln, Berlin 1930
ders.: Wilhelm der Zweite, Frankfurt 1968
Mayer, G.: Friedrich Engels, Eine Biographie, 2 Bde., Köln 1972
Meisner, H. O. (Hg.): Kaiser Friedrich III. Tagebücher von 1848 – 1866, Leipzig 1929
ders.: Das Kriegstagebuch von 1870/71, Berlin 1926
Mittnacht, H. Freiherr v.: Rückblicke, Stuttgart 1909
Nostitz, O. v.: Hans Schwarz – Ein Preuße im Umbruch der Zeit, Hamburg 1980
Oncken, H.: Rudolf von Bennigsen, Stuttgart 1910
ders.: Lassalle, Stuttgart 1966
Raddatz, F. J.: Karl Marx – Der Mensch und seine Lehre, Hamburg 1975
ders. (Hg.): Mohr an General – Marx & Engels in ihren Briefen, Wien/München/Zürich 1980
Richter, G.: Friedrich von Holstein, Lübeck 1966
Richter, W.: Kaiser Friedrich III., Zürich 1938
Rieder, H.: Napoleon III., Abenteurer und Imperator, Hamburg 1956
Roon, W. v.: Denkwürdigkeiten aus dem Leben des Generalfeldmarschalls Kriegsministers Grafen von Roon, Berlin 1905

Ross, W.: Der ängstliche Adler – Friedrich Nietzsches Lebensroman, Stuttgart 1980

Sass, H. M.: Ludwig Feuerbach, Bildmonographie, Hamburg 1978

Schmitz, S. (Hg.): Charles Darwin – ein Leben, München 1982

Siemens, W.: Lebenserinnerungen, Leipzig 1943

Simson, E. v.: Erinnerungen, o. O. 1900

Sinclair, A.: Victoria – Kaiserin für 99 Tage, Frankfurt 1983

Spielhagen, F.: Erinnerungen aus meinem Leben (hg. v. Hans Henning), Leipzig 1911

Stolte, H.: Detlev von Liliencron, Leben und Werk, Husum 1980

Strousberg, B.: Dr. Strousberg und sein Wirken, Berlin 1877

Uexküll, G. v.: Lassalle, Bildmonographie, Hamburg 1974

Wagener, H.: Erlebtes. Meine Memoiren, 2 Bde., Berlin 1884

Wagner, R.: Mein Leben (hg. von Martin Gregor-Dellin), München 1963

Wittkop, J. F.: Bakunin, Bildmonographie, Hamburg 1974

Wiermann, H.: Friedrich III., Leipzig 1888

4. *Bismarck:*

Andreas, W.: Bismarcks Gespräche. I: Bis zur Reichsgründung, II: Von der Reichsgründung bis zur Entlassung, Bremen 1964/65

Ballhausen, L. v.: Bismarck-Erinnerungen, Stuttgart/Berlin 1920

Baum, E. M.: Bismarcks Urteil über England und die Engländer, o. O. o. J.
Bismarck, O. Fürst v.: Die gesammelten Werke (Friedrichsruher Ausgabe), 15 Bde., Berlin 1924–1935
ders.: Gedanken und Erinnerungen. Mit einer Einführung von Theodor Heuss, Berlin 1951
Busch, M.: Unser Reichskanzler, 2 Bde., Berlin 1884
ders.: Bismarck und seine Leute, Berlin 1940
Dittrich, J.: Bismarck, Frankreich und die spanische Thronkandidatur der Hohenzollern. Die „Kriegsschuldfrage" von 1870, München 1962
Eyck, E.: Bismarck, Zürich 1963
ders.: Bismarck und das Deutsche Reich, Zürich 1955
Feder, E.: Bismarcks großes Spiel. Die geheimen Tagebücher Ludwig Bambergers, Frankfurt 1932
Franz, G.: Bismarcks Nationalgefühl, Leipzig 1926
Gall, L.: Der weiße Revolutionär, Frankfurt 1980
Kobell, L. v.: König Ludwig II. und Fürst Bismarck im Jahre 1870, Leipzig 1899
Mayer, G.: Bismarck und Lassalle. Ihr Briefwechsel und ihre Gespräche, Berlin 1898
Nöll v. d. Nahmer, R.: Bismarcks Reptilienfonds – Aus den Geheimakten Preußens und des Deutschen Reiches, Mainz 1968
Poschinger, H. v.: Fürst Bismarck und die Parlamentarier, Breslau 1894/96
ders.: Fürst Bismarck und die Diplomaten, Hamburg 1900
ders.: Aktenstücke zur Wirtschaftspolitik des Fürsten Bismarcks, 2 Bde., Berlin 1890/92
Richter, W.: Bismarck, Frankfurt 1965
Schoeps, H. J. (Hg.): Bismarck über Zeitgenossen – Zeitgenossen über Bismarck, Frankfurt 1972

Schridde, R.: Bismarck und Hannover, Hildesheim 1963
Stern, F.: Gold und Eisen. Bismarck und sein Bankier Bleichröder, Frankfurt 1977
Stürmer, M.: Bismarck und die preußisch-deutsche Politik, München 1970
Wehler, H. U.: Bismarck und der Imperialismus, Köln/Berlin 1969
Welchert, H. H.: Als Bismarck gegangen war, Hamburg 1940
Westphal, O.: Feinde Bismarcks. Geistige Grundlagen der deutschen Opposition 1848–1918, o. O. 1930
Zechlin, E.: Bismarck und die Grundlegung der deutschen Großmacht, Darmstadt 1960

5. *Wirtschafts- und Sozialgeschichte:*

Baar, L.: Die Berliner Industrie in der industriellen Revolution, Berlin 1966
Becker, B.: Geschichte der Arbeiteragitation, Braunschweig 1974
Berliner, A.: Die wirtschaftliche Krisis, Hannover 1878
Bernstein, E. (Hg.): Ferdinand Lassalle. Gesammelte Reden und Schriften, Berlin 1918
Blaich, F.: Kartell- und Monopolpolitik im kaiserlichen Deutschland, Düsseldorf 1979
Borchardt, K.: Grundriß der deutschen Wirtschaftsgeschichte, Göttingen 1978
ders.: Die industrielle Revolution in Deutschland, München 1972
Brupbacher, F.: Marx und Bakunin. Ein Beitrag zur Geschichte der internationalen Arbeiterassoziation, München 1913
Colberg, E.: Die Erlösung der Welt durch Ferdinand Lassalle, München 1969

Conte Corti, E. C.: Die Rothschilds – Des Hauses Aufstieg, Blütezeit und Erbe, Frankfurt 1971
Dreßen, W.: Die pädagogische Maschine. Zur Geschichte des industrialisierten Bewußtseins in Preußen-Deutschland, Frankfurt/Berlin/Wien 1982
Fach, W.: Hundert Taler Preussisch Courant – Industriefinanzierung in der Gründerzeit, München 1981
Fetscher, I.: Der Marxismus – Seine Geschichte in Dokumenten, München 1967
Fischer, W.: Wirtschaft und Gesellschaft im Zeitalter der Industrialisierung, Göttingen 1972
Franz, E.: Der Entscheidungskampf um die wirtschaftspolitische Führung Deutschlands, München 1933
Glagau, O.: Der Börsen- und Gründungsschwindel in Berlin, Leipzig 1876
ders.: Der Börsen- und Gründungsschwindel in Deutschland, Leipzig 1877
Herzig/Langewiesche/Sywottek (Hg.): Arbeiter in Hamburg, Hamburg 1983
Hirsch, H. (Hg.): Lassalle. Eine Auswahl für unsere Zeit, Bremen 1963
Höhn, R.: Die vaterlandslosen Gesellen. Köln/Opladen 1964
Jantke, C.: Der vierte Stand, Freiburg 1955
Krämer-Badoni, R.: Anarchismus. Geschichte und Gegenwart einer Utopie, Wien/München/Zürich 1970
Kriedte/Medick/Schlumbohm: Industrialisierung vor der Industrialisierung, Göttingen 1978
Manchester, W.: Krupp – Chronik einer Familie, München 1978
Marx/Engels: Staatstheorie. Materialien zur Rekonstruktion der marxistischen Staatstheorie, Frankfurt 1974
Mehring, F.: Geschichte der deutschen Sozialdemokratie, 2 Bde., Berlin 1966

Mommsen, W.: Größe und Versagen des deutschen Bürgertums, München 1964
Naumann, F.: Weltpolitik und Sozialreform, Berlin 1899
Pöls, W.: Sozialistenfrage und Revolutionsfurcht, Lübeck 1960
ders.: Deutsche Sozialgeschichte 1815–1970, München 1973
Ritter, G. A./Kocka, J.: Deutsche Sozialgeschichte, München 1974
Rosenberg, H.: Große Depression und Bismarckzeit, Berlin 1967
ders.: Machteliten und Wirtschaftsstrukturen, Göttingen 1978
Rostow, W. W.: Stadien wirtschaftlichen Wachstums, Göttingen 1960
Rübbert, R.: Geschichte der Industrialisierung, München 1972
Schulz, U. (Hg.): Die deutsche Arbeiterbewegung 1848 bis 1919 in Augenzeugenberichten, Düsseldorf 1968
Sombart, W.: Die deutsche Volkswirtschaft im 19. Jahrhundert, Berlin 1913
Wachenheim, H.: Die deutsche Arbeiterbewegung 1844 bis 1914, Köln 1967
Weber, M.: Gesammelte Politische Schriften, Tübingen 1958
Wehler, H. U.: Sozialdemokratie und Nationalstaat, Göttingen 1971
Wilde, O.: Der Sozialismus und die Seele des Menschen, Zürich 1970

6. *Kulturgeschichte:*

Barz, P.: Der wahre Schimmelreiter. Die Geschichte einer Landschaft und ihres Dichters Theodor Storm, Hamburg 1982

Buchheim, K.: Ultramontanismus und Demokratie – Der Weg der deutschen Katholiken im 19. Jahrhundert, München 1963

Burckhardt, J.: Weltgeschichtliche Betrachtungen (hg. von Jakob Oeri), Basel 1905

Burckhardt, M. (Hg.): Jacob Burckhardt, Briefe, Birsfelden/Basel o. J.

Bienert, W.: Der überholte Marx. Seine Religionskritik und Weltanschauung kritisch untersucht, Stuttgart 1974

Feuerbach, H. (Hg.): Anselm Feuerbach – ein Vermächtnis, Berlin o. J.

Feuerbach, L.: Das Wesen des Christentums, Berlin 1956

Flake, O.: Es wird Abend – Autobiographisches, Frankfurt 1964

Flaubert, G.: Werke – Briefe – Materialien, 8 Bde., Zürich 1979

Fontane, Th.: Werke und Schriften, 6 Bde., Düsseldorf/Köln 1978

Frank, W.: Hofprediger A. Stoecker und die christlichsoziale Bewegung, Hamburg 1935

Franz, G.: Kulturkampf, München 1954

Gartenlaube, Das Schönste aus der, Reprint, Wien 1978

Hamann, R./Hermand, J.: Die Gründerzeit, München 1976

Helmke, U.: Das Ballsouper, Novelle, Echzell 1978

ders.: Besuch beim Dichterfürsten, Echzell 1980
Huber, W./Schwerdtfeger, J.: Kirche zwischen Krieg und Frieden, Studien zur Gesch. d. dt. Protestantismus, Stuttgart 1976
Jullian, P.: Mythen und Phantasmen in der Kunst des Fin de siècle, Berlin 1971
Kladderadatsch – Reprint der satirischen Zeitschrift, Dortmund 1977
Knittermeyer, H.: Jacob Burckhardt – Deutung und Berufung des abendländischen Menschen, Stuttgart 1949
Koenigswald, H. v.: Preußisches Lesebuch, Zeugnis aus drei Jahrhunderten, München 1966
Kolb, A.: König Ludwig von Bayern und Richard Wagner, Frankfurt 1963
Linnenkamp, R.: Die Gründerzeit, München 1976
Mann, Th.: Gesammelte Werke in 12 Bdn., Frankfurt 1975
Masur, G.: Das kaiserliche Berlin, München 1971
Moeller v. d. Bruck, A.: Der preußische Stil, München 1931
Nietzsche, F.: Werke in 5 Bdn., hg. von Karl Schlechta, München 1969
Philipp, W. (Hg.): Der Protestantismus im 19. und 20. Jahrhundert, Bremen 1965
Pisa, K.: Schopenhauer – Geist und Sinnlichkeit, Wien 1977
Richter, G. (Hg.): Kitsch-Lexikon, Gütersloh 1972
ders.: Lexikon der Sittsamkeit, Gütersloh 1977
Rosenzweig, F.: Hegel und der Staat, München 1920
Scheffler, K.: Adolph Menzel. Der Mensch und das Werk, München 1955
Schmidt, A.: Emanzipatorische Sinnlichkeit. Ludwig Feuerbachs anthropologischer Materialismus, München 1973

Schmidt-Volkmar, E.: Der Kulturkampf in Deutschland, Göttingen 1962

Schopenhauer, A.: Urwille und Welterlösung, Ausgewählte Schriften, Wiesbaden o. J.

Schuffenhauer, W. (Hg.): Ludwig Feuerbach. Philosophische Kritiken und Grundsätze, Wiesbaden 1965

Spielhagen, F.: Sturmflut, Roman, Leipzig 1876

Springer, R.: Berlin – Die Deutsche Kaiserstadt, Darmstadt 1878

Stahl, F. J.: Der Protestantismus als politisches Prinzip, Berlin 1853

Tappert, W.: Hurenaquarium und andere Unhöflichkeiten – Richard Wagner im Spiegel der zeitgenössischen Kritik, München 1968

Tittel, L.: Arnold Böcklin – Leben und Werk, Frankfurt 1977

Ueding, G.: Buschs geheimes Lustrevier – Affektbilder und Seelengeschichten des deutschen Bürgertums im 19. Jahrhundert, Frankfurt/Berlin/Wien 1982

Vischer, E. T.: Auch Einer – Eine Reisebekanntschaft, Stuttgart/Leipzig 1904

Wagner, C.: Die Tagebücher, 4 Bde., München 1976

Weiß, O. (Hg.): Arthur Schopenhauer, Philosophische Aphorismen, Leipzig 1924

Zimmermann, M.: Die Gartenlaube als Dokument ihrer Zcit, München 1963

7. *Militaria:*

Bethke, E.: Politische Generale. Kreise und Krisen um Bismarck, Berlin 1930

Bronsart v. Schellendorf, P.: Geheimes Kriegstagebuch, (hg. von P. Rassow), Bonn 1954

Craig, G. A.: Königgrätz, Wien/Hamburg 1966

Görlitz, W.: Kleine Geschichte des deutschen Generalstabes, Berlin 1977
Herre, F.: Anno 70/71 – Der Deutsch-Französische Krieg, Köln/Berlin 1970
Kessel, E. (Hg.): Moltke-Gespräche, Hamburg 1940
Kretschman, H. v.: Kriegsbriefe aus den Jahren 1870/71 (hg. von Lilly Braun), Berlin 1911
Moltke, H. v.: Aufzeichnungen – Briefe – Schriften – Reden, München 1923
Ritter, G.: Staatskunst und Kriegshandwerk, 4 Bde., München 1964–1968
Stadelmann, R.: Moltke und der Staat, Krefeld 1950

8. *Ausland:*

Aubry, O.: Das Zweite Kaiserreich, Erlenbach-Zürich/Leipzig o. J.
Boeheim, C. v.: Die Kaiser-Saga, Augsburg 1960
Brückner, A.: Die Europäisierung Rußlands, Gotha 1888
Bulle, C.: Die Geschichte des Zweiten Kaiserreiches und des Königreiches Italien, Berlin 1890
Busch, F.: Tribute und ihre Wirkungen, untersucht am Beispiel der französischen Zahlungen nach dem Krieg 1870/71, Basel 1936
Cahn, W.: Im belagerten Paris 1870/71, Leipzig 1915
Charmatz, R.: Geschichte der auswärtigen Politik Österreichs im 19. Jahrhundert, Leipzig/Berlin 1918
Engels, F.: Die Lage der arbeitenden Klassen in England, dt. München 1973
Euler, H.: Napoleon III. in seiner Zeit, Würzburg 1961–1967
Flesch-Brunningen, H. (Hg.): Die letzten Habsburger in Augenzeugenberichten, München 1982

Geuss, H.: Bismarck und Napoleon III., Köln 1959
Hagen, M. v.: Bismarck und England, Stuttgart/Berlin 1943
Hamann, B.: Kronprinz Rudolf – Schriften, Wien/München 1979
Hallmann, H.: Zur Geschichte und Problematik des Deutsch-Russischen Rückversicherungsvertrages von 1887, Darmstadt 1968
Herzfeld, H.: Die deutsch-französische Kriegsgefahr 1875, Berlin 1922
Kluxen, K.: Geschichte Englands, Stuttgart 1968
Leiner, H.: Und das dritte Rom wird Moskau sein, Bonn 1981
Maurois, A.: Geschichte Frankreichs, dt. Zürich 1951
Michael, W.: Bismarck, England und Europa, München 1930
Paléologue, M.: Vertrauliche Gespräche mit Kaiserin Eugénie, Dresden 1928
Sagave, P. P.: Berlin – Paris 1871, Frankfurt 1971
Sementowsky-Kurilo, N. v.: Europa und das unsichtbare Rußland, Freiburg i. Breisgau 1978
Shirer, W. L.: Der Zusammenbruch Frankreichs – Aufstieg und Fall der Dritten Republik, New York 1969
Windelband, W.: Bismarck und die europäischen Großmächte, Essen 1942
Witte, K.: Paris – Deutsche Republikaner reisen, Frankfurt 1980
Wocker, K. H.: Königin Victoria – Die Geschichte eines Zeitalters, Düsseldorf 1978

Namenregister